子どもたちをとりまく
グローバル時代の課題

Rethinking
Education from
Migrants

移民から教育を考える

額賀美紗子
Misako Nukaga
芝野淳一
Junichi Shibano
三浦綾希子
Akiko Miura
編

ナカニシヤ出版

はじめに

　この本を手にとってくださったみなさんは,「移民」と聞いてどのような人を思い浮かべるでしょうか。どこか遠い国の話で,日本とは関係ない人たちのことだと思うでしょうか。「移民」とは一般的に国境を越えて新しい国に移り住む人たちを指します。みなさんの日常をよく観察してみると,あちこちに移民の人びとの姿を見つけることができるのではないでしょうか。てきぱきと商品をスキャンするコンビニエンスストアの店員,建設現場で汗を流している作業員,大学で同じ授業を受けている留学生,小中学校で机を並べたクラスメート……。日本社会にはすでに移民や移民を親にもつ子どもたちが大勢住んでいて,労働者としてみなさんの生活を支えたり,同級生や職場の同僚や地域住民としてみなさんと生活の場を共にしたりしています。友人や恋人や結婚相手が移民だという人も多いことでしょう。もしかしたら,今この文章を読んでいる方のなかにも移民の背景をもつ方がいるかもしれません。

　日本社会は少子高齢化と労働力不足の危機を迎え,より多くの移民が日本で働くことを必要としています。折しも本書が出版される少し前に出入国管理及び難民認定法（入管法）が改正されました。今後日本には移民がますます増えていくことでしょう。日本社会に住む私たち一人ひとりが,どのようにしたら「自分とは違う人たち」に対する不安や偏見を追い払い,お互いの権利と尊厳を大切にしながら共に生きることができるのかを考えなければならない局面に立っています。

　いま日本の学校には「外国籍の子」「外国ルーツの子」「日本語指導が必要な子」「ハーフ」といったようにさまざまな呼ばれ方をする移民の子どもたちが多く通っています。日本の学校や社会の「当たり前」が,移民の子どもたちの「当たり前」ではないことも多くあります。しかし,日本の教育と社会のなかで,移民の子どもたちの「当たり前」は無視されたり,否定されたりしがちです。移民の子ども・若者たちの声に耳を傾け,かれらの経験や文化を知ることで,多民族社会としての日本の教育が抱える課題,そしてめざすべき方向がみえてくるはずです。

　本書は移民の子ども・若者の生活世界を知ってもらい,移民の視点から日本の教育と社会の「当たり前」を批判的に考えてもらうことを目的とした入門テキストです。「なんで移民が日本に増えているんだろう？」「移民の子たちはどんなことで困

っているんだろう？」「学校や地域はどんなふうに移民の子たちを支えていったらいいの？」など，素朴な疑問に対して学術的に説明しています。大学生を中心とする幅広い読者の方を対象に考え，できるだけわかりやすく理論や概念を説明することを心がけました。執筆者は社会学，教育学のアプローチから移民の子どもや若者の研究をしている若手研究者16名です。それぞれの研究対象やテーマに近い章を担当しているため，各章では重要な先行研究を幅広く取り上げると同時に，章によっては執筆者たちが取り組んでいる最新の研究を知ることができます。

　これまで国内には移民の子どもたちとその教育を網羅的かつ体系的に扱った教科書がなかったことから，このプロジェクトが立ち上がりました。本書1冊で日本に育つ移民の子ども・若者のすべてを把握できるわけではもちろんありませんが，かれらの経験や思いの一端を理解し，日本の教育と社会のあり方を問いなおすきっかけになれば喜ばしいかぎりです。人びとのあいだに「違い」がつくられる過程や，「違い」がもたらす影響を学ぶことによって，相互理解や共感の土壌が社会に育っていくことを願っています。

　最後に，本書を出版するにあたってナカニシヤ出版の米谷龍幸さん，由浅啓吾さんには数多くのアドバイスとご支援を頂き，たいへんお世話になりました。心よりお礼申し上げます。

2019年初夏

額賀美紗子・芝野淳一・三浦綾希子

目　　次

はじめに　　i

序章　グローバル時代の国際移動と変容する日本社会 ————— 1
移民と出会う日常　　　　　　　　　　　　　　　　　　額賀美紗子

1　はじめに：国際移民の時代に生きる　　1
2　グローバル化とトランスナショナリズム　　2
3　加速する国際移動　　3
4　移民がもたらす国民国家の変容　　4
5　多民族化・多文化化が進む日本社会　　6
6　おわりに：移民の子ども・若者たちを理解するために　　9

コラム1　「カテゴリー」を批判的に問いつづける（金南咲季）　　13

Part I　日本社会の多文化化

Chapter 01　オールドカマー ——————————————————— 17
その歴史が問いかけるもの　　　　　　　　　　　　　　呉永鎬

1　はじめに：在日朝鮮人とは　　17
2　戦前の在日朝鮮人　　18
3　朝鮮学校　　20
4　公立学校における在日朝鮮人教育　　24
5　おわりに：歴史から学ぶ　　26

コラム2　「世界のウチナーンチュ」政策から私を問う：日本と沖縄の不公正な
関係をめぐって（藤浪海）　　29

コラム3　日本の先住民族・アイヌの権利とその保障（三浦綾希子）　31

Chapter 02　ニューカマー ——————————— 33
加速する日本社会の多文化化　　　　　　　　　三浦綾希子

1　はじめに：「ニューカマー」とは　33
2　ニューカマーの子どもたちの実態　34
3　ニューカマーの来日経緯　35
4　ニューカマー第二世代を取り巻く諸課題　38
5　おわりに：「多文化社会・日本」の行方　41

コラム4　「ハーフ」という言葉から考える（坪田光平）　44

Chapter 03　海外帰国生 ——————————— 47
教育問題の変遷と新たな動向　　　　　　　　　芝野淳一

1　はじめに：古くて新しい海外帰国生問題　47
2　海外帰国生の実態と教育支援　48
3　海外帰国生問題の変遷　49
4　海外帰国生問題の新たな動向　52
5　おわりに：海外帰国生教育のこれから　56

コラム5　国際移動する教師たち：在外教育施設派遣教員について（芝野淳一）
59

Chapter 04　留 学 生 ——————————— 61
日本における外国人留学生と日本からの海外留学　　　新見有紀子

1　はじめに：「人生を変える」留学　61
2　留学交流の背景　62
3　日本における外国人留学生の受け入れ　64
4　日本からの海外留学　67

iv

目　次

5　おわりに：「留学」という選択肢　70

　　コラム6　私の人生を変えた海外留学経験（新見有紀子）　73

Part II　移動する子ども・若者の生活世界

Chapter 05　家　族 ——————————————— 77
多様な文化と教育戦略　　　　　　　　　　　　　敷田佳子

1　はじめに：教育戦略とは何か　77
2　日本に住む多様な家族　78
3　家族の教育戦略　80
4　家庭における母語・母文化の伝達とその困難　82
5　移民の子どものエスニック・アイデンティティ形成　84
6　おわりに：家族の多様性を認める　85

　　コラム7　異なる人びとがつながろうとするときに生ずる葛藤とその背景を知
　　　　　　　る：映画『ビッグ・シック（The Big Sick）』から（敷田佳子）
　　　　　　　89

Chapter 06　学　校 ——————————————— 91
子どもの生きにくさから考える　　　　　　　　　坪田光平

1　はじめに：学校とはどんな場所か　91
2　移民の子どもの進学状況と日本の教育制度　92
3　「特別扱いしない」日本の学校文化　94
4　教室における差異の管理と子どもたちの抵抗　95
5　生きにくさの広がり　97
6　おわりに：これからの学校はどんな場所か　100

　　コラム8　「進路保障」のジレンマ（山野上麻衣）　103

v

Chapter 07 地域 ————————————————— 105
見慣れた風景と出会いなおす 金南咲季

1 はじめに：身近な地域を歩いてみよう　105
2 子どもの教育は「学校」と「家庭」で完結する？　106
3 地域によって教育課題や実践はどう異なる？　109
4 地域が教育をつくり，教育が地域をつくる　113
5 おわりに：見慣れた風景と出会いなおす　114

コラム 9　移民の町を歩こう（新大久保編）（三浦綾希子）　117
コラム 10　移民の町を歩こう（神戸編）（山本晃輔）　119

Chapter 08 労働市場 ————————————————— 121
それはいかに移民の教育と関係するのか 藤浪海

1 はじめに：コンビニで働く留学生の姿から　121
2 「フレキシブルな派遣労働力」としての日系ブラジル人と子どもの教育　122
3 職業的スティグマのなかを生きるフィリピン人女性と子どもの教育　125
4 学業と就労のはざまで揺れるネパール人留学生　127
5 おわりに：移民の教育と労働市場の多面的関係性　129

コラム 11　技能実習制度が生み出す過酷な労働・生活環境：ドキュメンタリー映像『技能実習生はもうコリゴリ──ベトナム人の声』から（藤浪海）　133

Chapter 09 トランスナショナルな生活世界 ————————————————— 135
往還する日系ブラジル人の教育経験から 山本晃輔

1 はじめに：継続する日本とブラジル間の移動　135
2 日系ブラジル人の日本における生活と教育　137
3 移動とともにある日系ブラジル人の生活と教育　140
4 おわりに：移動を支える教育を模索する　144

目　次

> コラム 12　複数の国・文化のはざまを生きる若者のアイデンティティ：小説
> 『真ん中の子どもたち』から（住野満稲子・徳永智子）　147

Chapter 10　グローバル社会と教育格差 ——————————— 149
東アジアにおける教育移住を手がかりに　　　　　　　　　　　　五十嵐洋己

1　はじめに：子どもの教育のために海外へ移住する時代　149
2　教育移住の実態　150
3　教育移住が起こる背景　152
4　東南アジアに教育移住する日本人家族　154
5　教育移住をめぐるリスクと移動と教育格差　156
6　おわりに：グローバル社会と教育格差を考える　158

> コラム 13　「グローバル人材」は「グローバル市民」のこと？（五十嵐洋己）
> 161

Part III　多様性の包摂に向けた教育

Chapter 11　移民国家アメリカの多文化教育 ——————————— 165
多様性の尊重と社会的公正をめざして　　　　　　　　　　　　　額賀美紗子

1　はじめに：「多様性の統合」をめざすアメリカ社会　165
2　統合理念の変遷　166
3　「平等（equality）」から「公正（justice/equity）」へ　167
4　移民の子どもの適応過程　168
5　多文化教育の発展と定着　170
6　おわりに：多文化教育の課題と展望　173

> コラム 14　移民の教育に関する国際比較（髙橋史子）　177

Chapter 12 多文化共生と日本の学校教育（施策編）————179
公正な社会をめざす学校教育のあり方とは 　　　　　　　　　　　山野上麻衣

1　はじめに：自分のこととして考えてみよう　179
2　多文化共生とは何か　179
3　異文化の理解をめぐる施策　181
4　外国人児童生徒を取り巻く教育施策　183
5　教育における公正を考える：高校入試の特別枠をめぐって　185
6　おわりに：多文化共生の教育に向けて　187

コラム15　公立学校で働く外国籍教員（呉永鎬）　191

Chapter 13 多文化共生と日本の学校教育（学校実践編）————193
多文化社会における学校の役割と課題 　　　　　　　　　　　　　髙橋史子

1　はじめに：多文化共生に向けた学校内の先進的な教育実践　193
2　日本語学習　194
3　多文化共生と社会的公正に向けた先進的取り組み　195
4　おわりに：多文化社会における学校役割の課題と展望　199

コラム16　アメリカのバイリンガル教育（額賀美紗子）　203

Chapter 14 外国人学校————205
多様な教育を創造する 　　　　　　　　　　　　　　　　　　　　薮田直子

1　はじめに：「外国人学校」という用語の複雑性　205
2　外国人学校とはどのような学校か　206
3　なぜ外国人学校に通うのか　208
4　外国人学校はどこへ向かうのか　210
5　おわりに：外国人学校の可能性　212

コラム17　ヘイトスピーチ（呉永鎬）　216

コラム18　高校無償化制度と朝鮮学校（三浦綾希子）　217

Chapter 15 ノンフォーマルな教育と居場所 ——————————— 219

夜間中学校・NPO・エスニック組織・メディア　　　徳永智子・住野満稲子

1　はじめに：多様な学びの場に目を向けて　　219
2　ノンフォーマルな教育と居場所　　220
3　夜間中学校　　222
4　NPO　　224
5　エスニック組織　　225
6　メディア　　226
7　おわりに：ノンフォーマルな場からみえてくる世界　　228

　　コラム 19　ベトナム語の継承語教室（薮田直子）　　231

終章　移民から教育を考える ——————————— 233

三浦綾希子・芝野淳一

1　本書で学んだこと　　233
2　日本の教育がこれまで想定してこなかったこと，これから想定すべきこと　　235
3　移民から教育を考えるために　　237

事項索引　　241
人名索引　　247

グローバル時代の国際移動と変容する日本社会

移民と出会う日常

額賀美紗子

> **キーワード**
> 移民／グローバル化／トランスナショナリズム／エスニシティ／マジョリティとマイノリティ

1　はじめに：国際移民の時代に生きる

　「日本は移民国家である」と聞いたら読者のみなさんは驚くでしょうか。欧米先進国に比べて日本は総人口に占める移民の割合が少ないことで知られてきましたが，その状況は近年著しい変化をみせています。現在日本には290万人を超える外国籍の人びとが生活し，生まれてくる子どもの28人に1人は親が外国籍です。学校に移民の子どもがいることも珍しくありません。少子高齢化と人口減少が急速に進む日本社会は深刻な労働力不足に直面し，海外からの移民労働力を積極的に受け入れる転換点に立っています。

　しかし，多様な文化的背景をもつ人びとが海外から移り住む移民国家として日本社会をとらえる認識は，いまだ浸透していません。日本政府は「移民政策はとらない」という基本姿勢をとり，日本に住む外国人は一時的な滞在者であるという考えをこれまで示してきました。国際連合（以下，国連）による移民の定義──「通常居住しているのとは異なる国に1年以上居住している人」──にもとづけば日本には第二次世界大戦前から移民が移り住んでいましたし，1980年代以降は移民が急増する社会になっています。まずはこの現実を直視することが重要です。

　国際移民の急増は日本だけにみられるわけではなく，グローバルな規模で起こっている現象です。私たちは「国際移民の時代」（カースルズ＆ミラー，2011）に生きています。世界各国で移民の社会統合や権利保障について議論が白熱し，移民の子どもたちの生活と教育の保障が重要な社会課題になっています。移民の子どもたちが

置かれた状況を理解するにあたって，本章ではまずグローバル化と移民の関係，そして移民の増加が社会にもたらす課題を取り上げます。そのうえで，日本社会の多民族化・多文化化状況について考えていきましょう。

2　グローバル化とトランスナショナリズム

　飛行機やインターネットといった通信科学技術の発展は，人びとがたやすく他国を訪れ，さらに何万 km も離れたほかの国の人や情報と瞬時につながることを可能にしています。世界規模で「**時間と空間の圧縮**」（ハーヴェイ, 1999）が起こっているのです。このなかで，国を越えた政治，経済，文化システムが拡大し，国家間やそこに生活する人びとの相互依存が深まって世界が一体化していく傾向がみられます。この現象が**グローバル化**（globalization）と呼ばれるものです（伊豫谷, 2002；スティーガー, 2010）。似た概念として**国際化**（internationalization）がありますが，国際化が「国」を単位として国家間の緊密な関係性をとらえる言葉であるのに対して，グローバル化は国境が曖昧になっている現象に注目する，「世界」を単位とした視点です。この言葉は 1990 年頃から頻繁に使用されるようになり，現代のさまざまな社会問題を論じるうえで欠かせないものとなりました。

　私たちの日々の生活はグローバル化の影響下にあります。たとえば，2008 年のリーマン・ショックと呼ばれたアメリカの経済不況は世界経済に大きな打撃を与えましたが，日本も円高による不況に陥って失業率が高まりました。現在，日本の街中にはマクドナルドなど外資系チェーン店が多く立ち並びます。テレビをつければ海外のニュースやドラマが流れ，食卓に並ぶ食材や着ている洋服の生産地も日本以外の国だったりします。私たちは他国の政治や経済の影響を受け，人，モノ，情報，サービスが国を越えて流動化する社会を生きているのです。

　こうした世界一体化ともいえるグローバル化は，人びとが国境を越えるさまざまな活動に携わることで促されています。人びとが「今ここ」にいながら国を越えた「向こう」とのつながりや関わりを維持する現象や，そうした人びとの越境活動をとらえる視角は**トランスナショナリズム**と呼ばれます（バートベック, 2014）。トランスナショナリズムとは「ナショナル＝国民や国家」といったものを，「トランス＝越える」という意味の概念です。インターネットを通じて海外の人びととオンライン・ゲームを楽しんだり，海外に住んでいても在外投票の制度を使って日本の選挙

に参加したりすることは**トランスナショナルな実践**と考えられます。政府や企業や**NGO**だけでなく，日常を生きる個々人がトランスナショナルな実践を頻繁におこなうことによって，国を越えた人びとや組織のあいだの結びつきが強化され，異なる国のあいだで経済的，政治的，文化的に強いつながりをもつ**トランスナショナルな社会空間**（☞第9章）が拡張してゆきます。グローバル化とトランスナショナリズムは私たちの日常のすみずみに広がっています。グローバル化が常にローカルな場で進行していることを指して，**グローカル化**という言葉も生まれました（ロバートソン, 1997）。

　グローバル化は**経済格差**や**社会的不平等**を世界規模で拡大しているとも考えられています（トムリンソン, 2000；伊豫谷, 2002）。世界経済の発展によって，より多くの富を握る先進国と労働力を搾取される途上国の不平等な関係性（**南北問題**）はいっそう深刻化しています。さらに先進国内部でも格差が広がっています。1980年代以降，先進国ではグローバル経済のなかで自国企業の国際競争力を高めることを目標に，規制緩和と民営化を進める**新自由主義政策**が推進されました。貧困世帯や高齢者，非正規雇用者など社会的弱者を救済する福祉予算が抑制され，その結果として生じた「負け組」に対しては自己責任論が横行します。国家間でも国家内部でも「持つ者」と「持たざる者」の格差が広がり，後者に対する**社会的排除**を正当化する言説が浸透しています。グローバル化がもたらすこうした影響のもとで人びとの国際移動が増えていることを理解することが重要です。

3　加速する国際移動

　国際移民の数は近年急増しています。国連の調査によると，全世界の移民の数は2017年に2億5800万人を超え，2000年時点の1.5倍に増えました。

　人びとはなぜ国を越えて移動するのでしょうか。これは従来，送り出し国と受け入れ国それぞれの経済的・政治的状況をふまえた個人の合理的な選択に注目する**プッシュ-プル理論**によって説明されてきました（カースルズ＆ミラー, 2011）。たとえば，貧困や就業機会の少なさが移民を押し出す**プッシュ要因**に，労働需要や高い賃金が移民を引き寄せる**プル要因**となって途上国から先進国への移動が促されると考えられます。また，紛争や暴力をプッシュ要因，政治的自由や経済的安定をプル要因とする**難民**の移動も多く発生しています。難民は「人種・宗教・国籍・政治的

意見などを理由に迫害を受けるか，あるいは受ける恐れがあるために他国に逃れた人」と国際法で定義されます。国連の統計によれば2017年時点で世界には2000万人近い難民が発生していますが，そのうち8割以上が発展途上国で避難生活を送っており，日本を含む先進国が人道的立場からの難民支援を十分におこなっていないことが課題となっています。

さらに重要なのが国境を越えるネットワークです。**移民システム論**は，国境を越える人びとの関係性や組織・制度に注目し，そうしたネットワークへの参加や組織・制度の利用が国際移動を促すと説明します（カースルズ＆ミラー，2011）。たとえば，家族の一人がまず先に移動して新しい国で働き，生活基盤を築いた頃，ほかの家族を次々に呼び寄せるという現象が多くみられ，これは**連鎖移民**と呼ばれます。トランスナショナルなネットワークやノウハウをもつ仲介業者など，**移民産業**の発展も人びとの国際移動を促しています。

人びとが国際移動する理由は多様化しています。従来の移民の主たる要因だった出稼ぎや難民だけではなく，企業派遣の**駐在**（☞第3章），語学や学位取得のための**留学**（☞第4章），**国際結婚**による移住（☞第5章），子どもの教育や自分のライフスタイルのための移住もみられます（☞第10章）。一方で，さまざまな動機づけによって促される人びとの国際移動は，それを管理しようとする受け入れ国の**移民政策**に大きく左右されます。

4　移民がもたらす国民国家の変容

国際移動の活性化によって，国民国家には大きな変化が生じています。国内の多民族化が進むことで，人びとは外見，言語，宗教，価値観，ライフスタイルなどにおいて違いを感じさせる「異なる他者」と日常的に出会うようになるのです。そのなかからは多様な文化がまじり合う**文化混淆性**（ハイブリディティ）が生み出され，社会に活力をもたらしています。一方，さまざまな課題もみられます。

歴史的に移民を受け入れてきた欧米各国では，**人種**間や**エスニック集団**間の軋轢や対立が大きな社会問題となってきました。人種は肌の色や顔の特徴など特定の身体的特徴を根拠にした個人や集団の分類と考えることができます。アメリカでは国勢調査に人種を尋ねる項目があり，「白人」「黒人」「アジア系」といった分類が並んでいます。一方，エスニック集団とは**エスニシティ**にもとづく個人や集団の分類

です。エスニシティとは，共通の言語，宗教，歴史や祖先の記憶，生活習慣といった文化的特性を指します。本書でみていくように，現在の日本社会には「中国系」「朝鮮系」「ベトナム系」「フィリピン系」「ブラジル系」など，さまざまなエスニック集団が姿を現しています。

　ここで重要なことは，身体的特徴を指標とする人種も，文化的特性を指標とするエスニック集団も，特定の歴史的・社会的状況のなかで人びとによってつくられる**社会的構築物**であるということです（バルト，1996；竹沢，2009）。

　人種は肌の色や外見といった生物学的・遺伝的要素によって決定されていると考えられがちです。しかし，人種集団をはっきりと線引きできる生物学的な根拠はないし，誰がどの人種集団に入るかも恣意的に決定されるということが研究によって明らかにされてきました（竹沢，2009）。白人による植民地主義が展開した19世紀以降，白人と非白人のあいだに優劣をつけ，それがあたかも遺伝的に決定されているかのように考える**人種主義**（**レイシズム**）が浸透していきました。アメリカの黒人奴隷制度，第二次世界大戦下におけるドイツのホロコースト，南アフリカ共和国のアパルトヘイトなど，特定の人種集団に対する不当な差別は人種主義によって歴史的に正当化されてきたのです。

　エスニック集団は，人びとが自分の集団をほかの集団から文化的に区別する社会関係のなかで形成される概念として，1970年代頃から社会科学の分野で使われるようになりました（青柳，1996）。日本語では「民族」という言葉が「エスニック集団」とほぼ同じ意味で使用されることもありますが，後者の用語を使用する際には，複数の集団間が互いの文化的差異を見出し，集団の**境界**を維持する人びとの活動やまなざしが強調されてきました（バルト，1996）。たとえば，20世紀初頭以降，日本からブラジルに多くの移民が移り住みました（☞第9章）。移民やその子孫たちは現地のブラジル人とのやりとりのなかで「ブラジル文化」と「日本文化」の違いを見出し，特定の「日本文化（言語や慣習や価値観など）」を強調して「日系」というエスニック集団の境界をつくっています。しかし，その境界はそのときどきの社会的状況で揺らぎ，どのような文化をもって，どのような人を「日系」とするかは恣意的かつ流動的です。

　異なる人種やエスニック集団のあいだには**マジョリティ**と**マイノリティ**の関係性が生じています。マジョリティは社会的多数派，マイノリティは社会的少数派を意味しますが，それは必ずしも数字上の多さ／少なさを指すのではなく，集団間の不均衡な力関係を示す概念として使われます。マイノリティとはある社会のなかで従

属的立場に置かれ，さまざまな不利益を被ってきた集団のことです。誰がマジョリティで，誰がマイノリティであるかは歴史的社会的状況に依存しますが，一般的には女性，非白人，移民，同性愛者，障害者といった人びとがマイノリティとして**偏見**や**差別**の対象になってきました。

　多くの多民族国家において，移民はエスニック・マイノリティとして十分な権利を与えられず，母文化の維持を脅かされながら不平等な扱いを受けています。本書でみていくように，日本では「日本人」がマジョリティとなり，「外国人」に対して**同化**と**排除**のまなざしを向けてきました。このような不平等に対し，移民が結束してエスニック集団をつくり，マジョリティに抵抗する事態もみられます。富や権利の獲得や文化の承認をめぐってエスニック・マイノリティとマジョリティのあいだに競争や対立が生じているのです。こうしたジレンマをどのように克服していくかが，移民を受け入れる国々が取り組むべき課題となっており，日本も例外ではありません。

5　多民族化・多文化化が進む日本社会

　移民国家として発展してきた欧米諸国と比べると，日本はこれまで民族的同質性が比較的高い国として認識されてきました。しかし，その背後には沖縄の人びと（☞コラム2（p.29））や北海道の先住民であるアイヌ民族（☞コラム3（p.31））に対する抑圧の歴史があることを忘れてはなりません。また，19世紀末から第二次世界大戦終結までのあいだ，植民地であった台湾，朝鮮，中国から日本に移住し，戦後も日本に残留した人びと（**オールドカマー**）が60万人以上いるとされます（☞第1章）。こうした多民族状況が歴史的に形成されてきたにもかかわらず，戦後の日本では**単一民族神話**が大手を振るい，あたかも日本という国が「単一純粋の起源をもつ，共通の文化と血統をもった日本民族だけで」構成され，今もそうした社会が継続しているという誤った通念が定着していきました（小熊，1995：7-8）。

　単一民族神話が揺らぎ始めるのが，移民が増加した1980年代です（渡戸，2010）。この時期に来日した外国人は**ニューカマー**と呼ばれます（☞第2章）。1970年代後半からインドシナ難民や中国残留日本人およびその家族の受け入れが進み，1990年には出入国管理及び難民認定法（以下，入管法）が改正されて日系ブラジル人が急増しました。留学や技能実習，国際結婚による移住も増え，1980年には78万人だ

序章　グローバル化時代の国際移動と変容する日本社会

った外国人人口は 2018 年末には 273 万人と過去最高を更新し，日本の人口の 2% を占めるようになりました。割合からすると少なくみえるかもしれませんが，この 30 年間で外国人の数は約 3 倍になり，急速に増加しています。

　2019 年末の法務省の統計によると，在日外国人の国籍は多い順から中国（全体の 27.7%），韓国 [1]（15.2%），ベトナム（14.0%），フィリピン（9.6%），ブラジル（7.2%），ネパール（3.3%）になっています。この構成比は時とともに変化してきました。従来はオールドカマーを多く含む韓国・朝鮮者の数が最も多かったのですが，1980 年頃から中国籍の急増が目立ち，2007 年には韓国・朝鮮籍を追い抜きます。また 1990 年の入管法改正後はブラジル国籍者が急増しましたが，日本経済の低迷を背景に 2000 年代後半からしばらくは減少傾向がみられました。近年増加が顕著なのは留学生や技能実習生として来日するベトナム籍（前年比 24.5% 増）や，インドネシア籍（前年比 18.7% 増）やネパール籍（前年比 8.9% 増）人びとです。

　日本国籍をもたない人が日本に 90 日を超えて滞在するためには入管法で定められた**在留資格**の取得が必要です。2019 年末時点で在留資格は多い順に永住者（全体の 27.0%），技能実習（14.0%），留学（11.8%），特別永住者（10.7%），技術・人文知識・国際業務（9.3%），定住者（7.0%），家族滞在（6.9%），日本人の配偶者等（5.0%）となっています。

　上記のなかの「特別永住者」はオールドカマーに与えられる在留の資格で，就労や在留期間の制限はありません。「永住者」「定住者」「日本人の配偶者等」「永住者の配偶者等」は入管法上の「身分または地位に基づく在留資格」になり，これらも就労に制限はありません。このうち在留期間にも制限がない「永住者」は原則 10 年以上日本に居住している者に付与されます。上記以外の在留資格は「活動に基づく在留資格」になり，それぞれの目的に応じて就労の範囲が決められています。近年，日本社会の人手不足を背景に「留学」や「技能実習」で来日した若者たちがそれぞれの資格で定められた就労の範囲を超えて長時間労働に従事することも多く，劣悪な労働環境による人権侵害の問題が浮上しています（☞第 4, 8 章，コラム 10 (p.119)）。

　2019 年 4 月，国内の深刻な労働力不足を補うため，「特定技能」という新たな在留資格を設けた改正入管法が施行されました。日本政府はこれまで海外から単純労働者は受け入れないという方針を示していましたが，この法律の施行によって，人

---

1) 長年にわたって「韓国・朝鮮」は一つのグループとして集計されてきましたが，2015 年末の在留外国人統計から「韓国」と「朝鮮」に分けて集計されることになりました。

手不足が顕著な建設，介護，農業や漁業など14の業種で外国人労働者を通算5年間は受け入れることが可能になりました（「特定技能1号」）。熟練した技能をもつ者は滞在期間に制約がないうえに家族を日本に住まわせることもできます（「特定技能2号」）。たとえ政府が移民という言葉の使用を避けつづけたとしても，これは事実上，移民の受け入れ拡大にほかなりません。

　今後の日本社会では目に見える形での多文化化が急速に進んでゆくことが予想されます。しかし，これまで日本では，移民の権利や文化的差異に配慮してどのように**社会統合**を進めていくかという国家レベルの政策的議論が欠落してきたことが問題です（岩渕，2010）。外国人の出入国を管理する**出入国管理政策**はあるのに，日本に定住する移民の人権保障や社会参加を促す**社会統合政策**はいまだに確立されていないのです（山脇，2011）。その結果，移民は社会の一構成員として位置づけられることなく，排他的なニュアンスを伴う外国人というレッテルを貼られて権利を制約されたり，母語や母文化を抑圧されたりする事態が起きています。外国人に対する**ヘイトスピーチ**が街頭やインターネット上で吹き荒れ，欧米諸国を席捲する**排外主義**とレイシズムが日本社会でも顕著にみられます（☞コラム17（p.216））。

　こうした現状に対して地方自治体を中心に**多文化共生**の施策と実践が進んでいます（☞第12, 13章）。これらの取り組みが移民の権利保障や文化的差異の尊重にどこまで有効であるかについてはさまざまな意見があります。読者のみなさんは，本書をとおしてどのような理念や政策や実践が，異なる他者との共生を可能にするか考えてみてください。

　大事なことの一つは，日常的に人びとが使っている「日本人」や「外国人」といったカテゴリーの自明性を問いなおすことです（☞コラム1（p.13），終章）。「国民」の成立について画期的視点を提示したB. アンダーソン（2007）によれば，「日本人」とは人びとがつくり出した「**想像の共同体**」です。メディアや教育をとおして，ある特徴をもった人びとが「日本人」として想像され，「日本人」としての共通意識が形成されていくのです。排外主義の言説では狭く定義された「日本人」像——日本人の血を引き，日本国籍をもち，日本語を話し，「日本人らしい」顔つきの人——が想像されていますが，現実的にはそうした「日本人」像にぴったりあてはまらない人びとが日本社会に増えています。日本国籍をもっていても日本語以外の言語のほうが得意であったり，日本国籍ではないけれども日本生まれで日本語しかわからない人もいます。こうしたさまざまな民族的・文化的背景の人びとを含むゆるやかな「日本人」像を考えていくことが，単一民族神話を乗り越え，多様性が承認され

る日本社会をつくっていくステップになると考えられます（柏崎，2010）。また，そのような考え方は「外国人」を異質な他者として排除したり同化を迫ったりするような日本社会の**エスノセントリズム（自民族中心主義）**に気づくきっかけにもなるはずです。

　日本に住む移民の数は今後も増えることが予想され，わたしたちは血統や国籍や文化に関わらず，日本に住むすべての人びとを**市民**として包摂するような多民族社会の可能性を考える局面に差しかかっています。そうした社会のあり方を考えるうえで鍵となるのが，本書の主題である教育であり，社会を担っていく子どもたちです。

6　おわりに：移民の子ども・若者たちを理解するために ─────

　本書では「移民の子ども・若者」を，「自身が海外から移住してきた，あるいは海外から移住してきた者の子どもや子孫である若年者」と広く定義します。「外国人」という排他的な言葉ではなく，「移民」という言葉を使うことによって，かれらが国際移動の経験や家族史をもち，エスニック・マイノリティとして日本に生活基盤を築いていることが明確になるでしょう。次章からは移民の子ども・若者たちを取り巻く問題を，教育と社会という視点から解説していきます。第Ⅰ部では日本社会に住む移民の子ども・若者たちの多様性を集団ごとに紹介します。第Ⅱ部では移民の子ども・若者たちの生活世界を複数の視点から取り上げ，第Ⅲ部では多様性の称揚と社会的公正の実現に向けた教育的取り組みについて考えます。

　移民の子ども・若者たちを理解するために本書で採用している枠組み（図0-1）について説明しておきましょう。この枠組みはU. ブロフェンブレナーの生態学的モデルにもとづいて移民の子どもの受け入れ社会への適応をとらえようとするものです（Suárez-Orozco et al., 2015）。子どもはさまざまな社会的・文化的環境の影響を受けながら他者と関係をつくり，アイデンティティや学力を形成しています。図0-1では子どもとの接触がどの程度直接的かという点から環境システムが四つにレベル分けされ，移民の子どもにとって特に重要となる環境要因が記載してあります。

　本書では子ども個人の特性や背景をふまえつつ，子どもが直接接するミクロシステムとしての家庭（☞第5章），学校（☞第6, 13–15章），地域（☞第7章），NPO（☞第15章），そしてそれらの関係性としてのメゾシステムに注目します。また，子ども

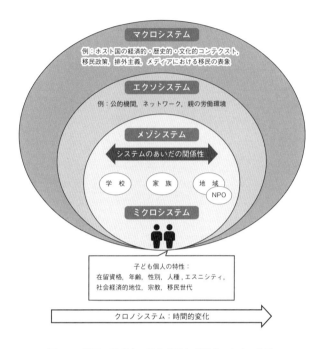

図 0-1　移民の子どもの適応過程を理解するための視点
(Suárez-Orozco et al.（2015：29, 図 1-1）を加筆修正して作成)

が幼少期のうちには直接接触することは少ないけれども，子どもたちの生活に影響を与えるエクソシステムとしての労働市場（☞第8章），そしてマクロシステムとしての教育施策（☞第12章）に注目します。さらに，この図には描かれていない，国境を越えるトランスナショナルな社会空間が子どもたちの育ちや学びに与える影響についても検討しています（☞第9, 10章）。経済的，歴史的，文化的文脈や排外主義といったマクロな環境要因が子どもたちに及ぼす影響は，すべての章の解説で考慮されています。読者のみなさんは，移民の子どもの育ちと日本（および移民の母国）の教育・社会とがどのように結びつき，日本に住むすべての子どもに公正な教育機会が保障されるためには何がどのように変わる必要があるのか，本書を手がかりに考えてみてください。

序章　グローバル化時代の国際移動と変容する日本社会

考えてみよう

①政治・経済・文化のグローバル化が人びとのローカルな日常生活に及ぼす影響について，身近な事例をあげて考えてみましょう。グローバル化を「希望」ととらえるか，「悪夢」ととらえるか，研究者のあいだでは意見が分かれています（トムリンソン，2000）。あなたはどのように考えますか。

②なぜ特定の国からの移民が日本に多いのでしょうか。プッシュ–プル理論や，移民システム論を参考にしながら，日本と移民の出身国それぞれの社会的状況，両国の歴史的関係性，移民産業のあり方などを調べて考えてみてください。本書第I部の各章にもヒントがあります。

③日本社会において「日本人」「外国人」というカテゴリーは誰のことを指し，それぞれどのように理解されているでしょうか。両者のあいだに明確な線引きはできるでしょうか。「外国人」であることによる不自由や不利益について考え，それと比較して日本社会で「日本人」が得ている特権について考えを深めてみましょう。

読書案内

①樽本英樹（2016）．『よくわかる国際社会学　第2版』ミネルヴァ書房
グローバル化と国際移動を中心的なテーマとする国際社会学の入門書。国際社会学の主要なトピックが網羅的に取り上げられ，豊富な事例とともにわかりやすい文章で説明されています。本章で紹介したさまざまな理論や概念の理解を深めるのにも役立ちます。

②望月優大（2019）．『ふたつの日本──「移民国家」の建前と現実』講談社
ジャーナリストである著者は日本を「遅れてきた移民国家」という視点から見つめ，移民の統合政策を進めないまま外国人労働力に頼ることの矛盾を鋭く突いています。移民に関する最新のデータや政策が取り上げられており，近年の日本の移民状況を理解したい初学者におすすめの1冊です。

③石川義孝［編］（2019）．『地図でみる日本の外国人　改訂版』ナカニシヤ出版
日本にはどのような移民がどのような場所に住んでいるのでしょうか。本書は公的データをもとに，移民の性別，年齢，国籍，在留資格，職業，生活，居住地などの分布を日本地図やグラフを使ってビジュアルに示しています。日本に住む移民の多様な背景や，移民集住地域の様子を知ることができます。

▶参考文献

青柳まちこ（1996）.「「エスニック」とは」青柳まちこ［編・監訳］『「エスニック」とは何か——エスニシティ基本論文選』新泉社，pp.7–22.

アンダーソン，B.／白石隆・白石さや［訳］（2007）.『定本　想像の共同体——ナショナリズムの起源と流行』書籍工房早山

伊豫谷登士翁（2002）.『グローバリゼーションとは何か——液状化する世界を読み解く』平凡社

岩渕功一（2010）.「多文化社会・日本における〈文化〉の問い」岩渕功一［編］『多文化社会の〈文化〉を問う——共生／コミュニティ／メディア』青弓社，pp.9–34.

小熊英二（1995）.『単一民族神話の起源——「日本人」の自画像の系譜』新曜社

カースルズ，S.・ミラー，M. J.／関根政美・関根薫［監訳］（2011）.『国際移民の時代』名古屋大学出版会

柏崎千佳子（2010）.「日本のトランスナショナリズムの位相——〈多文化共生〉言説再考」渡戸一郎・井沢泰樹［編著］『多民族化社会・日本——〈多文化共生〉の社会的リアリティを問い直す』明石書店，pp.237–255.

スティーガー，M. B.／櫻井公人・櫻井純理・高嶋正晴［訳］（2010）.『新版　グローバリゼーション』岩波書店

竹沢泰子［編］（2009）.『人種の表象と社会的リアリティ』岩波書店

トムリンソン，J.／片岡信［訳］（2000）.『グローバリゼーション——文化帝国主義を超えて』青土社

ハーヴェイ，D.／吉原直樹［監訳］（1999）.『ポストモダニティの条件』青木書店

バートベック，S.／水上徹男・細萱伸子・本田量久［訳］（2014）.『トランスナショナリズム』日本評論社

バルト，F.（1996）.「エスニック集団の境界」青柳まちこ［編・監訳］『「エスニック」とは何か——エスニシティ基本論文選』新泉社，pp.23–72.

法務省（2019）.「在留外国人統計」〈http://www.moj.go.jp/content/001317545.pdf（最終閲覧日：2020年7月15日）〉

山脇啓造（2011）.「日本における外国人政策の歴史的展開」近藤敦［編著］『多文化共生政策へのアプローチ』明石書店，pp.22–40.

ロバートソン，R.／阿部美哉［訳］（1997）.『グローバリゼーション——地球文化の社会理論』東京大学出版会

渡戸一郎（2010）.「多民族・多文化化する日本社会——問題の所在とアプローチの視点」渡戸一郎・井沢泰樹［編著］『多民族化社会・日本——〈多文化共生〉の社会的リアリティを問い直す』明石書店，pp.13–30.

Suárez-Orozco, C., Abo-Zena, M. M., & Marks, A. K. (2015). *Transitions: The development of children of immigrants.* New York: New York University Press.

序章　グローバル化時代の国際移動と変容する日本社会

コラム **1**　「カテゴリー」を批判的に問いつづける

　　本書では，オールドカマー，ニューカマー，海外帰国生，留学生，在日朝鮮人，日系ブラジル人，フィリピン人，マイノリティ，ハーフなどのさまざまな「カテゴリー」を用いながら議論を進めています。みなさんのなかには，こうした人びとについてさらに学びを進め，レポートや卒業論文につなげていきたいという人もいるかもしれません。しかしその際，以上のようなカテゴリーの使用は十分慎重になされるべき，ということに注意しておく必要があります。

　カテゴリーの使用は，たんにある個人を分類するだけでなく，相手をどのように理解しようとしているかの表明，つまり，「このように呼び，考えれば「あなた」の語りを把握するうえでもっとも"適切"だと「わたし」が考えていることの表明」にもなります（好井, 2004）。人びとのあいだには，人種・民族の違いだけでなく，言語，職業，階層，宗教，地域性，ライフスタイルといったさまざまな差異が存在しています。そしてそれに対して多様な自己のとらえ方があることはいうまでもありません。このことをふまえれば，さまざまな差異のなかからある差異を取り出し，特定のカテゴリーにあてはめながら相手の話を聞いたり，相手を表現したりする「カテゴリー化」は，個々人の自己決定のあり方を考慮せずにその固有性を背後に押しやってしまうという意味で，暴力的ともいえるものです。

　もちろん，「日本人」というカテゴリーも例外ではありません。2018 年秋には，日本人の母とハイチ系アメリカ人の父のあいだに生まれ 3 歳で渡米した，テニスの大坂なおみ選手が大きな話題となりました。彼女が日本人かアメリカ人のいずれであるか決着をつけようとする議論や，彼女の言動に対する「本当に日本人らしい」という報道などは，まさに暴力的なカテゴリー化の一例といえるでしょう。日本人も決して一枚岩的にはとらえられず，きわめて多様化している現実があります。

　しかし一方で，私たちは，いくらカテゴリー化の暴力性を認識したとしても，現実的には，カテゴリーをいっさい用いずに話を聞きに行ったり，相手を表現したりすることはできないというジレンマを抱えています（三浦, 2004）。調査をおこなう際にはやはり，調べたい内容に沿ってある程度対象を絞り込んで，訪れる地域や話を聞く相手を選ぶ必要があります。また，そうした地域や人びとについて何らかの説明を試みる場合，便宜的にでもカテ

13

ゴリーを用いることは避けられません。

　好井（2004）は，このジレンマは決して容易に解消できるものではなく，私たちにできることは，あるカテゴリーをあてはめながら相手の語りを解釈しようとする自身の営みに徹底して敏感であること，そして，対象者からの違和感の表明や抵抗といったさまざまな反応に対して常に「わたし」を開いておくことだといいます。

　本書では，以上をふまえつつ，カテゴリーの使用にあたっては，あくまで現象をとらえるための便宜的かつ暫定的な定義として用いています。カテゴリー化をめぐるジレンマを解消することは容易ではありません。しかし，そこにひそむ暴力性や構築性を自覚し，人びとの反応にそのつど真摯に応じながら，他者に付与するカテゴリーを批判的に問いなおす姿勢をもちつづけておく重要性は忘れてはならないでしょう。

（金南咲季）

●参考文献

三浦耕吉郎（2004）．「カテゴリー化の罠――社会学的〈対話〉の場所（フィールド）へ」好井裕明・三浦耕吉郎［編著］『社会学的フィールドワーク』世界思想社，pp.201–245.

好井裕明（2004）．「「調査するわたし」というテーマ」好井裕明・三浦耕吉郎［編著］『社会学的フィールドワーク』世界思想社，pp.2–32.

Part I
日本社会の多文化化

　第 I 部では，オールドカマー（第1章），ニューカマー（第2章），海外帰国生（第3章），留学生（第4章）を取り上げ，グローバル化のもとで進展する日本社会の多民族化・多文化化について学びます。各集団に固有の国際移動の歴史的経緯，移動の背後にある政策，焦点となった教育的・社会的課題について紹介していきます。第 I 部をとおして，移民の受け入れ国であり，送り出し国でもある日本の姿がみえてくるでしょう。また，それぞれの集団間の文化や歴史の違いを知るとともに，日本社会のマイノリティとして各集団に共通する困難についても考えてみてください。

写真：新宿の高層ビルを背にそびえたつモスク（イスラム教の礼拝所）。現在，日本には100以上のモスクがあります。

Chapter 01 オールドカマー

その歴史が問いかけるもの

呉永鎬

> **キーワード**
>
> 在日朝鮮人／植民地支配／朝鮮学校／脱植民地化／民族学級

1 はじめに：在日朝鮮人とは

　オールドカマー——第二次世界大戦以前に日本に渡り生活してきた朝鮮半島や中国，台湾出身の人びととその子孫のことを，こう呼ぶことがあります。2018年現在，日本には270万人を超える外国籍者が暮らしていますが，敗戦直前の日本にも，およそ200万人の朝鮮半島出身者（**在日朝鮮人**）が暮らしていました。1945年8月，戦争が終わり，朝鮮も日本による**植民地支配**から解放されました。多くの在日朝鮮人は故郷に帰りましたが，朝鮮半島の政情が不安定であったこと，日本から持ち出せる財産に大きな制約があったこと，すでに生活の根を日本に下ろしていたことなど，さまざまな事情からおよそ60万人が日本に留まることになりました。そうして定着していった在日朝鮮人は，1980年頃まで在日外国人の8-9割を占めていました。今日では韓国・朝鮮籍者の数は50万人弱となっていますが，国際結婚家庭や日本国籍取得者を含めると，朝鮮半島にルーツをもつという意味での在日朝鮮人は，100万人を超すといわれることもあります。

　本章ではオールドカマーのうち，その大多数を占めていた在日朝鮮人の教育問題について扱います。教育はもちろん，日本で生活する外国人に関わる諸法制や政策の多くは，戦後に在日朝鮮人を想定してつくられていったためです。在日朝鮮人の教育をめぐる問題を歴史的に検討することは，今日の移民の教育問題を立体的に把握することでもあるのです。

　ハタノ（2011）は異文化やマイノリティを理解するために四つのFが重要である

と説きます。すなわち，過去と現在の事実（Fact）を学び，マイノリティであること
によって強いられる不安（Fear）や悔しさ（Frustration）を知り，公正な（Fair）社
会を築いていくうえではどうすればよいのかを考えることです。本章で示される在
日朝鮮人に関する事実をとおし，かれらが経験する不安や悔しさについて考え，公
正な社会を築いていくためにはどうすればよいのかを深める契機にしてもらえれば
と思います。

　なお，オールドカマーという呼称を用いるにあたって，いくつかの注意を要し
ます。第2章で扱うニューカマーと比べたとき，来日の時期はたしかに昔のこと
（オールド）といえるかもしれませんが，それはオールドカマーをめぐる諸問題が過
去のものであること，解決済みであることを意味するわけではありません。むしろ
ニューカマーとの関係性や，今日に至るまで継続している問題が何であるのかとい
う点に着目することが求められます。また「カム」という表現は自発的に「来た」
というニュアンスを想起させうるものですが，植民地支配や戦争という大きな構造
のもと，日本に渡らざるをえない状況があったこと，あるいはその移動には強制性
が伴う場合があったことを見過ごしてはなりません。

　朝鮮半島出身のオールドカマーについては，在日韓国人，在日韓国・朝鮮人，在
日コリアン，さらにたんに「在日」など，語られる文脈や，込めたい想い，立場な
どによって，さまざまな呼称が用いられます。本章では，国籍や体制支持，また在
留カードなどの国籍記載の如何に関わらず，すべての朝鮮半島出身者およびその子
孫を指す総称として**在日朝鮮人**という呼称を用いることにします。

2　戦前の在日朝鮮人

▶ 2-1　在日朝鮮人社会の形成

　1910年，大日本帝国は大韓帝国を併合します。朝鮮は，朝鮮総督府によって統治
される植民地となりました。これに伴い，朝鮮人は日本国籍をもつ「帝国臣民」と
して扱われるようになりましたが，それは朝鮮人が日本人と同じ扱いをされるよう
になったことを意味しません。日本人（内地人）と朝鮮人は異なる戸籍に登録され，
両者は明確に区別されていました。朝鮮人は日本国籍を離脱することもできません
でした。内地と植民地では法律も異なっており，たとえば植民地朝鮮では義務教育
は施行されませんでした。

1920 年代に入り，朝鮮半島から日本へ渡る朝鮮人が次第に増えていきます。その大きな要因は植民地朝鮮の経済状況の変化に見出せます。1910 年代の土地調査事業によって土地所有権が明確化されるなかで，多くの農民が土地を失いました。また 20 年代の朝鮮産米増殖計画による土地改良，品種改良は，農家に現金収入の増加を求めました。ところが朝鮮半島の都市部は工業化が進んでおらず，十分な働き口を得られませんでした。そのため，朝鮮半島南部（現在の韓国）から仕事を求め，日本に渡航する者が増えていったのです。また，就学率は低かったものの，朝鮮人を「忠良なる国民」に育てるための学校教育を受け，日本語を習得した朝鮮人は，日本に渡り働くことへのハードルが前の世代と比べて相対的に低くなっていたと考えられます。新聞や雑誌，伝聞などをとおしてつくられる近代化された日本のイメージも，これを後押ししていました。こうして 1920 年代に在日朝鮮人社会が形成されていきます（水野・文，2015）。

1930 年の国勢調査によると，在日朝鮮人有業者 26 万人のうち，半数以上が工業に従事し，その多くは土木建築の肉体労働者でした。かれらは日本社会の都市化に伴う鉄道工事，発電所工事，道路工事，河川改修工事などに従事しました。ゴム工場，紡績工場，陶磁器工場など，各都市の主要産業を下支えする仕事に就いていた者も少なくありません。都市部の土木工事現場や鉱山につくられた「飯場」は，工事が終わった後も残されることがあり，それらを中心に集住地区が形成されていきます。その多くは湿地や河川敷などで，上下水道が整備されていなかったり，災害時には大きな被害を受けやすかったりするなど，とても住みにくい環境でした。一方，1920 年代には渡日する女性も増えていきました。家族の形成や結婚に伴い，子どもの教育の問題が浮上してきます。

▶ 2-2　自主的な教育の実施と取り締まり

1930 年，文部省は内地在住の朝鮮人も義務教育の対象である旨を示していましたが，朝鮮人学齢児童の就学率は決して高くありませんでした。学校に通っても同級生から「キムチ臭い」「朝鮮に帰れ」などの暴言を受け，いじめを受ける場合も少なくありませんでした。教員のなかにも，朝鮮への蔑視，偏見を隠さぬ者もいました。植民地支配下に置かれた人びとを，乱暴，不潔，野蛮で，文化的に停滞・未成熟である（したがって文明化し近代化しなければならない存在である）とみなす「帝国意識」（木畑，2014）が強くはたらいていたといえます。まして，当時の学校で，朝鮮の言語や文化，歴史を教育内容に取り入れた教育がおこなわれることはありません

でした。

　朝鮮人の子どものための教育をおこないたい。そうした思いから，1930年代以降，大阪や東京，福岡といった集住地区の朝鮮人は，自主的な教育活動を始めます。朝鮮人の子どもたちを集め，年配者が朝鮮語の読み書きを教える寺子屋のような営みが始まり，昼間に働いている子どもたちのための夜学や朝鮮人のための幼稚園も開設されます。各地の朝鮮人たちは，自助努力によって，子どもたちに日本語の読み書きをはじめとした近代の学校知識を教えるとともに，朝鮮語教育をおこなっていたのでした。

　もっともこうした取り組みは，行政や警察による取り締まりを受けたため，長くはつづけられませんでした。当時の警察は「朝鮮人簡易教育取締」の方針を作成し，朝鮮人の教育施設は民族的色彩が濃厚で，「朝鮮人の指導並びに教化上その弊害が顕著」であるため，これらを「全廃せしむる方針」のもと，取り締まりをおこなっています。朝鮮人のみを集めた施設で教育がおこなわれていること自体が当局の警戒の対象となり，ときには独立運動とみなされ強制閉鎖されました。朝鮮人による自主的な教育施設のほとんどは，1935年頃に禁止され，その姿を消すことになります。

　一方，戦時期に入り，朝鮮人の皇民化方針はいっそう強化されます。神社参拝，国旗掲揚，日本語常用，和服着用，**創氏改名**などが次々と実施されていき，朝鮮の文化や伝統の消滅が図られます。また，これまでの方針を改め，朝鮮人の子どもを積極的に学校に受け入れて，皇民化教育の対象としていきます。植民地期の在日朝鮮人は朝鮮人としての民族性を大きく傷つけられ，またそれを回復する有効な手段の一つである教育に頼る道も閉ざされていたのでした。

3　朝鮮学校

▶ 3-1　朝鮮学校の創設

　1945年8月，日本の敗戦によって，植民地支配からの解放を迎えた在日朝鮮人は，全国各地で講習会形式の教育を始めます。それらは国語講習所やハングル学院などと呼ばれ，翌年には600-700校にも上ったといわれます。朝鮮語とその文字を子どもたちに学ばせようと，民家の一室や教会，倉庫など，あらゆる場所が教室となりました。どのような環境であれ，朝鮮語を教え学ぼうとした取り組みからは，植民

地期に奪われ，失いかけた朝鮮人としての民族性を取り戻そうとする在日朝鮮人の強い思いがみてとれます。

1946-47 年頃には，国語講習所を整備・統合し，より体系的な教育を施すための学校がつくられていきます。これが今日までつづく**朝鮮学校**です。学校をつくるとひと言でいっても，それは決して容易なことではありません。まず校地となる土地を確保しなければならないし，校舎も建築しなければなりません。黒板や机などの教具を用意し，場合によっては子どもや教員たちの宿舎も必要になります。そのための資金を確保するばかりでなく，世界に前例のない，在日朝鮮人の子ども専用の教科書を編纂する必要もあります。子どもたちを教える教員も確保・養成しなければなりません。

このように山積する課題に取り組んでいくうえで，当時在日朝鮮人を広範に網羅していた民族団体である在日本朝鮮人連盟（1945 年 10 月に結成。略称「朝連」）が重要な役割を担いました。朝連を中心に，各地の在日朝鮮人らは地域一丸となって学校づくりに取り組んでいきます。地域の在日朝鮮人たちが資金を出し合い，子どもたちも校舎建設，運動場の整地に参加しました。朝連は教科書編纂委員会を組織し，全国の朝鮮学校に共通の教科書を作成しました。こうして少しずつ，全国各地に朝鮮学校が誕生していきました。1947 年 10 月時点で学校数は 500 校を超え，就学者はおよそ 5 万 7 千人を数えました。

▶ 3-2　植民地主義と反共主義が交差するなかで

こうして始まった朝鮮学校の営みを存続させていくことも，また容易なことではありませんでした。それはたんに，自助努力によって営まれる朝鮮学校の運営が財政的に困難であった，という問題にとどまりません。朝鮮学校の存立それ自体が課題とならざるをえなかったのは，ひと言でいえば，戦後の日本社会においても朝鮮人を被支配的な存在とみなす思想が継続し（**植民地主義の継続**），さらにアメリカとともに戦後を歩むことになった日本では，敵対する共産主義陣営を支持する人びとを危険視し管理・統制しようとする思想（**反共主義**）とそれにもとづく政策が強力に展開したためです。

1948 年には，日本国籍をもつ朝鮮人の就学先は一般の小中学校でなければならないという通達が出され，朝鮮学校に閉鎖命令が下されます。朝鮮人たちは一方的な行政措置に反発し，各地で反対運動を展開しました。兵庫では占領期唯一の非常事態宣言が発令され，大阪では警官の発砲により 16 歳の少年が命を落とします。各

図 1-1　愛知県守山の朝鮮学校に対する閉鎖措置の様子（1950 年 12 月）
（名古屋市役所, 1960）

地でおよそ 3,000 人が逮捕されました。翌 1949 年には，朝連は危険団体として強制解散させられ，これに関わって全国の朝鮮学校（362 校）を一斉に閉鎖する措置がとられます。これによって，朝鮮学校に通っていたおよそ 4 万人の子どもたちは，日本の学校に転入学することになります。また，1950 年に私立学校法が施行される際には，朝鮮学校には私立学校としての認可を与えてはならない旨も示されました。

　1952 年 4 月，サンフランシスコ講和条約の発効に伴い，旧植民地出身者は選択の余地なく日本国籍を喪失することになります。ほかの外国人同様，在日朝鮮人に就学義務制が適用されなくなり，公立学校への入学に際し，「他の児童に乱暴したり，迷惑をかけるような行為はいたしません」「学校に収容力の余裕がなくなったとき，在学をうち切られても異存を申しません」といった誓約書が求められることもありました。

　また 1965 年の日韓条約の締結に伴い，各府県に下達された文部省の通知では，「朝鮮人としての民族性または国民性を涵養することを目的とする朝鮮人学校は，わが国の社会にとって，各種学校の地位を与える積極的意義を有するものとは認められないので，これを各種学校として認可すべきではない」旨が示されました。さらに翌年からは，政府方針や国益に反する教育をおこなう外国人学校を閉鎖することができることを定めた外国人学校法案がたびたび国会に提出されました。

　このように在日朝鮮人たちは，朝鮮人の育成を否定するばかりでなく，その営みを積極的に排除しようとする政策や，社会的な差別・蔑視に抗いながら，朝鮮学校の営みを継続してきたのです。

▶ 3-3 「立派な朝鮮人」になる：脱植民地化をめざして

　そうしたなか，朝鮮学校で学んだ子どもたちは，どのように朝鮮人として育っていったのでしょうか。1955 年に公開されたドキュメンタリー短編映画『朝鮮の子』(朝鮮の子制作委員会・在日朝鮮映画人集団［制作］)では，民族衣装であるチマ・チョゴリをまとって訪ねてきた祖母を恥ずかしいと思い，祖母を拒絶する女子生徒が描かれています。日本の通名で日本の学校に通っていた彼女は，そのときに自分が朝鮮人であることを知り，「ニンニクくさい朝鮮人なんか！　なぜ私は日本人に生まれなかったのだろう」と嘆きます。彼女の周りには，朝鮮人であることを受け入れ，肯定させうるだけの資源（情報や関係）が不足していたのです。彼女に限らず，日本で生まれ育った多くの朝鮮人の子どもたちは，日本語が第一言語で朝鮮語を解さず，朝鮮の歴史や文化をほとんど知らない状態でした。

　こうした状態の克服をめざす朝鮮学校は，朝鮮人のみが通い（ただし父母のいずれかが日本人である場合もありました），朝鮮語を教授言語とし，日本語や算数とともに，朝鮮の歴史や地理，音楽などを学ぶ場でした。日本社会とは異なる時空間をつくり，朝鮮人であることを肯定的にとらえるための資源を整えようとしていたといえます。

　そうはいっても，朝鮮学校は日本社会に存在し，在日朝鮮人の子どもたちはマイノリティとして生きる日々の経験から逃れることはできません。日本社会で朝鮮人であることを表明し，「立派な朝鮮人」として堂々と生きることは簡単なことではなかったのです。1952 年に作成された朝鮮高校 1 年生の作文集『新芽文集』からは，そのような生徒たちの率直な思いがみてとれます。もう高校 1 年生であるのに，朝鮮語の試験にまったく手が出せず，「他の人の前で「私は朝鮮人だ」ということが恥ずかしい」と嘆く生徒，電車のなかで朝鮮語を使用することをためらってしまった自分を省みる生徒，また，朝鮮人は植民地支配から解放されたはずなのに，なぜ日本社会で安心して暮らすことができないのか，「私たちは一体いつ安心できるのだろう？」と，重たい問いを投げかける生徒……。生徒たちの作文からは，植民地主義の克服（**脱植民地化**）がいかに困難な道のりであるかが示唆されます。

　こうした状況は，はたして今日において改善されたといえるのでしょうか。「北朝鮮問題」が報道されるたびに，朝鮮学校の子どもたちは暴言・暴行の対象となります。女子生徒の制服であるチマ・チョゴリが切り裂かれる事件が発生し，彼女たちはチマ・チョゴリを着て登下校することができなくなりました。**ヘイトスピーチ**(☞コラム 17（p.216）)を撒き散らす排外主義団体が朝鮮学校を襲撃し，多くの関係者が心に深い傷を負わされました。外国人学校の大学入学資格の認定や**高校無償化**

制度からは朝鮮学校のみが除かれ（☞コラム18（p.217））、さらに祖国への修学旅行で買ってきたお土産は空港で没収される……。さまざまな次元での排除と不合理が横行する状況下で、朝鮮人として生きること、育つことはどれほどの困難でしょう。そのようななかでも、あるいはそうした状況であるからこそ、在日朝鮮人たちは子どもたちを「立派な朝鮮人」に育てるための教育をおこなう朝鮮学校を守り支えつづけているのです。

4 公立学校における在日朝鮮人教育

　昔も今も、在日朝鮮人の子どもが最も多く就学しているのは公立学校です。朝鮮学校の就学者数が最も多い1960年代においても、およそ3倍にあたる10万人ほどが日本の学校に通っていました。同化圧力が強力に作用するなか、公立学校、またその教員たちは、どのように在日朝鮮人教育に向き合ってきたのでしょうか。

▶ 4-1　民族学級

　公立学校における在日朝鮮人教育の実践としてまず取り上げられるべきは、**民族学級**の取り組みです（☞第13章）。民族学級とは、公立の小中学校内に設置される朝鮮人のみの特別な学級です。学校閉鎖時、文部省は転入先の学校で朝鮮語や朝鮮の歴史など朝鮮人特有のニーズに沿った教育をおこなうことを禁じていましたが、「やむを得ない事情があるときは、当分の間特別の学級 […] を設けることも差し支えない」としていました。在日朝鮮人たちは学校閉鎖措置に反対する一方、転入先の学校で民族学級を開設することを求め、地方自治体や教育委員会との交渉をつづけました。その結果、大阪や福岡など一部の地域で民族学級が開設されました。

　民族学級では、朝鮮人の講師（**民族講師**と呼ばれます）が、朝鮮語や朝鮮の歴史、歌、遊びなどを教えました。多くの場合、民族学級は週に数回、放課後の時間におこなわれていましたが、国語や社会など特定の授業時間のみ子どもを取り出す抽出型のものもあれば、滋賀や京都では、朝鮮人のみで編成された学級を設ける学校もありました（松下, 2016）。日本国民を育成することを主たる目的としている公立学校内で、朝鮮人の子どもたちの教育ニーズを満たすための特別な教育が実施されていたことは注目すべきことです。

　文部省は先述した1965年の通達で、民族学級を廃止し、今後設置すべきでないと

する方針を示しました。しかし70年代の部落解放運動と呼応しながら，再び民族学級を設置する動きが活発化します。今日では大阪，京都，愛知，福岡などで民族学級が取り組まれ，たとえば2018年度，大阪府内には計170校に民族学級が設けられています（名称は民族クラブや国際クラブに変わりました）。

▶ 4-2　在日朝鮮人教育実践

　1950-60年代においても，たとえば屈指の朝鮮人集住地区である大阪市東成区の中学校では，在日朝鮮人生徒が抱える固有の問題に正面から向き合おうとする教員たちの取り組みがありました（倉石, 2009）。また，日本教職員組合の教育研究集会の場でも，沖縄や基地問題とともに，在日朝鮮人の子どもに関する実践が報告されました。とはいえ，朝鮮学校側からの働きかけもあり，当時は在日朝鮮人の子どもたちを「民族学校の門まで」連れて行くことが，公立学校教員の責務であるという立場が支配的でした。言い換えれば，在日朝鮮人の教育問題は，民族学校の課題であって，公立学校の課題ではないとする見方が強かったのです（岸田, 2003）。

　1970年代の阪神地域の学校で，こうした現実を乗り越えようとする実践，すなわち，目の前にいる在日朝鮮人の子どもたちの民族的自覚を育て，その学習権を保障することは公立学校の課題であるとする教員たちの集団的な実践が始まります。1971年には「日本の学校に在籍する朝鮮人児童生徒の教育を考える会」，1983年には「全国在日朝鮮人教育研究協議会」が結成されます。以降，民族学級・民族クラブの設置，副読本や総合の時間を活用した朝鮮（人）に関する学習の実施，在日朝鮮人の子どもたちが本名（民族名）を名乗り，日本人の子どもたちが本名を呼べるような環境づくり，高校入試や就職時にかかる差別的対応の是正を求める活動，外国人教育指針や民族講師の待遇改善などを求める教育行政への働きかけなどが手がけられ，公立学校においても在日朝鮮人教育が取り組まれるようになります。

　もちろんこうした実践は，歴史や在日朝鮮人人口など，地域ごとの事情もあり，全国的な広がりをみせたわけではありません。しかし，朝鮮文化の学習や，朝鮮人に対する社会的不平等を取り除こうとする教員や学校の実践が，公立学校に通う在日朝鮮人の子どもたちにポジティブな影響を与えたこともまた確かなことです。また，これらの実践は，日本人でも朝鮮人でもどの子も区別なく同じ教育を施すという形式的な平等主義を克服していく契機を有するものでもあり，公立学校における外国人教育の先駆け的な取り組みであったと評価できます。

5　おわりに：歴史から学ぶ

　以上，本章ではオールドカマーである在日朝鮮人の形成と，かれらの教育をめぐるさまざまな問題をみてきました。そのいずれもが，過去のことではなく，今日まで引きつづいている問題であるといえます。公立学校における在日朝鮮人教育実践の経験とはどのようなものであり，それは今日の学校現場でどのように活かされているのか。あるいは活かされていないのだとすれば，それはなぜなのか。本章で取り上げた事柄から，いくつもの問いを立てていくことが大切です。

　日本とは異なる文化やルーツをもつ人びとも，等しく承認され，平等に扱われる多文化共生社会。そのような社会を築いていくためのヒントは，私たちが生きる日本社会の歴史のなかからも見出すことができます。昔も今も，日本は決して単一民族国家などではなかったのですから。

考えてみよう

①『新芽文集』に登場した朝鮮学校の生徒は，なぜ電車のなかで朝鮮語を使用することをためらったのでしょうか。
②在日朝鮮人が朝鮮人になるための教育とは，少しおもしろい表現に聞こえるかもしれません。そもそも「○○人」とは何なのでしょうか。
③日本の学校で，在日朝鮮人の子どもたちが朝鮮人として堂々と生きることを支えるための教育をおこなうことは難しいことなのでしょうか。それはなぜなのでしょうか。

01 オールドカマー

読書案内

①田中宏（2013）．『在日外国人──法の壁，心の溝　第3版』岩波書店
戦後に生じたさまざまな外国人問題を，網羅的に，かつわかりやすくまとめたもので，在日外国人問題に関心をもつすべての人が読むべき必読書です。長年にわたって外国人問題の解決に文字どおり第一線で尽力してきた著者だからこそ紡ぐことのできるその叙述には，私たちが学ぶべき事柄が溢れています。

②水野直樹・文京洙（2015）．『在日朝鮮人──歴史と現在』岩波書店
20世紀前半から今日まで，およそ100年にわたる在日朝鮮人の歴史を簡潔に論じたものです。植民地期在日朝鮮人の抵抗や文化活動，関東大震災における朝鮮人虐殺，在日朝鮮人の世代交代や多様化などさまざまな事実が提示されており，在日朝鮮人を知るための質の高い入門書です。

③呉永鎬（2019）．『朝鮮学校の教育史──脱植民地化への闘争と創造』明石書店
朝鮮学校の教育とはどのような意味をもつ営みであるのか。本書は1950–60年代の朝鮮学校の教育について，脱植民地化という観点から検討したものです。戦後世界の大きな課題である脱植民地化に，在日朝鮮人がどのように向き合っていたのかを深く知ることができます。

▶参考文献

呉圭祥（2009）．『ドキュメント在日本朝鮮人連盟──1945-1949』岩波書店
呉永鎬（2019）．『朝鮮学校の教育史──脱植民地化への闘争と創造』明石書店
梶村秀樹（1993）．『梶村秀樹著作集第6巻──在日朝鮮人論』明石書店
岸田由美（2003）．「在日韓国・朝鮮人教育にみる「公」の境界とその移動」『教育学研究』
　70(3), 58–68.
木畑洋一（2014）．『20世紀の歴史』岩波書店
倉石一郎（2009）．『包摂と排除の教育学──戦後日本社会とマイノリティへの視座』生活書院
徐京植（2002）．『半難民の位置から──戦後責任論争と在日朝鮮人』影書房
田中宏（2013）．『在日外国人──法の壁，心の溝　第3版』岩波書店
中村一成（2014）．『ルポ京都朝鮮学校襲撃事件──〈ヘイトクライム〉に抗して』岩波書店

名古屋市役所［編］(1960).『名古屋市警察史』名古屋市総務局調査課

朴正恵 (2008).『この子らに民族の心を――大阪の学校文化と民族学級』新幹社

松下佳弘 (2016).「京都市立養正小学校「朝鮮学級」の成立過程――1950 年代前半における公教育改編の試みとして」『世界人権問題研究センター研究紀要』*21*, 35–60.

水野直樹・文京洙 (2015).『在日朝鮮人――歴史と現在』岩波書店

リリアン・テルミ・ハタノ (2011).「「共生」の裏に見えるもう一つの「強制」」馬渕仁［編著］『「多文化共生」は可能か――教育における挑戦』勁草書房，pp.127–148.

01　オールドカマー

コラム **2**　「世界のウチナーンチュ」政策から私を問う

日本と沖縄の不公正な関係をめぐって

　「世界のウチナーンチュ（沖縄人）」という言葉を知っていますか。じつは沖縄は歴史的に日本有数の移民送出地域で，世界各地に沖縄に出自をもつ人びとが暮らしています。沖縄県ではそうした人びととのネットワークの強化に向けて，1980 年代以降「世界のウチナーンチュ」という言葉のもとさまざまな政策が展開されてきました。たとえば教育に関していえば，沖縄に出自をもつ人びとを県費で大学などの留学生として受け入れたり，各市町村でもかれらを研修生として受け入れ，沖縄の伝統芸能や歴史，日本語などの研修をおこなったりしています。

　しかしなぜ沖縄では，「在外県民政策」ともいいうるこのような取り組みが展開されているのでしょうか。この背景にあるのは，沖縄と本土との不公正な関係です。琉球処分により日本に併合されて以来，沖縄の人びとは差別的な経済政策によりきびしい貧困に直面し，同化主義的な教育のもとでその文化を奪われ，本土を守るための「捨石」として激しい地上戦の舞台にされ，その後米軍に占領され土地を奪われるという憂き目にあってきました。沖縄からの移民はこのような状況のなかでこそ，多く送り出されてきました。沖縄は 1972 年に，「本土並み」になるという期待のもと，日本に復帰します。しかしその期待は裏切られ，2019 年現在も日本の米軍基地の約 75％が沖縄に集中しています。貧困も深刻な状況にあり，それは沖縄における学力問題や大学進学率の低さにも結びついています。

　「世界のウチナーンチュ」言説は，そうした不公正な状況におかれた沖縄社会のなかから登場しました。沖縄エスニシティの再活性化を図り，ウチナーンチュ同士の国境を越えたつながりを強化することでこの状況を乗り越えようという思いが，ここにはあります。沖縄県によればこの政策の背景には，世界中に沖縄を愛する人びとがいることを沖縄の若い世代に広めることで，かれらにウチナーンチュとしてのアイデンティティを深めていってもらいたい，そして将来，多くの課題を抱えた沖縄のための行動を起こしていってほしいという希望があるといいます。また米軍基地建設のため名護市辺野古への土砂投入が始まった 2018 年には，中城村の研修生として沖縄で学んだ経験をもつハワイ在住沖縄系 4 世がアメリカ政府に向けた基地建設反対署名

沖縄で三線を学ぶ，南米各国からの海外移住者子弟研修生

を集め始め，さらに南米などの元留学生や研修生もそれに呼応し世界各地でそれへの署名を呼びかけるという出来事もありました。

このような世界各地に離散した集団の，一つの国家内部にとどまりきらないコミュニティのありようや，受け入れ社会に同化されつくされないそのハイブリッドな意識や文化のあり方は，しばしば**ディアスポラ**という言葉で表現されます。「さまざまな方向に種子をまき散らす」という意味のギリシャ語に由来するこの概念はもともとユダヤの人びとに用いられてきたものですが，現在ではアルメニア人やパレスチナ人，アフリカ人，華人など，さまざまな集団に対して用いられるようになっています。「世界のウチナーンチュ」の取り組みはまさに，このディアスポラの力を結集させて，沖縄の状況を変えていこうとするものであるといえるでしょう。

しかし一方でこのようにウチナーンチュ自身の力で状況を改善しようとする取り組みをみるとき，本土に暮らす私は忸怩たる思いに駆られます。結局この背景にあるのは，「本土の人間には，もう期待などできない」という思いではないでしょうか。沖縄の人びとのこの取り組みにかける思いを知るにつけ，私は本土人としてのあり方をきびしく問われているような気がしてならないのです。

（藤浪海）

コラム3　日本の先住民族・アイヌの権利とその保障

　みなさんは 2016 年にマンガ大賞を受賞した『ゴールデンカムイ』（野田, 2014–）というマンガを知っていますか。明治期の北海道を舞台に金塊をめぐって繰り広げられる物語なのですが，アイヌについてもよく知ることができるということで話題になりました。アイヌとは，古くから北海道，樺太（からふと），千島などで暮らしてきた日本の先住民族で，固有の言語や文化をもっています。アイヌ語で「アイヌ」は「人間」を意味し，「カムイ」は「神」を意味します。また，アイヌに対して大和民族を「和人」ということがあります。

　アイヌと和人は昔から深い関わりをもち，活発に交易をおこなっていた時期もありました。しかし，18 世紀以降，和人はアイヌに同化を強いるようになります。さらに明治になると，その同化政策は強化され，アイヌ語の使用やアイヌの伝統的習俗が禁止されてしまいます。極めつけは 1899 年の北海道旧土人保護法制定です。「旧土人」というのはアイヌに対する差別語で，「未開で野蛮な人」という意味合いが含まれます。「保護法」というのは名ばかりで，その内実は漁労や狩猟を生業としてきたアイヌに農耕を強制し，日本語の使用を強いる法律でした。

　アイヌに対する差別は戦後になってもつづきました。1980 年に国際連合（国連）に提出された報告書には，「日本にはいかなる少数民族も存在しない」という，アイヌの存在を否定するような文言が書かれています。一方，1980 年代はアイヌ自身の運動が活発におこなわれ始めた時期でもあります。北海道ウタリ協会（現北海道アイヌ協会）を中心に差別の撤廃やアイヌの先住民族としての権利を求める声が高まり，その結果，1997 年には北海道旧土人保護法が廃止され，アイヌ文化振興法が制定されます。アイヌの存在を認め，その文化の尊重を明記した点でこの法律には大きな意味がありましたが，アイヌの先住民族としての権利を十分に保障するものではありませんでした。

　その後，世界的に先住民族の権利を重視する風

マンガ『ゴールデンカムイ』
第 1 巻（野田, 2015）

潮が強まり，2007 年に「先住民族の権利に関する国連宣言」が採択されると，日本政府も 2008 年に「アイヌ民族を先住民とすることを求める決議」を衆参両院の本会議で採択します。そして，2019 年 4 月，アイヌを先住民族として明記した初めての法律アイヌ民族支援法が制定されます。150 年以上にわたり虐げられてきたアイヌがやっと先住民族として認められたのです。無論，これですべてが解決したわけではありません。この法律には日本政府がおこなってきた同化政策への反省や謝罪はいっさいなく，先住民族固有の権利の保障についても明記されていません。また，アイヌの貧困率の高さや大学進学率の低さは依然として顕著です。アイヌに対する差別もつづいており，政治家がアイヌの存在を否定するような発言をし，問題になったこともあります。これらの差別をなくしていくためにも自決権などの権利の保障が必要になってきます。また，多くの人がアイヌについて知ることも必要です。北海道を中心にアイヌの歴史や文化を学ぶことのできる資料館や博物館は数多くあります。みなさんも一度ぜひ訪れてみてください。

（三浦綾希子）

●参考文献

野田サトル（2014–）．『ゴールデンカムイ』集英社

●参考ウェブサイト

平取町立二風谷アイヌ文化博物館〈http://www.town.biratori.hokkaido.jp/biratori/nibutani/（最終閲覧日：2019 年 5 月 24 日）〉

北海道大学アイヌ・先住民研究センター〈https://www.cais.hokudai.ac.jp/（最終閲覧日：2019 年 5 月 24 日）〉

北海道庁アイヌ政策推進局アイヌ政策課〈http://www.pref.hokkaido.lg.jp/ks/ass/index.htm（最終閲覧日：2019 年 5 月 24 日）〉

Chapter 02

ニューカマー

加速する日本社会の多文化化

三浦綾希子

キーワード

単一民族国家／労働移民／結婚移民／難民／格差

1　はじめに：「ニューカマー」とは

　みなさんは,「ニューカマー」という言葉を聞いたことはありますか。ニューカマーとは, 1970 年代後半以降, 日本に居住することになった新来外国人のことをいいます。東南アジア出身の女性やインドシナ難民, 中国帰国者, 日系南米人などさまざまな人びとがニューカマーに含まれますが, 第 1 章で取り上げたオールドカマーとは来日の経緯や時期が異なるため, 区別されます。オールドカマーと比べれば滞日年数は短いですが, ニューカマーのなかには, 滞日年数が 30 年以上の人びともおり, もはや「新しく来た人 (ニューカマー)」という枠組みではとらえられないという考え方もあります。

　ニューカマーの人びとの来日経緯は非常に多岐にわたっています。仕事を求めて来た労働移民もいれば, 結婚を契機に来日した結婚移民, 紛争や迫害などから祖国を逃れてきた難民もいます。同時に, ニューカマーを親にもつ子どもたちもじつに多様です。親と一緒に移動してきた子もいれば, 日本生まれの子どももいます。学齢期の途中で移動してきた子どもを 1.5 世, 日本生まれの子どもを 2 世と呼んだりします。また, 日本と母国, あるいは第三国とのあいだをトランスナショナルに行き来する子どもたちもいます。近年では, 両親のどちらかが外国人である「ハーフ」の子やオールドカマーの子どもも含めて「外国につながる子ども」「外国にルーツをもつ子ども」という言葉が使われることもあります。序章でも確認したとおり, 本書では日本に居住する外国にルーツのある人びとを移民と呼ぶことにしますが, こ

の章では，そのなかでも特にニューカマーの人びとに焦点をあて，その来日経緯と
第二世代が抱える教育課題についてみていきます。

2　ニューカマーの子どもたちの実態

　日本の学校にはどれくらいニューカマーの子どもたちがいるのでしょうか。文部
科学省の統計によれば，2018年5月時点の「公立学校に在籍している外国籍児童
生徒」の数は，小学校で59,094人，中学校で23,051人，高校で9,614人となって
います。そのうち，日本語指導が必要とされている児童生徒数は，小学校で26,092
人，中学校で10,213人，高校で3,677人です。10年間でおよそ1.4倍も増加してい
ます。ここで注目したいのは，中学校と高校に在籍している外国籍生徒の数の違い
です。13,437人もの差があります。これは外国籍生徒の高校進学率が低いこと，あ
るいは高校中退率が高いことを示しています。文部科学省が2017年に初めて実施
した調査によれば，日本語指導が必要とされている公立高校生のうち，9.61%が中退
しているといいます。全国の公立高校生の中退率は1.21%ですので，日本語指導が
必要な公立高校生は7倍以上の割合で中退していることになります。また，日本語
指導が必要な高校生の大学などへの進学率は42.1%となっています。高校生全体の
進学率が71.2%であることと比べると，かなり低いことがわかります。

　しかし，一方で外国籍生徒の高校在学率や大学在学率が徐々に上がっているとい
うデータもあります（髙谷ほか，2015）。2000年と2010年の国勢調査を用いた研究に
よれば，韓国・朝鮮籍と中国籍は日本国籍とほぼ同等の大学在学率であることが示
されています。また，2000年の国勢調査では，フィリピン，ブラジル，ペルー籍の
大学在学率はほぼ0%に近かったのに対し，2010年にはいずれも10-20%に増加し
ているのです。

　ただし，こうした統計資料をみる際に気をつけなければならないことがあります。
それは現在おこなわれている調査は，あくまで国籍をベースにしているということ
です。「外国籍」の児童生徒数はわかっても，ニューカマーの子どもがどのくらいい
て，オールドカマーの子どもがどのくらいいるのかについての正確な数字はわかり
ません。また，日本国籍で外国にルーツをもつ子どもたちの状況も十分に把握する
ことはできません。さらに，「日本語指導が必要な児童生徒」という言葉にも気をつ
ける必要があります。日本語指導が必要かどうかの判断は各学校や教師に任せられ

ており，明確な基準が定められているわけではないのです。そのため，日本語指導が必要と判断されていない子どもであっても，学校の勉強で用いるような抽象的な学習言語が身についていない場合もあります（☞第6, 12章）。

　近年，日本語指導が必要な日本国籍の児童生徒が増加しているといわれます。2014年と2018年を比較すると，日本語指導が必要な外国籍の児童生徒の増加率は38.6％ですが，日本語指導が必要な日本国籍の児童生徒の増加率も30.1％に及んでいます。このなかには国際結婚家庭で育った子どもや親が帰化した子ども，海外で育った日本国籍の児童生徒などが含まれますが，その詳細な内訳はわかっていません。ただし，日本国籍をもつ子どもたちのなかにも多様な文化的背景をもつ者たちが多くいることを確認しておく必要があります。

3　ニューカマーの来日経緯

▶ 3-1　ニューカマーの増加の始まり（1980年代〜）

　それでは次に，ニューカマーの人びとが増加した背景についてみていきましょう。ニューカマーが増加し始めたのは1980年代初頭のことです。まず，フィリピンをはじめとする東南アジアの国々から多くの女性たちが日本にやってきました。彼女たちの多くは**エンターテイナー**として「興行」という在留資格で来日しました。この興行という在留資格は本来，歌手やダンサー，芸能人に与えられるものです。東南アジア出身の女性たちも当初は，歌ったり踊ったりする仕事をすると聞いて日本にやってきました。しかし，彼女たちが実際に日本で就いた仕事はパブで接客をするホステスでした。彼女たちは「じゃぱゆき」と呼ばれ，差別的なまなざしを受けることになります。また，その待遇も劣悪で，来日のためにかかった費用が給与から天引きされていたため，手元に残るお金はわずかだったともいわれています。一方，彼女たちのなかには，お店に来た日本人男性と結婚し，日本に定住する人もいました。そのほかにも農村の嫁不足を補うため，東南アジア出身の女性が「**農村花嫁**」として多く来日しました。このような**結婚移民**という形で日本に定住している東南アジア出身の女性は非常に多いといえます。芸能人やスポーツ選手でフィリピンと日本のハーフの人をみることも多くなっていますが，その背景にはフィリピン人女性と日本人男性の国際結婚の多さがあるのです（☞第5章）。

　東南アジア出身女性が多く来日し始めたのと同じ時期に増加したのが**インドシナ**

難民の人びとです。1975 年のベトナム戦争終結後，ベトナム，ラオス，カンボジアのインドシナ三国から多くの人が難民として第三国へ移動しました。ベトナムの人びとは小舟に乗って海路で国を脱出し（ボートピープル），ラオス，カンボジアの人びとは歩いてタイ領まで逃れました（ランドピープル）。日本にも多くの船が到着し，たくさんの人がボートピープルとして上陸しました。こうしたなか，難民受け入れに関する国際世論の高まりを受けて，日本は 1979 年にインドシナ難民の定住を許可することを閣議了解します。そして，日本語教育や職業斡旋などをおこなう定住促進センターが兵庫県姫路市と神奈川県大和市につくられることになります。その後，日本は 1981 年に難民条約に加盟し，これをきっかけに在日外国人に対する施策が少しずつ整備されていくことになります。インドシナ難民は「第二の黒船」といわれるほど日本政府の在日外国人施策に強烈な影響を与えたといわれます。その後も世界では大量の難民が発生しつづけ，欧米諸国では難民の人数は増えつづけていますが，日本政府は難民の受け入れにきわめて消極的であるため，インドシナ出身者以外の難民の数は多くありません。

　1980 年代から増え始めたのが**中国帰国者**の人びとです。中国帰国者とは，終戦後，中国に残された日本人孤児や婦人などの中国残留日本人のうち，日本に帰国した人とその子孫のことをいいます。1945 年 8 月 9 日のソ連参戦後，満州に駐留していた関東軍は日本へ帰国しますが，女性と子ども，老人は残され，戦後も日本に帰ることができず，中国残留孤児／婦人となったのです。中国残留孤児を扱った山崎豊子の小説『大地の子』（山崎，1991）はドラマ化もされ，たいへん話題になりました。1972 年に日中間の国交が正常化されると，帰国事業が始まりますが，当初は親族が身元保証人とならなければ，帰国することができませんでした。しかしその後，身元の判明，未判明に関わらず，国が引受人を斡旋することになり，希望者はすべて永住できるようになります。日本政府は 1959 年に連絡のとれなくなった残留日本人を戦時死亡未確認者とし，戸籍を削除しました。残留日本人は帰国後，失った戸籍の復活や日本籍取得の手続きによって日本国籍となりますが，かれらの配偶者や子・孫ともども，言葉の壁などから帰国後の生活は困難なものとなりました。

　同時期の 1983 年，日本政府は「**留学生 10 万人計画**」を発表し，2000 年頃までに留学生を 10 万人受け入れることを宣言します。このとき，学業を妨げない範囲で留学生のアルバイトが認められるようになります（☞第 4, 8 章）。留学生送り出し国への国際協力，途上国援助が留学生 10 万人計画の主な目的であったといわれています。留学生 10 万人計画は，2003 年に達成されることになりますが，日本語学校

02 ニューカマー

の充実など受け入れる体制が十分でないままにおこなわれた計画であると批判されることもあります。

▶ 3-2　ニューカマーの急増（1990年代〜）

　1990年，ニューカマーの増加を急速に進める出来事が起こります。それが改正された**出入国管理及び難民認定法**（以下，**入管法**）の施行です。これによって，日本国籍をもたない日系三世（祖父母のいずれかが日本国籍をもつ）に「定住者」という在留資格が付与されるようになります。この在留資格は日本での就労の制限がなく，配偶者や子どもも来日できるというものでした。結果，戦前から戦後すぐにかけて日本からブラジルやペルーなどの南米に移民した日系人やその子孫たちが多く来日することになりました。入管法が改訂された背景については，二つの考え方があります。一つは，当時の労働力不足を背景に，単純労働をする外国人を受け入れたくない日本政府が日系人に「親族訪問」という名目で「定住者」という在留資格を与えることにより，労働力不足を補ったというものです。もう一つは，日韓地位協定によって，在日朝鮮人三世の在留資格を活動に制限がない「特別永住者」に一元化するなかで，海外に在住する日系人の法的地位が特別永住者と比較して不利にならないよう，「定住者」という在留資格をつくり，それを日系人に与えたという考え方です。後者の考え方に立てば，日本政府は労働力として日系人を大量に受け入れることは考えておらず，日系三世の人びとの増加は「意図せざる結果」だったといえます（梶田ほか，2005）。

　日系南米人の多くは，東海地域や群馬県などの工場で製造業に従事し，その周辺には外国人集住地区が形成されました。ピーク時には31万7千人ものブラジル人が日本で暮らしていました。しかし，2008年リーマンショックの影響で景気が悪くなると，多くの日系南米人が解雇されることになります。日本政府は母国への帰国を促す帰国支援事業をおこない，本人（30万円）および扶養家族（20万円）の帰国費を支給します。ただし，それは支援事業開始から3年間定住者の資格で日本に再入国できないという条件つきでした。しかし，景気が回復すると，在日ブラジル人の数は再度増加に転じます。このように，好景気のときは安価な労働力として雇われ，景気が悪くなると，人員整理の対象となる外国人労働者は，「**雇用の調整弁**」として利用されているととらえることもできます（☞第8章）。

　最後に，近年増加しているのが**技能実習生**です。そもそもの始まりは，日本の技能を途上国に移転するという「国際貢献」でした。途上国から人を呼び，日本の企業で働きながら技能を身につけてもらい，それを出身国に持ち帰ってもらう。これ

37

が当初の**技能実習制度**でした。しかしながら，徐々に技能実習生は安価な労働力として使われるようになっていきました。こうしたなか，違法な残業や賃金の未払い，ひどい人権侵害などが指摘されるようになります。何の情報も与えられないまま，福島第一原子力発電所の事故に伴う除染作業をさせられていた人もいました。こうした人権侵害に対する批判を受け，2017年には技能実習適正化法が施行され，人権侵害に対する罰則も設けられました。しかし，依然として技能実習生の待遇は非常に劣悪であるといわれており，職場から失踪する技能実習生は後を絶ちません（☞コラム11（p.133））。

　以上，ニューカマーが増加した背景をみてきました。日本はこれまで「フロントドア」を開けることなしに「サイドドア」から外国人労働者を受け入れてきたといえます。「興行」という名目で東南アジアからホステスの女性たちを呼び，「親族訪問」といって日系南米人の外国人労働者を多く招き入れました。また，「国際貢献」を建前に，安価な労働力として技能実習生を搾取しています。国として移民政策がないまま，「サイドドア」から移民労働者を受け入れてきたことの問題性を考えなくてはいけません。

4　ニューカマー第二世代を取り巻く諸課題 ─────────

▶ 4-1　日本の学校とニューカマーの子ども

　それでは次に，ニューカマーの子どもたちがどのような教育課題を抱えているのか確認していきましょう。ニューカマーの教育課題は，「**言語**」「**適応**」「**学力**」「**進路**」「**不就学**」「**アイデンティティ**」の大きく六つに分けられます（志水, 2008：11-15）。ニューカマーの子どもが増加した当初問題になったのが，言語と適応です。日本語指導の問題がまず注目され，その後，母語・継承語の維持，獲得について議論されるようになりました。また，ニューカマーの子どもたちの適応の問題をとおして，同化主義的な日本の学校文化の問題点が指摘されるようになります（☞第6章）。

　日本に定住するニューカマー生徒が増加するにつれて，学力や進路についての研究が進められるようになり，かれらの高校進学率の低さや低学力が明らかとなっていきました。海外ではエスニックグループごとに移民の学力を測定することがありますが，日本では，そうしたことはおこなわれていません。そのため，かれらの学力がどの程度なのか，はっきり知ることはできません。ただ，先述した高校進学率

の低さなどから，ニューカマーの子どもの多くが学習困難を抱え，低学力になりがちであることが明らかになってきたのです。また，かれらのトランスナショナルな生活の実態が明らかになるとともに，その進路先は日本だけにとどまらず，出身国や第三国にもまたがっていることが指摘されるようになります。

ニューカマーの子どもが抱える最も深刻な問題の一つが不就学です。学校には在籍しているけれど登校していない状態の不登校とは異なり，不就学はどの教育機関にも所属していない状態を指します。詳しくは第6章でも説明しますが，外国籍の保護者には「就学義務」が課せられていないため，不就学という事態が起こることになります。外国籍者の教育は，権利でも義務でもなく「恩恵」であるとされています。これには，憲法や教育基本法にいう教育の権利や義務が狭く「国民固有の権利・義務」と解釈されてきたことが関係しています。ここでいう「国民」は「日本国籍保持者」を意味しますが，こうした解釈のもと，戦後，在日朝鮮人の児童生徒は，教育の権利から排除され，それと同様の事態がニューカマーの教育に関しても引き続き生じているのです（佐久間, 2006）。

最後にアイデンティティの問題です。同化圧力が強い日本の学校において，ニューカマーの子どもたちはそのルーツを隠すことがあるといわれています。名前を日本名にしたり，日本人のように振る舞うことで日本人に同化しようとするのです。これはニューカマーに限ったことではなく，第1章で勉強した在日朝鮮人の子どもにもあてはまります。かれらが肯定的なエスニック・アイデンティティを獲得するためには，そのルーツを否定しない環境が必要です。同化主義的な学校文化を変革することや，移民の子どものルーツや母文化を否定しない居場所をつくることなどが重要になってくるでしょう（☞第III部）。

▶ 4-2　ニューカマー第二世代の成長と新たな課題

ニューカマーの子どもが急増した1990年代からすでに30年ほどが経過した現在，幼少期に親と共に来日した子どもたちが成長し，青年期，壮年期に突入するようになりました。同時に，外国人の親をもつ，日本生まれ日本育ちの子どもたちも増加しています。ニューカマーの子どもが増加した当初は，義務教育段階の学校教育に関する問題が主に議論されてきましたが，現在では大学進学や就労，結婚，子育てに関する問題も指摘されるようになってきています。

既述したとおり，ニューカマーの大学進学率は徐々に上がってきているといわれています。しかし一方で，大学進学どころか高校進学も難しい，あるいは高校に進

学しても中退してしまう若者が多いことも事実です。すなわち，ニューカマーのあいだにも**進学格差**が生じているのです。何がその差を生み出すのでしょうか。アメリカの移民第二世代の適応の分岐を分析するためにつくられた理論として，「**分節的同化理論**」（Portes & Rumbaut, 2001）というものがあります（☞第11章）。この理論によれば，第二世代の適応は，①親の人的資本（経済資本，文化資本，社会関係資本），②家族構造，③編入様式（政府の受け入れ施策，ホスト社会の差別，エスニックコミュニティの有無）によって，決まります。この理論を援用して，日本のニューカマー第二世代の学業達成の違いを分析した研究によれば，親の資本や教育戦略，家族構造によって第二世代を取り巻くネットワークに違いが生まれ，それが若者のエスニック・アイデンティティや学業達成を分岐させるといいます（額賀・三浦, 2017）。日本と出身国（親の出身国）両方の社会の多様なアクターと緊密なネットワークを築き，ハイブリッドなアイデンティティを形成している若者のほうが学業達成が高くなりやすいのです。同化を強要するのではなく，移民の子どものルーツを尊重することが学業達成につながるともいえます。

　また，ニューカマー第二世代のなかには，すでに労働市場に参入している人も多くいます（☞第8章）。日系ブラジル人を対象とした研究では，早期に学校を退学し，親と同じように工場などで働く者や，日本と出身国のあいだを行き来しながらキャリア形成をしていく者の姿が描かれています（児島, 2008, 2011）。あるいは，出身国に送金する親を助けるため，親と同じようにホステスになるフィリピン系第二世代の女性もいます（額賀, 2016）。いずれも下降移動を強いられているといえますが，一方で，高い学歴を取得し，グローバル人材として日本や出身国のみならず，欧米などの第三国で働くことを希望する中国系やフィリピン系第二世代の存在も指摘されています（額賀・三浦, 2017；坪田, 2018）。このように，ニューカマー第二世代のあいだで進学格差だけでなく，職業格差も進行していることがわかります。

　さらに近年では，ニューカマー第二世代が結婚，出産を経験し，第三世代を育てる時期となっています。結婚に関しては，日本人との結婚や，同じエスニシティ同士の結婚，またはブラジル人とフィリピン人など日本に住む移民同士の結婚など，さまざまなパターンがあるといわれています。インドシナ系の場合は，親との関係を改善するため，出身国から結婚相手を呼び寄せ，結婚するというパターンもあります（清水・チュープ, 2015）。日本で育つ第二世代は，使用言語や文化の違いで，親と衝突することがよくあるといわれています。日本語が第一言語となっていく第二世代と，日本語がうまく話せない第一世代では，コミュニケーションが円滑にとれ

ず，両者のあいだに葛藤や役割逆転が生じることがあるのです（☞第5章）。しかし，出身国から結婚相手を呼び寄せれば，親の母語がわかる結婚相手があいだに入り，親子関係を改善してくれるというのです。

　それでは，このようにして結婚した第二世代は，どのように第三世代を育ててゆくのでしょうか。第二世代の子育てに関する研究は，ニューカマーの場合はまだ多くありませんが，日本で育ったニューカマーの第二世代が子どもを育てるにあたって，どのような問題に直面するのか，今後注視する必要があるでしょう。

5　おわりに：「多文化社会・日本」の行方

　本章では，ニューカマーの歴史と，かれらを取り巻く状況，教育課題について扱ってきました。ニューカマーの歴史をみただけでも，日本は**単一民族国家**などではなく，多様な文化的背景をもった人びとが集まっている国だということが理解できたと思います。

　2018年12月，改正入管法が制定されました。深刻な労働力不足を背景に，「特定技能」という在留資格を新たにつくり，多くの外国人労働者を受け入れようとしています。これまで開けられてこなかった「フロントドア」が開けられることになるのか，という期待感がある一方，生活保障の側面が弱いことが指摘されています。政府は頑なに「移民政策はとらない」と主張していますが，これまで確認してきたとおり，日本にはすでに多くの移民が住んでいます。かれらはみな，たんなる労働力ではなく，日本社会で暮らす一員です。かれらと共にどのような日本社会や教育のあり方を構想していくのか，考えていく必要があるでしょう。

考えてみよう

①ニューカマーに対するこれまでの日本の施策を整理したうえで，その特徴がどのようなものだったのか，まとめてみましょう。

②ニューカマーの子どもは日本の学校のなかでどのような困難を抱えるでしょうか。第1章でみたオールドカマーが抱える困難との類似点および相違点をあげながら，まとめてみましょう。

③近年，ニューカマーが抱える諸課題はどのように変化しているでしょうか。また，世代が進行するにしたがって，ニューカマーの人びととはどのような課題を抱えると思いますか。

読書案内

①荒牧重人・榎井縁・江原裕美・小島祥美・志水宏吉・南野奈津子・宮島喬・山野良一［編］(2017).『外国人の子ども白書――権利・貧困・教育・文化・国籍と共生の視点から』明石書店

外国人の子どもたちの現状とかれらが抱える課題について，網羅的に説明した1冊です。外国人の子どもに関する統計データはとかく少ないといわれていますが，本書では可能なかぎり集められたデータをもとに，かれらが置かれている状況を丁寧に説明しています。

②宮島喬・佐藤成基・小ヶ谷千穂 (2015).『国際社会学』有斐閣

人の移動の活発化によって引き起こされた社会問題について，労働，ジェンダー，教育，福祉などの観点から説明されています。日本国内の移民を取り巻く課題だけでなく，フランスやアメリカの移民問題についても併せて知ることができます。

③志水宏吉・清水睦美［編著］(2001).『ニューカマーと教育――学校文化とエスニシティの葛藤をめぐって』明石書店

日系南米人，インドシナ難民，韓国系ニューカマーの三つのグループに注目し，その親たちの教育戦略について，文化伝達のありようや学校との関わり，進路選択といった側面から比較検討しています。ニューカマーの教育課題を知るための必読書といえるでしょう。

▶参考文献

太田晴雄（2000）．『ニューカマーの子どもと日本の学校』国際書院

梶田孝道・丹野清人・樋口直人（2005）．『顔の見えない定住化——日系ブラジル人と国家・市場・移民ネットワーク』名古屋大学出版会

児島明（2008）．「在日ブラジル人の若者の進路選択過程——学校からの離脱／就労への水路づけ」『和光大学現代人間学部紀要』*1*, 55–72.

児島明（2011）．「海外就労と自己構築——デカセギ経験を有する日系ブラジル人若年層の移行過程に注目して」『地域学論集——鳥取大学地域学部紀要』*8*(2), 47–63.

佐久間孝正（2006）．『外国人の子どもの不就学——異文化に開かれた教育とは』勁草書房

志水宏吉［編著］（2008）．『高校を生きるニューカマー——大阪府立高校にみる教育支援』明石書店

清水睦美・チュープ, S.（2015）．「ニューカマー第二世代の青年期——義務教育の経験と就職後の生活状況との関係に注目して」『日本女子大学紀要 人間社会学部』*25*, 35–49.

髙谷幸・大曲由起子・樋口直人・鍛治致・稲葉奈々子（2015）．「2010年国勢調査にみる外国人の教育——外国人青少年の家庭背景・進学・結婚」『岡山大学大学院社会文化科学研究科紀要』*39*, 37–56.

恒吉僚子（1996）．「多文化共存時代の日本の学校文化」堀尾輝久・奥平康照・田中孝彦・佐貫浩・汐見稔幸・太田政男・横湯園子・須藤敏昭・久冨善之・浦野東洋一［編］『講座学校第6巻——学校文化という磁場』柏書房，pp.215–240.

坪田光平（2018）．「中国系ニューカマー第二世代の親子関係とキャリア意識——トランスナショナルな社会空間に注目して」『国際教育評論』*14*, 1–18.

額賀美紗子（2016）．「フィリピン系ニューカマー第二世代の親子関係と地位達成に関する一考察——エスニシティとジェンダーの交錯に注目して」『和光大学現代人間学部紀要』*9*, 85–103.

額賀美紗子・三浦綾希子（2017）．「フィリピン系ニューカマー第二世代の学業達成と分岐要因——エスニック・アイデンティティの形成過程に注目して」『和光大学現代人間学部紀要』*10*, 123–140.

三浦綾希子（2015）．『ニューカマーの子どもと移民コミュニティ——第二世代のエスニックアイデンティティ』勁草書房

文部科学省（2019）．「「日本語指導が必要な児童生徒の受入状況等に関する調査（平成30年度）」の結果について」〈https://www.mext.go.jp/b_menu/houdou/31/09/1421569.htm（最終閲覧日：2020年7月15日）〉

山崎豊子（1991）．『大地の子 上・中・下』文藝春秋

Portes, A., & Rumbaut, R. G.（2001）．*Legacies: The story of the immigrant second generation.* Berkeley: University of California Press.（村井忠政［訳者代表］（2014）．『現代アメリカ移民第二世代の研究——移民排斥と同化主義に代わる「第三の道」』明石書店）

コラム4　「ハーフ」という言葉から考える

　本章で呼称した「移民の子ども」について，もしかしたらなじみがないという読者もいるかもしれません。しかし「日本で生まれてくる新生児のうち約28人に1人は両親のどちらかが外国籍をもっている」と表現を変えたらどう思うでしょうか。

　この数字の根拠となる厚生労働省の「人口動態調査」（厚生労働省，2018）によれば，日本では年々総出生数が減少していく一方で，国際結婚や両親とも外国籍である両親が日本で子どもを生み育てていることがわかります。具体的にいえば，父母の一方が外国籍である子どもの出生数は18,134人，父母とも外国籍である子どもの出生数が16,666人となっています。前者の数字からは国際結婚の増加がうかがえますが，このようなデータの推移に興味をもたれた方は，政府統計サイト（e-Stat）にアクセスしてグラフをつくり，国際結婚の変遷についてぜひ理解を深めてみてください。

　国際結婚は第5章でも触れていますが，こうした出自をもつ子どもや若者たちを総称する呼称の一つに「ハーフ」という言葉があります。お笑い芸人やタレント，モデルをみても，「ハーフ」として取り上げられる事例は決して少なくありません。こうしたさまざまなメディアを通じて「ハーフだから美人／格好いいはずだ」とか「ハーフだから英語が話せるはずだ」といったきらびやかなイメージや憧れを抱き，「ハーフ」を欧米系や英語力と紐づけて理

HAFU 公式サイト

解している読者も少なくないと思います。

　しかし「ハーフ」という言葉に寄せられるイメージは，「ハーフ」と呼ばれる若者たちの生きにくさに結びつくこともあります。たとえば「ハーフなのに肌が白くない」「ハーフなのに英語が話せない」など，周囲のイメージに合致しない若者たちの多くは，自分自身の状況に葛藤を抱えることもあるのです。たとえば私がインタビューした父日本人・母中国人の家庭で生まれ育った若者は，「お前らが抱いているハーフは欧米系だろ！」と怒りを感じつつも沈黙してしまうという学校時代の生きにくさを語っていました。

　こうした若者たちの視点に立っているのが映画『HAFU』（監督：西倉めぐみ・高木ララ，2013 年）です。ここでは日本×メキシコなど，さまざまな家族や若者たちに焦点をあてながら，その生きにくさやアイデンティティ，子どもの育ちや言語，さらには学校のあり方についても問題提起してくれます。多様化する家族・若者・子どもの声を映像視聴によって学び，これからの日本の学校や社会のあり方についてぜひ考えを深めていってほしいと思います。

（坪田光平）

● 参考文献

　厚生労働省（2018）．「平成 29 年（2017）人口動態統計（確定数）の概況」〈https://www.mhlw.go.jp/toukei/saikin/hw/jinkou/kakutei17/index.html（最終閲覧日：2019 年 6 月 3 日）〉

● 参考ウェブサイト

　HAFU 公式サイト〈http://hafufilm.com/（最終閲覧日：2019 年 6 月 25 日）〉

Chapter
03 海外帰国生

教育問題の変遷と新たな動向

芝野淳一

キーワード

海外帰国生教育／ナショナリズム／グローバル人材／日本人の多様化／
トランスナショナリズム

1 はじめに：古くて新しい海外帰国生問題

　本章では，**海外帰国生**を取り上げ，国際移動する日本人の教育問題に迫ります。
海外帰国生の定義は，その言葉を使用する人や場面によって異なりますが，ひとまず，
海外帰国生を日本と海外を行き来する日本人の子どもと広くとらえておきます[1]。

　海外帰国生は，日本では比較的よく知られた存在です。いつもテレビを賑わすタ
レントやアナウンサーがじつは海外帰国生だった，なんてことは珍しくありません。
読者のみなさんのなかにも，「小さいとき海外に住んでいた」という人がいると思い
ます。しかし，海外帰国生の実態や教育問題について詳しく知っている人は少ない
でしょう。

　歴史を遡ると，海外帰国生の教育問題は60年以上も前から議論されてきました。
近年も，日本社会がグローバル化するなかで，海外帰国生の存在に注目が集まって
います。本章では，この古くて新しい問題について掘り下げていきます。海外帰国
生の教育問題はどのように始まり，何が議論されてきたのでしょうか。また，現在，
どのような動きをみせているのでしょうか。

---

1) 同様の言葉に，海外子女，在外子女，帰国子女，海外・帰国子女などがありますが，本
　章では海外帰国生に統一します。

47

Part I 日本社会の多文化化

2 海外帰国生の実態と教育支援

▶ 2-1 海外生の実態と教育支援

本題に入る前に，海外帰国生の実態と教育支援の基本情報を確認します。まず，海外で学ぶ子ども（海外生）についてみていきます。2017年度の海外で学ぶ義務教育段階の日本人の子どもは82,571人で，その約7割が北米地域とアジア地域に集中しています（文部科学省, 2021）。

日本政府は，1950年代より，日本人の子どもが海外で日本の教育を受けられるよう，さまざまな教育支援をおこなってきました。その代表的な施策が**在外教育施設**への支援です。在外教育施設では，日本国民の育成と日本人アイデンティティの形成がめざされ，文部科学省が日本から派遣する教員（☞コラム5 (p.59)）を中心に，日本の学習指導要領および教科書に沿った授業を実施しています。また，日本と同等の教育を提供するだけでなく，子どもが現地で直面するカルチャーショックや，帰国後の学校教育や受験体制への不適応問題を解消する役割も担ってきました。

在外教育施設には，**全日制日本人学校**と土曜日などに開講される**補習授業校**があります。前者は50か国1地域95校，後者は54か国1地域229校が，現地の日本人会などにより運営されています。また，日本の学校法人などが設置した全日制日本人学校も8校あります。全日制日本人学校はアジアと中南米地域に，補習授業校は北米とヨーロッパ地域に多くなっています。2020年時点で，全日制日本人学校には16,633人，補習授業校には21,617人が在籍しています（文部科学省, 2021）[2]。

海外生の就学形態は，おおむね「全日制日本人学校に通う」「現地校やインターナショナルスクールに通いながら補習授業校を利用する」「現地校やインターナショナルスクールに通う」の三つのパターンに分類できます。どれを選択するかは，移住先の環境，家庭の教育方針，子どもの適応状況などによって異なります。

▶ 2-2 帰国生の実態と教育支援

次に，帰国生についてです。海外から日本に戻ってきた子どもの数は，2019年度で13,866人となっています（文部科学省, 2021）。なお，文部科学省は，帰国生を海外

---

2) これは日本に帰国予定のある子どもの数であり，実際の在籍者数はこれより多いことが予想されます。

03 海外帰国生

勤務者などの子どもで引き続き1年以上海外に住んだ後に帰国した，小学校から高校段階までの児童生徒と定義しています。

帰国生のなかにはインターナショナルスクールで学ぶ子どももいますが，多くは日本の国公立または私立学校に通います。日本政府は，1960年代より，海外で日本の教育を十分に受けることができなかった帰国生に対してさまざまな措置を講じてきました。とりわけ文部科学省は，海外から編入する帰国生の積極的な受け入れの推進に取り組んできました。2015年時点で，**帰国生特別入試**などの特別枠を設けている大学は380校1,106学部，高校は16都道府県（入試などに何らかの配慮をしている都道府県は34）あります（文部科学省初等中等教育局国際教育課, 2016）。また，全国の国立大学・学部附属学校28校に，帰国生の教育支援や研究をおこなう**帰国児童生徒教育学級**が設置されています。さらに，「日本語指導が必要な児童生徒」に対する支援もおこなっています。

3　海外帰国生問題の変遷

このように，海外帰国生は国内外において比較的手厚い教育支援を受けることができる環境にあります。では，どのような経緯で海外帰国生の教育が問題化されたのでしょうか。また，海外帰国生の教育問題をめぐって，どのような議論が展開されてきたのでしょうか。

▶ 3-1　海外帰国生の登場

まず，日本人の国際移動の歴史を振り返り，海外帰国生が登場した背景をおさえておきます。

戦前や戦中の日本では，海外移住する人びとは少なくありませんでした。明治初期より，ハワイ，アメリカ本土，ブラジル，朝鮮半島，台湾，中国（満州）などさまざまな地域に日本人が移り住みました。多くは経済的な理由を背景に移住を決断し，その後，現地社会に永住する道を歩みました。かれらが，いわゆる日系移民と呼ばれる人びとです（☞第2, 9章）。

戦争が終わり，軍事力による帝国化の道を絶たれた日本は，圧倒的な工業力を武器に世界に勢力を拡大していきました。高度経済成長期には，世界中に日本企業が進出し，多くの駐在員が送り込まれました。かれらは数年の任期を経て日本に帰国

することを命じられた大企業に勤めるエリートでした。駐在員の多くは赴任先に家族を帯同させており，その**駐在家庭**の子どもが海外帰国生と呼ばれるようになったのです。

　駐在家庭は，現地社会に根づき日本とのつながりが徐々に薄れていく日系移民やその子孫とは違い，帰国を見据えながら移住先で生活するという点で特異な存在だったといえます（江淵, 1994）。戦後，国際移動する日本人の教育問題は，この海外帰国生に焦点化されていきました。

▶ 3-2　海外帰国生問題の展開
1）救済すべき対象としての海外帰国生
　日本社会において海外帰国生が直面する教育問題が大きく取り上げられ始めたのは，1960 年代後半から 1970 年代頃です。最大の問題は，海外で生活することになった子どもが日本の教育を受けられなくなることでした。特に駐在家庭の親からは，日本の学校に適応できなくなるのではないか，受験競争についていけないのではないかなど，わが子の教育を心配する声があがりました。そして，海外帰国生は，次第に日本の経済発展と国際化の犠牲者であり救済すべき対象であると認識されるようになりました。

　大企業を中心とする経済界からの強い要請を受け，日本政府は，海外帰国生が被る教育的不利益をできるかぎり小さくするために，かれらの帰国後の再適応をサポートする教育施策を展開しました。前節で紹介した在外教育施設への支援や帰国子女教育学級・帰国生特別入試の設置などがそれにあたります。

　教育支援体制が整う一方で，しばらく日本から離れて生活していた海外帰国生は，しばしば中途半端な日本人を意味する「半ジャパ」などと呼ばれ，いじめや差別の対象となっていました。否定的なレッテルを避けるために，海外に住んでいた過去を隠しながら生きる「隠れ帰国生」の存在も珍しくありませんでした。今でこそ日本社会において海外帰国生がもつ海外経験や国際感覚は肯定的にとらえられることが多くなっていますが，当時はまったく違った評価がなされていたのです。

　さらに，教員や研究者も，海外帰国生を現地社会での異文化接触によって「日本人のあるべき姿」から逸脱するかわいそうな子どもとして認識していました。そして，海外で身につけた価値観や能力を剥ぎ取り，徹底的に日本語や日本文化を教え込もうとしたのでした（江淵, 1986）。このような教育は**適応教育**と呼ばれています。

2) 国際化のシンボルから「新しい特権層」へ

1980年代から1990年代にかけて日本社会が国際化すると同時に，この適応教育の考え方は「外国剥がし」などと大きく批判されるようになりました。海外帰国生は，むしろ日本の国際化のシンボルであり，かれらの豊かな国際経験や能力を活かす**特性伸長教育**を展開すべきだという主張が出てきたのです（小林, 1983；佐藤, 1997）。その後，海外帰国生は**国際理解教育**の格好の題材となりました（☞第12章）。日本にしか住んだことのない一般生徒にとって，海外帰国生との交流は，異質な文化を受け入れるための土壌を育むよい機会になると考えられたのです。さらに，弱い存在とされてきた海外帰国生の主体性や積極性にも注目が集まるようになり，閉鎖的な日本の学校を変革する担い手となることが期待されました（渋谷, 2001）。

ただし，海外帰国生が必ずしも肯定的に受け止められていたわけではないのも事実です。その一つに，かれらが一般生やほかのマイノリティの子どもと比べて優遇されているという批判があげられます。すなわち，海外帰国生の救済措置は**アファーマティブ・アクション**（☞第11章）だ，という考え方に疑問が投げかけられたのです。この問題に最も鋭く切り込んだのがR.グッドマンでした。彼は，比較的裕福な家庭に育ち，学校で手厚い教育支援を受けることができ，さらに海外経験や言語力を生かして高い社会的地位を得るチャンスのある帰国生を「新しい特権層」（グッドマン, 1992）だと指摘しました。グッドマンの主張は，日本社会に大きな衝撃を与え，海外帰国生に特別措置を与えることに関して論争を巻き起こしました。

3) 海外帰国生もいろいろ

このように，海外帰国生に対する見方は「かわいそうな子ども」から「特権をもつ子ども」へと変化しました（グッドマン, 2013）。しかし，実際のところ，海外帰国生の抱える問題は，滞在した国や地域，期間や時期，就学形態，帰国後の就学状況，言語力や学力のレベルによって異なっており，十把一絡げにとらえることはできません。小学校から中学校まで北米の現地校で育った典型的な帰国生もいれば，小学校の一時期をアジア圏の全日制日本人学校で過ごした「帰国生らしくない帰国生」（渋谷, 2001）もいるわけです。また，進学や就職に関しても，みなが必ずしも成功しているわけではありません（多賀, 1995）。日本に蔓延している「海外帰国生＝英語がペラペラで就職に強い」というイメージは，かれらの実態の一部を切り取ったものにすぎないのです。このような海外帰国生の多様性については，しばしば見過ごされてきたといえます。

Part I　日本社会の多文化化

▶ 3-3　海外帰国生問題の衰退

　ところが，1990 年代後半から 2000 年代前半にかけて，日本社会における海外帰国生への関心は徐々に薄れていきました。その背景には，海外帰国生の教育支援体制がある程度整備されたため，問題解決の緊急性が低くなったことがあります。また，日本の経済不況により海外の日本企業が相次いで撤退し，駐在員数が減ったため，海外帰国生のプレゼンスが縮小したことも一つの要因です。

　さらに，1990 年頃から急増したニューカマーの子どもが抱える教育問題の解決が急務となったことがあげられます（☞第 2 章）。日本社会が変動するなかで，教育問題の対象が海外帰国生から外国人児童生徒へとシフトしたといえます。2001 年度より，文部科学省が「帰国・外国人児童生徒等教育」という言葉を用い，海外帰国生と外国人児童生徒に対する教育支援を同じ枠組みで議論するようになったことは，それを象徴しています。

4　海外帰国生問題の新たな動向

　しかし，近年，海外帰国生の存在に再び注目が集まっています。その背景には，**グローバル人材育成**（☞第 4, 10 章）の機運の高まりと，海外移住する**日本人の多様化**の二つの動きがあります。

▶ 4-1　グローバル人材としての海外帰国生

1）グローバル人材育成をめぐる教育政策

　2010 年前後から，日本の経済不況の克服やアジアを中心とする国際競争の激化を背景に，グローバル人材の育成が重点的な国家戦略として掲げられるようになりました。グローバル人材とは一般的に，①言語力，コミュニケーション能力，②主体性，積極性，チャレンジ精神，協調性・柔軟性，責任感・使命感，③異文化理解と日本人のアイデンティティの三つを兼ね備えた人材のことを指します（グローバル人材育成推進会議, 2012）。

　近年，経済界や教育界より，海外帰国生に対してグローバル人材としての期待が寄せられています。海外帰国生は豊富な海外経験を有しており，日本の発展に貢献しうる貴重な人材だと考えられているのです。日本政府は，矢継ぎ早にグローバル人材育成に関する政策を打ち出しています。最近では，文部科学省が，在外教育施

52

設をグローバル人材育成拠点とする方針を打ち出し，全日制日本人学校と補習授業校の拡充や教育水準の強化に着手しています。日本の教育現場についても，帰国生特別入試の改革や帰国生の特性に配慮したきめ細やかな支援が検討されています。

2）グローバル型能力と海外帰国生

　こうした流れのなかで，海外帰国生をもつ親の教育方針や意識・行動も変化しています（山田，2004）。ここでは，ロサンゼルスに住む駐在家庭の母親たちの事例を紹介したいと思います（額賀，2013）。ひと昔前の駐在家庭の母親は，日本の学校教育や受験体制に適応するために必要な能力の育成を重視する傾向がありました。しかし，最近の母親は，グローバル人材に欠かせない英語力や順応力・社交力といった**グローバル型能力**を同時に子どもに身につけさせようとしているといわれています。そのため，日本社会と現地社会の両方につながりをもちながら子育てをおこなう，**トランスナショナルな教育戦略**（☞第5, 10章）を打ち立てているのです。

　一方で，トランスナショナルな教育戦略のもとで育った子どもは，現地での学校生活のなかでグローバル型能力を身につけていきます（額賀，2013）。かれらは，現地校で交友関係や居場所をつくるために，「日本人」「アメリカ人」「アジア系」など複数のラベルを混ぜ合わせて柔軟な日本人アイデンティティを形成しているといいます。そして，多様な背景をもつ人びとと交流するなかで文化を横断し，順応力や社交力といったグローバル型能力を獲得するのです。さらに，グローバル型能力は帰国後の学校生活においても発揮され，同調圧力の強い日本の学校文化の変革に寄与することもあります。また，海外生活で得た経験や特性を，グローバルなキャリア意識へと結びつけていく帰国生の実態も報告されています（岡村，2017）。

▶ 4-2　新しい海外帰国生の出現

　他方で，海外移住する日本人の多様化や現地社会の変化により，**新二世**[3]と呼ばれる長期滞在・永住家庭の子どもや**国際結婚家庭**の子どもが姿を現しています。かれらのなかには，日本で生活したことのない者，日本への帰国が前提でない者，生まれながらに複数の言語・文化のなかで生活する者など，従来の海外帰国生教育で

3）アメリカでは，戦後の日本人移民は新一世，その子世代は新二世と呼ばれ，戦前の日系移民やその子孫とは異なる位置づけがなされています。これにならい，ここでは，長期滞在・永住家庭の子どもを新二世と呼ぶことにします。

は想定されてこなかった子どもが含まれています。

1）変わりゆく在外教育施設

近年，在外教育施設で多くの新二世や国際結婚家庭の子どもが学んでいることが，北米やアジアなどさまざまな地域で報告されています（大阪教育大学社会学研究会，2017）。なかには，駐在家庭の子どものほうが少ない学校もあります。

第2節で説明したように，在外教育施設は帰国を前提とする子どもに日本国民としての資質を養成するために設立されました。また，現地社会での異文化接触をできるだけ回避し，帰国後に生じる不適応のリスクを減らす役割を担ってきました。しかし，子どもの背景が多様化するなかで，在外教育施設が果たす機能は変容しています。たとえば，現地で生まれ育つ日本人の子どもが増加するアメリカの補習授業校では，その役割が帰国準備の場から日本や日本人とのつながりを確認する場へと変容しているといいます（佐藤・片岡，2008）。

さらに，在外教育施設に通う子どもの背景が多様化するなかで，教室には，言語，学力，進路などの多様な教育ニーズが出現しています。かつてのように，日本語を第一言語として話し，日本に進学することが決まっている子どもが多いわけではありません。英語が第一言語で日本語があまり話せない者もいれば，日本ではなく現地や第三国の高校・大学に進学する者もいます。アイデンティティについても，誰もが日本人であることを自認しているわけではありません。複数の言語・文化環境で育つ新二世や国際結婚家庭の子どものなかには，たとえば「日本人でもアメリカ人でもない／でもある」といった，一つの国や文化に縛られないアイデンティティをもつ者もいるのです（佐藤・片岡，2008）。

在外教育施設の教員に関しても，こうした子どもの多様性と「日本国民の育成」という単一の国や文化を前提とした教育目標とのあいだに生じるズレをめぐって，葛藤を抱える姿が報告されています（芝野，2014）。在外教育施設は今，大きな転換期を迎えているといえます。

図3-1 ある全日制日本人学校に展示されている書道作品。国際結婚家庭や新二世の子どもの名前が並んでいます

2) 帰国する子どもの多様化

海外で学ぶ日本人の多様化は，帰国する子どもの多様化と結びついています。つまり，日本に住んだことのない新二世や国際結婚家庭の子どもが，「帰国生」になる可能性もあるのです。次に紹介する，日本に帰国する新二世の進路選択は，その象徴的な事例です。

私は，永住目的でグアムに移住した親をもつ新二世の日本人高校生の進路選択について調査したことがあります（芝野, 2016）。かれらはグアムで育っており，ほとんどの者が一度も日本で生活したことがありません。しかし，親，メディア，在外教育施設などの影響で幼少期から日本と関わりをもつ機会が多く，グアムにどっぷり浸かりつつも完全に同化しているわけではありませんでした。そんな**トランスナショナルな生活**（☞第9章）を送るかれらは，いつしか自分たちのルーツである日本で生活することに憧れを抱くようになったといいます。そして，かれらは日本に移住する夢を叶えるために，帰国生特別入試を巧みに利用し，帰国生として日本の大学に進学する道を選んだのでした。

この事例が示唆しているのは，新二世にとって，帰国生特別入試が自らのルーツ（日本）に帰還するための重要なルートとなっているということです。第2節でみたように，もともと帰国生特別入試は駐在家庭の子どもの教育機会の保障という制度的意義を有していましたが，海外に住む日本人が多様化するなかで新たな役割を果たすようになっているといえます。また，新二世が帰国生になっていく姿からは，帰国生というカテゴリーが他者から付与されるだけでなく，帰国生自らによって主体的に選びとられることがあることもわかります。

▶ 4-3　海外帰国生教育の問いなおし

これらの新しい動きは，「日本・日本人」という固定化された国や文化の枠組みのなかで教育を展開してきた海外帰国生教育に問いなおしを迫っています。すなわち，単一の国や文化に縛られた**ナショナルな教育**から脱却し，複数の国や文化を架橋する人びとを想定した**トランスナショナルな教育**を構想することが求められているのです。ここでは，いくつかその方向性を示したいと思います。

たとえば，政策レベルでは，さまざまな形で日本とつながる子どもの教育を議論の俎上に載せることが必要です。現行の海外帰国生教育の支援対象は，日本国籍をもち，親の仕事の都合で外国に行き，なおかつ日本に帰国予定のある子どもに限定されています。一方で，新二世や国際結婚家庭など帰国の見通しが定まっていない

者は，基本的にその範疇に入りません（統計でも正確に把握されていません）。しかし，実際には，前項でみたように現地で生まれ育った新二世や国際結婚家庭の子どもが日本の学校や大学に進学する場合もあれば，滞在が長期化し現地で進学・就職する駐在家庭の子どももいます。「海外帰国生とは誰なのか」を問いつつ，教育政策の枠組みを再考することが重要です。

　他方，現場レベルでは，日本国民の育成や日本人アイデンティティの形成に固執した教育を見直さなければならないでしょう。複数の国や文化のあいだに生きる子どもたちは，複合的なアイデンティティをもつ傾向にあり，さらに「日本人であること」に対する意味づけも多様です。しかし，アイデンティティを「日本」という一つの枠に押し込めようとする従来の教育のもとでは，そのような生き方は「中途半端」や「根無し草」などと否定され，排除されてしまいます。そうならないためにも，子どもが創造する多様なアイデンティティを積極的に承認する教育を模索しなければなりません。

　このことは，グローバル人材としての海外帰国生の育成とも関連します。先にみたように，近年，国際的な経済競争に勝ち抜くための国家戦略として，日本人アイデンティティの育成が目標に掲げられています。しかし，こうした競争原理に親和的な人材育成は，多様な他者と共に生きていくための土壌を築くというよりは，自文化に閉じた排他的な価値観につながる可能性があります。海外帰国生が多様な人びとや文化と触れ合うなかで培ったグローバル型能力を，後者ではなく前者と結びつけるために，在外教育施設や日本の教育現場が果たすべき役割を検討する必要があります。

5　おわりに：海外帰国生教育のこれから

　本章では，海外帰国生に焦点をあて，国際移動する日本人の教育問題を論じてきました。具体的には，海外帰国生の実態と教育支援の概要を把握したうえで，かれらの教育をめぐる議論の変容と最近の動向について概観しました。海外帰国生の教育問題は，時代や社会の変化とともに展開し，今もなお形を変えながら私たちに重要な論点を提起しています。

　今後ますます人びとの国際移動が活発化するなかで，海外にいながら日本とつながる子どもが増加し，そのつながり方も多様化することが予測されます。将来グローバル社会で活躍する可能性を秘めた子どもの学びを支えるために，トランスナショナル

03 海外帰国生

な視点をもち，多様性に開かれた海外帰国生教育を展開していくことが望まれます。

考えてみよう

①海外帰国生の教育問題や海外帰国生に対する日本社会のまなざしがどのように変化してきたのかをまとめてみましょう。
②海外帰国生，オールドカマー（☞第1章），ニューカマー（☞第2章）の教育問題の相違点と共通点を整理してみましょう。
③②について，なぜ，そのような相違点や共通点が生まれるのかを，グループで話し合ってみましょう。

読書案内

①グッドマン, R. ／長島信弘・清水郷美［訳］（1992）.『帰国子女──新しい特権層の出現』岩波書店

帰国子女はかわいそうな存在ではなく，新しい特権層である──階級社会のイギリスからやってきた著者は，日本での調査を通じて，こう主張しました。それでは，なぜ，どのように帰国子女は特権化されたのでしょうか。本書では，膨大な資料分析と丹念な実地調査の結果とともに，その謎が解き明かされています。

②渋谷真樹（2001）.『「帰国子女」の位置取りの政治──帰国子女教育学級の差異のエスノグラフィ』勁草書房

本書は，日本の学校における帰国生の生活世界とアイデンティティ形成について，帰国子女教育学級での長期にわたるフィールドワークの結果をもとに明らかにしたものです。著者の繊細かつ迫力のあるタッチによって描き出される帰国生の姿から，日本の学校の問題点や帰国生のもつ可能性を考えてみてください。

③額賀美紗子（2013）.『越境する日本人家族と教育──「グローバル型能力」育成の葛藤』勁草書房

本書は，グローバル化が駐在・永住家庭の母親の教育戦略や子どものアイデンティティと能力形成に与える影響について，ロサンゼルスでの調査を手がかりに検討したものです。最近の駐在・永住家庭の親子がどのような状況に置かれているのかを知ることができるだけでなく，トランスナショナリズムなど欧米で発展した移民研究の理論がわかりやすく説明されており，参考になります。

▶参考文献

江淵一公（1986）．「帰国子女を取り巻く日本社会の環境的特質に関する研究——日本社会の閉鎖性と帰国子女」東京学芸大学海外子女教育センター［編］『国際化時代の教育——帰国子女教育の課題と展望』創友社，pp.294–321.

江淵一公（1994）．『異文化間教育学序説——移民・在留民の比較教育民族誌的分析』九州大学出版会

大阪教育大学社会学研究会［編］（2017）．『海外日本人学校——教育環境の多様化と変容』金壽堂出版

岡村郁子（2017）．『異文化間を移動する子どもたち——帰国生の特性とキャリア意識』明石書店

グッドマン，R.／長島信弘・清水郷美［訳］（1992）．『帰国子女——新しい特権層の出現』岩波書店

グッドマン，R.（2013）．「「かわいそうな子ども」から「特権をもつ子ども」に——日本の帰国子女に対する認知と地位の変化についての過去50年間の概観」グッドマン，R.・井本由紀・トイボネン，T.［編］／井本由紀［監訳］／西川美樹［訳］『若者問題の社会学——視線と射程』明石書店，pp.67–107.

グローバル人材育成推進会議（2012）．「グローバル人材育成戦略　（グローバル人材育成推進会議　審議まとめ）」〈https://www.kantei.go.jp/jp/singi/global/1206011matome.pdf（最終閲覧日：2019年5月24日）〉

小林哲也［編］（1983）．『異文化に育つ子どもたち』有斐閣

佐藤郡衛（1997）．『海外・帰国子女教育の再構築——異文化間教育学の視点から』玉川大学出版部

佐藤郡衛・片岡裕子［編］（2008）．『アメリカで育つ日本の子どもたち——バイリンガルの光と影』明石書店

芝野淳一（2014）．「日本人学校教員の「日本らしさ」をめぐる実践と葛藤——トランスナショナル化する在外教育施設を事例に」『教育社会学研究』95, 111–130.

芝野淳一（2016）．「国境を越える移動実践としての進路選択——グアムに住む日本人高校生の存在論的移動性に着目して」『異文化間教育』43, 104–118.

渋谷真樹（2001）．『「帰国子女」の位置取りの政治——帰国子女教育学級の差異のエスノグラフィ』勁草書房

多賀幹子（1995）．『帰国子女の就職白書——ニッポンの社会に出てみたら』研究社出版

額賀美紗子（2013）．『越境する日本人家族と教育——「グローバル型能力」育成の葛藤』勁草書房

文部科学省（2021）「文部科学統計要覧（令和3年版）14. 海外児童・生徒教育」〈https://www.mext.go.jp/b_menu/toukei/002/002b/1417059_00006.htm（最終閲覧日：2022年3月17日）〉

文部科学省初等中等教育局国際教育課（2016）．「海外で学ぶ日本の子どもたち——わが国の海外子女教育の現状　平成28年度版」〈http://www.mext.go.jp/a_menu/shotou/clarinet/002/001.htm（最終閲覧日：2019年5月24日）〉

山田礼子（2004）．『「伝統的ジェンダー観」の神話を超えて——アメリカ駐在員夫人の意識変容』東信堂

03　海外帰国生

コラム**5**

国際移動する教師たち

在外教育施設派遣教員について

　近年，グローバル人材育成の機運が高まるなかで，国際的な資質をもつ教員の養成が求められています。そうした教員を育成する場として期待されているのが在外教育施設です。文部科学省は，毎年，在外教育施設に日本から教員を派遣しています。かれらは「在外教育施設派遣教員」と呼ばれており，派遣期間は原則 2 年となっています（最大 2 年延長可能）。最近，文部科学省は，在外教育施設で経験を積んで帰国した教員を日本の学校現場で活用するシステムづくりに乗り出しました。2017 年度より開始された『トビタテ！　教員プロジェクト──在外教育施設を活用した戦略的なグローバル教員の育成』はその象徴的な取り組みです。

　在外教育施設の教員は，海外で教育を実践しているという点において，日本の学校現場で働く教員とは異なる立場にあります。かれらは「国際移動する教師」なのです。かつて，在外教育施設の教員は，日本に帰国予定の日本人の子どもに日本の教育を教授する役割を担う一方で，現地社会への関与や異文化体験がほとんどない「国際性なき教師」（小島, 1983）などと批判されてきました。しかし，第 3 章で述べたように，現在，在外教育施設には新二世や国際結婚家庭の子どもなど多様な背景をもつ児童生徒が学んでおり，教師が置かれている状況やそこでおこなわれる教育実践も変容しています。

　私は，新二世や国際結婚家庭の子どもの在籍率が高いグアムの日本人学校でフィールドワークをする機会に恵まれました（芝野, 2014, 2018）。私が出会った教員の多くは，赴任後，グアムで育ってきた／育っていく子どもに日本国民としての資質を育成するための教育・指導を実践しなければならない状況に葛藤を抱えていました。しかし，次第に「日本」と「グアム」の二つの世界を同時に比較するトランスナショナルな視点を身につけ，日本の教科書や学習指導要領を柔軟に読み替えながらグアムで生きる子どものニーズに合わせた教育実践を編み出すようになっていました。さらに，日本では気にかけることのなかった，子どもの背景の多様性について深く考えるようになったという意見も多く聞かれました。

　かれらのようなトランスナショナルな視点をもつ「国際移動する教師」は，閉鎖的な日本の学校現場を変革する担い手となり，移民の子どもたちの教育

問題の解決に資する可能性をもっています。さまざまな地域から帰国した在外教育施設教員が身につけた経験や能力をしっかりと理解したうえで，それらを活かすことのできるシステムを整備することが求められます。

（芝野淳一）

●参考文献
小島勝（1983）．「子どもたちを育てる教師たち」小林哲也［編］『異文化に育つ子どもたち』有斐閣，pp.219–238.
芝野淳一（2014）．「日本人学校教員の「日本らしさ」をめぐる実践と葛藤──トランスナショナル化する在外教育施設を事例に」『教育社会学研究』95, 111–130.
芝野淳一（2018）．「日本人学校における教員のトランスナショナルな教育実践──グアムの在外教育施設を事例に」『多文化関係学』15, 35–49.

Chapter 04 留 学 生

日本における外国人留学生と日本からの海外留学

新見有紀子

> **キーワード**
>
> プッシュ‐プル要因／大学の国際化／留学生 30 万人計画／グローバル人材／
> グローバル市民

1 はじめに：「人生を変える」留学

　みなさんは，海外留学をしてみたいと思ったことはありますか。みなさんご自身，またはみなさんの周りには，留学生や，日本から留学した人がいるかもしれません。留学した人びとの多くは，それが「人生を変える」経験であったと語ります。留学を通じて，異文化・異言語の環境で生活することによって視野が広がったり，外国語運用能力が身についたり，ネットワークが広がるなどということが積み重なり，留学後の人生にも継続して大きな影響を与えることになります。グローバル化が進むなか，全世界では，高等教育を受けるために国境を越えて移動する留学生の数が増加しつづけ，2016 年に 500 万人に達しました（OECD, 2018）。日本における外国人留学生や日本の大学から海外留学をする学生の数も近年急増しています。

　留学とは，国境を越えて外国の教育機関で学ぶことを指しますが，本章では，留学交流が最も活発におこなわれている中等後教育段階である大学・短期大学・高等専門学校・専修学校と日本語教育機関で学ぶ留学生に焦点をあてます。まず，留学生の国際移動が生じる背景要因について，マクロな視点からみていきます。次に，戦後の日本における外国人留学生の受け入れについて，留学生数の推移と政策，留学生の多様性，留学生が直面する課題について理解を深めます。そして，日本からの海外留学について，その数の推移，留学の目的や効果についてみていきます。

2 留学交流の背景

なぜ近年，これだけ多くの人びとが国境を越えて高等教育の機会を求めるのでしょうか。H. デ・ウィット（de Wit, 2008）は，国際的な留学生移動の**プッシュ－プル要因**（☞序章）には，教育的要因，政治・社会・文化的要因，経済的要因があると指摘しました。ここではまず例として，日本で学ぶ留学生の多くにあてはまる日本留学の**プル要因**（日本が留学生を引きつける要因）について考えてみましょう。教育的な側面としては，日本の学問や研究水準の高さ，高等教育機関の豊富さなどが考えられます。また，政治・社会・文化的要因としては，日本文化の魅力，日本語学習の機会，社会の安全性に加え，東アジアからの学生については，言語的な近接性，距離的近接性があげられます。また，経済的要因としては，日本留学のための奨学金の存在，留学中のアルバイトの機会，留学後の就職の可能性などがあります。

一方，**プッシュ要因**（留学生の母国が外国留学に押し出す要因）は，留学生の出身国・地域の状況に加え，個人の経済状況や家庭環境などの事情によってより左右されやすいものです。たとえば，発展途上国出身者の場合，教育的要因としては，本国において高等教育機関の数が少ないこと，研究・実験の高度な設備が十分に整っていないこと，学びたい分野が学べないことなどが含まれます。さまざまな**プッシュ－プル要因**の複雑な関係のなかで個々人は自分の意向に合った留学先を選択することになります。

次に，国レベルでの**プル要因**に関連して，国や地域においてどのような意義や理念によって留学生の受け入れがおこなわれてきたのかをみてみましょう。表4-1は江淵（1997）や白石（2016）によって考察された，留学生の受け入れに関するさまざまな理念モデルをまとめたものです。ここから，年代とともに新しい理念モデルが加わり政策的根拠が多様化するとともに，その根拠の強弱が変わってきていることがわかります。各国では，国情や地政学的状況に応じて，複数の理念モデルを組み合わせつつ，特定の政策に重点を置き，留学生の受け入れを推進しています。たとえば，近年のオーストラリアなどでは消費者・顧客モデル，日本では高度知的人材や高度実践（実務）人材獲得モデルに力点を置いた政策をとっているといえます。

ここではさらに，国または高等教育機関レベルの**プル要因**に関連して，グローバル化の流れに対応するために世界各国で進められている**大学の国際化**にも触れたいと思います。デ・ウィットら（de Wit et al., 2015）は，**大学の国際化**について，「教

04 留学生

表 4-1 留学生の受け入れの政策的理念と意義モデルの展開

(江淵 (1997), 白石 (2016) をもとに筆者作成)

古典的理念モデル (1950-60 年代以降)	個人的キャリア形成モデル	専門的能力を身につけることで, 留学生の職業的なキャリア形成を支援する
	外交戦略 (国際協力・途上国援助) モデル	発展途上国における人材の育成に協力する
	国際理解モデル	留学生との交流を通じて国際理解を促す
	学術交流・研究活性化モデル	同じ専攻分野における仲間が所属する国際的なネットワークへ参加する
1970-80 年代 (以降) モデル	パートナーシップ (互恵主義) モデル	留学生を相互に裨益し合うパートナーとみなす
	消費者・顧客モデル	留学生に教育サービスを提供することで, その対価として授業料を徴収し, 収入を上げる
	地球市民形成モデル	留学を通じて地球という共同体の一員としてのアイデンティティを形成する
新経済主導モデル (1990 年代以降)	経済発展モデル	受け入れ教育機関の収入源のみならず国全体の経済発展の手段と位置づけて留学生を受け入れる
	高度知的人材獲得モデル	知識基盤型経済・社会に対応できる高度知的人材として留学生を受け入れる
	高度実践 (実務) 人材獲得モデル	専門技術 (看護・介護など) を備え実務を担う人材として留学生を受け入れる

育・研究の質を高め, 社会に意味のある貢献をするために, 大学の目的, 機能, 運営の各側面に, 国際的・異文化間的・グローバルな側面を統合する意図的なプロセスである」と定義しています。**大学の国際化**の主な方策として, 外国人留学生の受け入れと, 学生の海外送り出しによる交流を通じた国際理解の促進があげられます。加えて, 留学をしない大多数の学生を含むすべての学生の国際性を養うために, 大学のキャンパスにおいては, **内なる国際化**と呼ばれる取り組みもおこなわれています。たとえば, 留学生と国内学生の共修授業や課外活動の実施, 国際寮 (混住寮) における交流の促進, 英語でおこなわれる授業や課程の増加や, 英語のみで卒業・修了できる学位課程の設置などが含まれます。大学の国際化の進捗度合いは, 近年影響力を増している世界大学ランキングの評価基準に含まれていることもあり, 世界各国の大学が国際化に力を入れています。

3 日本における外国人留学生の受け入れ

▶ 3-1 日本における外国人留学生受け入れ政策と留学生数の推移

ではここから，日本における外国人留学生に焦点をあててみていきましょう。日本では，外国人留学生とは出入国管理及び難民認定法における「留学」の在留資格を有する人びとのことを指します。

まず，日本における留学生受け入れに関わる主な政策とともに留学生数の推移をみていきましょう。日本政府は 1983 年に，留学生の受け入れに関する国内で初めての政策となる「**留学生受入れ 10 万人計画**」を掲げました。この年の高等教育機関（大学・大学院など）における外国人留学生数は 12,410 名でした。この 10 万人という目標値は 2003 年に達成されましたが，その達成にあたっては，計画期間終盤に，入国管理局による在留資格認定審査の提出書類が簡素化されたことに伴い，中国からの私費留学生が急増したことが大きな要因であると分析されています（寺倉，2009）。

その後，日本政府は，留学生の受け入れに関する新たな政策として，2008 年に「**留学生 30 万人計画**」を掲げ，2020 年までの達成をめざしています。この計画の骨子は，文部科学省だけではなく外務省，法務省，厚生労働省，経済産業省，国土交通省の共同でとりまとめられました。背景となる留学生受け入れの理念についても，それまでの国際協力・貢献を中心としたものから，高度人材の獲得（自国益）を重視したものへと転換したことが特徴的です。

2010 年 7 月に，日本語教育機関（通称「**日本語学校**」）などで学ぶ外国人留学生を対象とした「就学」という在留資格が，主として高等教育機関で学ぶ外国人留学生を対象とした「留学」の在留資格に統合されました。この政策変更を受け，2011 年度からは，高等教育機関における留学生数に加え，日本語教育機関における留学生数も外国人留学生在籍状況調査の統計に参入されるようになりました。

この変更がおこなわれた直後の 2011 年の外国人留学生数は 163,697 名でしたが，その数は近年急増し，2018 年には 298,980 名となり，数値目標の 30 万人はほぼ達成された状態となっています（日本学生支援機構，2019a）。しかしながら，2011 年から 2018 年までの留学生数増加について，在籍段階別にみると興味深い変化がみえてきます。大学院・学部・短期大学・高等専門学校の留学生数の合計は，110,993 名から 137,990 名へと 1.2 倍に増えた一方，専修学校（専門課程）の留学生数は，25,463

名から 67,475 名へと 2.6 倍の増加をみせています。さらに，日本語教育機関の在籍者数は，同年，25,622 名から 90,079 名へと 3.5 倍も増えています。ここから，近年の留学生数の急増は，特に専修学校と日本語教育機関におけるものであることがわかります。さらに，2018 年度の外国人留学生の出身国・地域は，大学院の場合，中国・インドネシア・韓国，学部の場合，中国・ベトナム・韓国が上位を占めた一方，近年留学生数が急増している専修学校と日本語教育機関の留学生はともに，ベトナム・中国・ネパールからの出身者が上位を占めています（佐藤，2019）。以前は，日本における外国人留学生は，中国，韓国，台湾といった漢字圏出身者が主流でしたが，近年は，ベトナムやネパールなどの非漢字圏からの留学生（特に専修学校や日本語教育機関）が増加している傾向にあります。その背景には，これらの国々から，日本における非熟練労働力の不足により，それをアルバイトで補おうとする企業と，勉学よりも就労を目的で来日する留学生の思惑の一致が指摘されています（出井，2016）。これらの非漢字圏からの留学生は，日本語力や経済力が十分でないことが多いため，日本語学校の卒業後，大学ではなく，専修学校へ進学するケースが増えています。

▶ 3-2　日本における外国人留学生の多様性

　外国人留学生とひと口にいっても，その集団内に含まれる人びとは多様です。たとえば，同じ大学生であっても，東アジア出身で，入学前に高い日本語能力を身につけ，日本の大学に学位取得を目的として長期の留学をする留学生と，欧米出身で，初級の日本語や日本文化を学ぶために日本の大学に交換（短期）留学する場合とでは，日本留学に対する目的や意識が異なることに加え，留学中の生活，学業，交友関係なども大きく異なってきます。

　それでは，留学生の出身国・地域の違いによって，日本留学の経験はどのように異なってくる可能性があるのでしょうか。その一つの例として，中国・韓国・台湾といった漢字文化圏の東アジア出身の留学生は，漢字という言語的共通性に加え，米を主食とするという文化的な共通点があります。そのため，欧米出身の学生よりも，日本文化に対する違和感が小さく，それが日本留学上の困難を低減させることにつながることが指摘されています（馬越，1991）。しかし，同時に，これら東アジアの国や地域と日本とのあいだの社会構造や思想に関する差異は大きいため，受け入れ側である日本においてかれらを留学生として認識する視点が希薄になってはならないと喚起されています（馬越，1991）。近代における諸外国と日本の歴史や政治・外交的関係性をふまえることが，留学生を理解するにあたって重要です（大西，

2016)。

▶ 3-3　日本における外国人留学生が直面する課題

　次に，日本に留学する外国人留学生が直面する課題についてみていきましょう。横田・白土（2004）は，留学生に関わる問題を，語学学習，専門分野の教育・研究，交流，青年期の発達課題，生活環境への適応，経済的自立と安定という六つの領域に分類しています。

　これらのなかで，多くの留学生に共通した課題となるのが，日本語能力に関する面です。現在，日本の大学の学位課程の多くは日本語によって提供されています。そのため，日本の大学に学位取得を目的として入学した正規留学生の多くは，日本語で文献を読み，レポートを書き，授業に参加することが求められます。留学生は，日本語能力を基盤とする学業面でしっかり成果を上げることができない場合，在留資格や奨学金の受給資格を失い，日本留学を継続すること自体が困難になる場合もあります。特に，近年増加したベトナムやネパールなどの非漢字文化圏からの留学生が，日本語習得の面でより苦労する傾向にあります。

　また，留学生にとって問題となりやすいのは，経済的な安定という面です。日本の大学では，留学生向けの奨学金，授業料減免・免除，廉価な宿舎など制度的が提供されていますが，それらを受けることができる留学生は限られています。留学中の学費や生活費を賄うため，アルバイトに過度な時間を費やし，留学本来の目的である勉強の時間が削られてしまい，日本語や専門分野の学びについていけなくなってしまうこともあります。

　日本においては，「留学」の在留資格をもつ場合，学期中週28時間以内（長期休暇中は1日8時間，週40時間まで）の資格外活動（アルバイト）が認められています。しかし，近年，特に日本語学校や専修学校に所属しながら，アルバイトとして単純労働を担う「出稼ぎ」留学生（就労目的の留学生）の増加が問題となっています（出井，2016）（☞第8章）。留学生のなかには，日本語を勉強しながらアルバイトで学資を稼ぐことができると勧誘され，借金までして来日したものの，夜間に法律で認められた時間以上の不法労働に従事し，本来の目的であった勉学に支障が出ているという問題が報告されています（出井，2016）。人口減少と高齢化に直面する日本では，留学生30万人計画のもと，高度人材の卵としての留学生の受け入れを促進する政策がとられていますが，留学生はあくまでも，就労（単純労働の担い手）ではなく，勉学が主たる目的です。そのため，日本での就職・定住を含め，留学生自身がめざす

将来像につながる学業経験を積めるような制度設計と施策をおこなうことが重要であるといえます。

4　日本からの海外留学

▶ 4-1　日本からの海外留学の形態と推移

それではここから，高等教育機関レベルに焦点をあて，日本からの海外留学についてみていきましょう。日本からの海外留学には一般的にどのような形態があるのでしょうか。まず，海外の高等教育機関に学位取得を目的として在籍するという形態の長期の留学があります。この場合，留学先の高等教育機関の入学審査に合格する必要があり，アメリカを含む英語圏への留学には高額な学費がかかるうえ，留学期間が数年間に及びます。これに加えて近年は，日本の大学などに在籍しながらおこなう海外留学が増加傾向にあります。その例としては，単位取得を目的として，学生交流協定のある海外の大学などで 1-2 学期程度学ぶという中期の留学があります。さらに，日本の大学などの在籍者には，海外での語学研修，インターンシップやビジネス研修，途上国などで現地の文化を学ぶためのフィールドワークなどを含む，数週間程度の多様な短期留学プログラムも提供されています。これらの短期留学プログラムは経済的・時間的負担が小さい傾向にあり，語学力が低くても参加できるプログラムがあるなど，より多くの学生にとって参加しやすい形態であるといえます。

　それでは，日本からの海外留学者数の推移について，二つの統計データをみていきましょう。まず一つめに，OECD のデータを含む受け入れ国の統計から，主として諸外国の高等教育機関における学位取得を目的とした比較的長期の留学者数をみてみましょう。戦後，日本国内の第二次ベビーブームによる 18 歳人口の増加やバブル経済を背景に，日本からの長期の留学者数は，1980 年代の後半に 2 万人を下回っていた状態から急増し，2004 年には 82,945 名に達しました（文部科学省, 2019）。しかしそれ以降，その数は減少し，2016 年には 55,969 名になっています。日本からの長期留学者数の減少傾向は，マスメディアによって「内向き志向」と報じられ，社会的にも注目を集めました。しかし実際には，18 歳人口の減少や，国内大学への入学が容易になったという点など，必ずしも内向きによる理由のみではないことや，留学を希望する者とそうでない者の二極化が起きているとの指摘があります（太田,

Part I　日本社会の多文化化

2013)。

　次に，日本からの海外留学者数について，日本学生支援機構によって2009年から実施されている海外留学調査の結果をみてみましょう。この統計には，日本国内の大学などの在籍者による短期または中期（1か月未満から1年間程度）の海外留学者数が報告されています。そのデータによると，調査を開始した2009年の36,302名から，2017年には105,301名へと，ここ9年間で2.9倍も急増しています（日本学生支援機構，2019b）。背景には，日本政府が2013年に，先述のOECDなどの統計による日本からの比較的長期の留学者の減少を受け，2020年までに海外留学者数を12万人に増やす政策（「若者の海外留学促進実行計画」）を掲げ，留学生の受け入れから送り出しの支援に重点をシフトしたことがあげられます。しかしながら，長期・学位取得留学者はその後も増加しておらず，国内の大学に在籍中に短期留学する学生が上記のとおり増えています。さらに，近年増加した日本の大学などの在籍者による留学は，1か月未満のプログラム参加者数が6割以上を占めることも特徴的です。また，2017年度の留学先として上位を占めるのは，アメリカ合衆国，オーストラリア，カナダの英語圏および中国，韓国，英国，台湾の東アジアとなっています。

▶ 4-2　海外留学の目的と効果

　次に，日本からの海外留学の促進がどのような目的でおこなわれているのかをみてみましょう。まず，一つめにあげられるのが，留学経験を通じた「**グローバル人材**」（☞第3, 10章）の育成です。**グローバル人材**という概念は，日本からの長期留学者の減少を受け，特に経済界において，グローバル化の進展に伴って日本の国際的な競争力が低下することへの危機感が高まったことを受けて提唱され始めました（日本経済団体連合会，2011；グローバル人材育成推進会議，2012）。**グローバル人材**には，ビジネスのグローバル化に対応した基礎的な能力を備えていることが期待されています。そのため，コミュニケーション能力や問題発見・解決力などを含む，社会人として必要とされる汎用能力を意味する**コンピテンシー**や，企業などに雇用されるための能力である**エンプロイアビリティ**の向上という観点が強調されています（村田，2018）。その一方で，UNESCOによって提唱される**地球市民教育**（グローバル・シティズンシップ教育）では，**グローバル人材**とは異なる人材像が提唱されています。そこでは，地球という共同体の一員として，地球規模の課題とともに，地域社会における課題の解決に向けて責任を果たす「**グローバル市民**」（☞コラム13（p.161））を育成するという視点が強調されています（加藤，2014）。日本からの海外留学は，主

68

として**グローバル人材**の育成という経済的な視点が強調されてきましたが，国際的に活躍する人材を育成するにあたって，政府や大学のレベルでは，**グローバル市民**と併せて，二つの方向性のバランスをとることが重要な課題となっています（村田，2018）。

　それでは，日本から留学する学生は留学をどのようにとらえているのか，留学の理由や効果をみていきましょう。日本学生支援機構（2012）による日本から諸外国への留学経験者に対する追跡調査結果によると，留学理由の上位には，語学を学ぶことや，外国生活により視野を広げることがあげられています。日本国内では得にくい「留学ならでは」といった経験を得ることを目標としている人が多いことがわかります。そして，同調査では，留学経験で得たものとして，視野の広がり，語学力，異文化・国際感覚，友人，価値観・考え方が上位にあがっています。加えて，「留学経験が今後の人生に役立つ」と回答した人が93.1％と圧倒的多数を占めています。このほか，3か月以上の留学経験者に対する回顧的追跡調査の結果（横田ほか，2018）によると，海外留学経験者は，留学のインパクトとして，グローバル人材やグローバル市民に関連した意識や能力の向上や，キャリア面での効果を高く評価していたことに加え，留学経験や人生全般に対する満足度も高いことが明らかになりました。海外留学中には，外国語での授業についていけない，課題をこなせない，クラスメートとうまくコミュニケーションがとれないというような学業面に関する問題に加え，気候，居住環境，食生活への適応など，さまざまな困難に遭遇することになりますが，それらを乗り越えた経験を通じて，留学経験者は成長を実感し，達成感や満足感を得ているとみられます。

　近年急増している1か月未満の留学については，その効果が長期留学に比べて限られているという見方がありますが，1か月未満の留学であっても，意識の変化や国際性を養ううえでの第一歩となりうることも確かです。筆者が担当したオーストラリアにおける4週間の留学プログラム参加者からは，異文化のなかで生活し視野が広がった，英語でのコミュニケーションや海外での生活を送ることに自信がついたという声が多く聞かれます。そして，短期留学後に，次のステップとして，中・長期の留学に挑戦をする学生が少なからず存在します。今後は，急増した短期留学経験者の多くが，卒業後の学位取得留学を含め中・長期の留学へステップアップしていけるような仕組みづくりが重要になります。中・長期留学を増やすうえでは，経済的な負担，留学後の就職活動，語学要件などの障壁を克服できるようにするための支援をおこなうとともに，大学入学前（中等教育段階）から国際経験や海外に対

Part I　日本社会の多文化化

する興味を涵養することが課題であるといえます。

5　おわりに：「留学」という選択肢

　本章では，日本における外国人留学生の受け入れおよび日本からの海外留学の促進がおこなわれている現状をみてきました。国や大学レベルにおける理念や政策の影響を受けながら，人びとは，個人レベルでの異なる目的や背景にもとづいて留学を選択します。もちろんそのなかには，「留学をしない」という選択も含まれますが，グローバル化する社会を生きるうえで，留学という異文化・異言語のなかでの学びと生活を通じて養われる資質や能力が必須のものになってきていますので，「留学をする」という選択肢を前向きに検討してみてはいかがでしょうか。

考えてみよう

①自分が海外へ留学することを想定した場合のプッシュ–プル要因について考えてみましょう。どの国のどのような教育機関に，どのような目的で留学をすることが考えられますか。

②日本において，外国人留学生の受け入れは，どのような理念や意義にもとづいておこなわれてきたのでしょうか。

③みなさんが通う国内のキャンパスでは，どのような「内なる国際化」の取り組みがあるでしょうか。調べてみましょう。

読書案内

①江淵一公（1997）．『大学国際化の研究』玉川大学出版部

本書では，外国人留学生の受け入れや，海外留学送り出しの背景にある世界各国や日本において進められてきた高等教育の国際化に関して，その歴史的な背景や，関連する概念，またこれまでの研究動向について理解を深めることができます。本章で紹介した留学生の受け入れ理念のモデルの類型についても紹介されています。

②北村友人・杉村美紀［編］（2016）．『激動するアジアの大学改革──グロー
　　バル人材を育成するために　増補版』上智大学出版
国際化する高等教育市場を背景に，グローバル人材の育成は，日本だけではなくア
ジア各国でも課題となっています。本書からは，中国・韓国・シンガポール・タ
イ・マレーシア・インドネシア・ベトナム・カンボジア・ラオス・ブータン・イ
ンド・スリランカ・オーストラリア，そして日本における大学の国際化を含む大
学改革の現状と，その課題を知ることができます。

③横田雅弘・太田浩・新見有紀子［編］（2018）．『海外留学がキャリアと人生
　　に与えるインパクト──大規模調査による留学の効果測定』学文社
海外留学は，留学した個人にどのような長期的なインパクトをもたらすのでしょ
うか。本書では，3か月以上の海外留学経験者に対する 4,000 人以上を対象とした
大規模アンケート調査の結果が報告・分析されています。留学経験による，人生
やキャリア面におけるインパクトを知ることによって，海外留学を考えるきっか
けにしてみてほしいと思います。

▶参考文献

出井康博（2016）．『ルポ　ニッポン絶望工場』講談社

馬越徹（1991）．「異文化接触と留学生教育」『異文化間教育』5, 21–34.

江淵一公（1997）．『大学国際化の研究』玉川大学出版部

太田浩（2013）．「日本人学生の内向き志向再考」横田雅弘・小林明［編］『大学の国際化
　　と日本人学生の国際志向性』学文社，pp.67–93.

大西晶子（2016）．『キャンパスの国際化と留学生相談──多様性に対応した学生支援サ
　　ービスの構築』東京大学出版会

加藤恵津子（2014）．「グローバル人材か，グローバル市民か──多様な若者の，多様
　　な海外渡航のススメ」『留学交流』34, 1–11.〈https://www.jasso.go.jp/ryugaku/
　　related/kouryu/2013/__icsFiles/afieldfile/2015/11/18/201401katoetsuko.pdf（最終
　　閲覧日：2019 年 5 月 24 日）〉

グローバル人材育成推進会議（2012）．「グローバル人材育成戦略（グローバル人
　　材育成推進会議　審議まとめ）」〈https://www.kantei.go.jp/jp/singi/global/
　　1206011matome.pdf（最終閲覧日：2019 年 5 月 24 日）〉

佐藤由利子（2019）．「留学生の多様化と留学動機／就職意識の変化──2007 ～ 2017
　　年度の私費外国人留学生実態調査結果の分析から」『留学交流』96, 1–12〈https://
　　www.jasso.go.jp/ryugaku/related/kouryu/2018/__icsFiles/afieldfile/2019/03/08/
　　201903satoyuriko.pdf（最終閲覧日：2019 年 5 月 24 日）〉

白石勝己（2016）.「世界的な留学生移動と日本における留学生受け入れの状況」『留学生受入れ支援方策の効果の検討に関する調査研究』, 36–42）.

寺倉憲一（2009）.「我が国における留学生受入れ政策——これまでの経緯と「留学生30万人計画」の策定」『レファレンス』59(2), 27–47.

日本学生支援機構（2012）.「平成23年度「海外留学経験者追跡調査」報告書——海外留学に関するアンケート」〈http://ryugaku.jasso.go.jp/link/link_statistics/link_statistics_2012/（最終閲覧日：2019年5月24日）〉

日本学生支援機構（2019a）.「平成30年度外国人留学生在籍状況調査結果」〈https://www.jasso.go.jp/sp/about/statistics/intl_student_e/2018/index.html（最終閲覧日：2019年5月24日）〉

日本学生支援機構（2019b）.「平成29年度協定等に基づく日本人学生留学状況調査結果」〈https://www.jasso.go.jp/about/statistics/intl_student_s/2018/index.html（最終閲覧日：2019年5月24日）〉

日本経済団体連合会（2011）.「グローバル人材の育成に向けた提言」〈https://www.keidanren.or.jp/policy/2011/062honbun.pdf（最終閲覧日：2019年5月24日）〉

村田晶子（2018）.「国内・海外を結ぶ多文化体験学習の意義と学びの可視化」村田晶子［編著］『大学における多文化体験学習への挑戦——国内と海外を結ぶ体験的学びの可視化を支援する』ナカニシヤ出版, pp.2–22.

文部科学省（2019）.「「外国人留学生在籍状況調査」及び「日本人の海外留学者数」等について」〈http://www.mext.go.jp/a_menu/koutou/ryugaku/__icsFiles/afieldfile/2019/01/18/1412692_1.pdf（最終閲覧日：2019年5月24日）〉

横田雅弘・太田浩・新見有紀子［編］（2018）.『海外留学がキャリアと人生に与えるインパクト——大規模調査による留学の効果測定』学文社

横田雅弘・白土悟（2004）.『留学生アドバイジング——学習・生活・心理をいかに支援するか』ナカニシヤ出版

de Wit, H.（2008）. *The dynamics of international student circulation in a global context.* Rotterdam: Sense Publishers.

de Wit, H., Hunter, F., Howard, L., & Egron-Polak, E.（2015）. *Internationalization of higher education.* Brussels: the European Parliament, Committee on Culture and Education.

OECD（2018）. *Education at a Glance 2018*: *OECD Indicators.* Paris: OECD Publishing.

コラム6　私の人生を変えた海外留学経験

　海外留学に興味があっても，異文化・異言語のなかでの生活についていけるのか心配だったり，経済的な負担が大きいため留学に踏み切れなかったりする人はたくさんいるのではないでしょうか。筆者である私自身も，そのような思いを抱えて，留学をすることなく高校・大学を卒業しました。その後，大学の留学生課で職員として働くなかで，外国人留学生と日本から海外留学する学生の支援を担当し，当時の自分と同年代の学生が，留学前後で見違えるほど語学能力を向上させ，また自信に溢れる姿へと成長するのを目の当たりにして，とても刺激を受け，やはり自分も留学をしたいという思いを強くし，留学の機会を模索し始めました。

　学部時代に留学できなかった私ですが，20代後半から，米国の大学院に留学することができました。留学の実現にあたっては，奨学金の応募，英語能力試験のための勉強，留学先の情報収集など，数年にわたってさまざまな準備が必要でした。これらのさまざまな障害を乗り切るうえでは，留学してみたいという自分の思いだけでなく，その思いを支えてくれた周りの人びとの存在が大きかったと思います。私は，日本の大学における学生支援経験をふまえて，米国の大学院で教育心理学（異文化カウンセリング）と国際比較高等教育の分野を学びました。留学を通じて，英語によるコミュニケーション

**筆者が博士課程時代を過ごした
ボストンカレッジのキャンパス**

能力に加え，学術的な知識を含む専門性を身につけることができました。加えて，異文化の生活を通じて視野の広がりを体感し，留学中に出会った人びととのネットワークも築くことができました。そして，留学をしてみたかったという目標が実現できたことによる満足感と達成感によって，日本に戻ってからの生活の景色も違ってみえるようになりました。留学前には，安定した生活を送るというレールから逸れることを敬遠していた私ですが，留学後の現在は，自分なりに道を切り開いて進んでゆくことに充実感を感じながら過ごしています。安定思考だった私が，このような思考に至ったことにも現れているように，私にとって留学は，「人生を変える経験」であったといえます。

　留学は，さまざまな条件が揃って初めて実現できるものです。もし，留学をする機会があり，条件が整っているのであれば，そのときが留学をすべきタイミングなのかもしれません。

（新見有紀子）

Part II
移動する子ども・若者の生活世界

　第II部では，移民の子ども・若者の生活世界を家族（第5章），学校（第6章），地域（第7章），労働市場（第8章）に注目しながらみていきます。この四つの領域から移民の子ども・若者の生きる日常をとらえることで，かれらが日本社会で直面する課題を多角的に考えることができるはずです。第9章と第10章では，トランスナショナルな生活を送る家族や若者の姿を取り上げます。グローバル化時代に生きる子どもたちの生活は一つの国のなかだけにとどまりません。国を越えるトランスナショナルな視点から教育のあり方を考えてみてください。

写真：ブラジル系2世が講師となって開いた「移民の子どものための高校進学ガイダンス」。移民の子どもから移民の子どもへと体験を伝え，後続世代を育てています。

05 家　　族

多様な文化と教育戦略

敷田佳子

キーワード

教育戦略／グローバル・ハイパーガミー／言語文化選択／エスニック・アイデンティティ／異文化間葛藤

1　はじめに：教育戦略とは何か

　みなさんは今まで**移民の家族**に出会ったことがあるでしょうか。日本以外の国から来た人びとは子どもに対して，「自分が話す言葉や文化を理解してほしい」という願いをもち，小さい頃から日本語以外の言語を教えたり，母国と同じような教育をしてくれる学校に子どもを入学させたりすることがあります。このように明確な教育的意図をもっておこなわれる選択のほかにも，家にある本の種類や量，親が見聞きするテレビ・ラジオ番組やインターネット上の情報，SNSを通じた親族との交流，余暇の過ごし方など，ありとあらゆる事柄が子どもの成長に大なり小なり影響を与えています。

　家族の教育方針や子どもを育てる際になされるさまざまな選択の積み重ねのことを，教育社会学では「**教育戦略**」と呼んでいます。少し意外に感じられるかもしれませんが，ここでいう「戦略」には意識的なものだけでなく，無意識的なものも含まれています（ブルデュー & ヴァカン, 2007）。つまり，子どもに教える言語や学校の選択といったものだけでなく，家族の慣習，趣向，言葉遣いや何気ない振る舞い方，親族やエスニック・コミュニティとの関係，家に置いてあるものなどまでが幅広く「教育戦略」に含まれるのです。こうした前提をふまえ，この章では移民家族の実情とその背景について教育戦略を軸に説明していきます。

Part II　移動する子ども・若者の生活世界

2　日本に住む多様な家族

▶ 2-1　オールドカマーとニューカマーの家族

　まず，日本のなかの移民家族について考えてみましょう。「移民」とひと口にいっても，人びとの出身国やエスニシティはもちろん，日本へ来た理由や来日までの経緯は多様です。たとえば，旧植民地出身の人びとを「オールドカマー」と呼ぶのに対して，1970年代頃から来日し始めた人びとを「ニューカマー」と呼んで区別することがあります（☞第1, 2章）。映画『焼き肉ドラゴン』（原作・脚本・監督：鄭義信，2018年）では，万国博覧会開催に沸き立っていた頃の兵庫県伊丹市を舞台として，貧困や差別と向き合いながらも力強く生きるオールドカマー（在日朝鮮人）一世・二世の姿が描かれました。海を渡って来日した在日朝鮮人一世の経験は戦争および日本の植民地支配と連なっています。しかし日本生まれの子ども世代以降になると日本語だけを話し朝鮮半島に渡ったことがないという人も多く，「日本のことしか知らないのに日本人からも受け入れられない」という親世代とは異なる疎外感を経験してきました。

　対して，1970年代後半からは東南アジア，東アジア，南米などから難民や労働者として来日する人びとが現れ始め，1980年代後半以降急増します。こうした人びとの子どもが日本の公立学校に入学するようになると，受け入れ態勢の整っていない公立学校では言語や文化の違いによるさまざまな課題が認識されるようになりました。また，ニューカマーの出身地域と来日経緯に関連があることに着目した研究（志水・清水, 2001）では，南米からの「出稼ぎニューカマー」，インドシナからの「難民ニューカマー」，韓国からの「上昇志向ニューカマー」という分類にもとづき，家庭での言語使用・文化伝達，学校観・学校との関わり，子どもの進路への希望とそれへの対応，という三つの側面に着目し，それぞれのグループごとに子どもを育てる際の教育戦略が異なっていることが論じられました。

　ニューカマーが急増した1980年代後半から，すでに30年ほどが経過しています。現在もその数は増えつづけ，来日経路もさまざまです（☞第2章）。新たに来日する人びとがいる一方で，当初の想定よりも滞在が長期化したり母国と日本を複数回往来したりする人びともいます。かれらの生活形態はより込み入った様相を呈し，同一エスニシティの集団内であっても多様な教育戦略がみられることが明らかになっています。

05 家 族

▶ 2-2 家族の生活形態

　移民家族について理解を深めるために，ここではかれらの生活形態を 1) 定住, 2) 往還，3) 離散，4) 複数文化という四つの型に分類して説明していきます。家族の状況は親の労働環境や子どもの成長段階，コミュニティとの関係などさまざまな要因によってそのつど変化するものですから，これらの類型は家族の実相を単純化した理念的なものとして理解してください。現実にはこれら四つのうち複数にまたがる特徴をもつ家族も存在しています。

1) 定 住 型
　「**定住型**」は，移民一世が来日しそのまま何世代にもわたって日本に住みつづけるパターンです。永住を前提として来日する場合もあれば，意図せず滞在が長期化するケースもあります。

2) 往 還 型
　「**往還型**」は，一人の人が母国と日本を何度も行ったり来たりする，あるいは世代を超えてデカセギを繰り返すブラジル人家族のような人びとの生活形態を指します。こうした移住形態は「**循環型移住**（circular migration）」と呼ばれることもあります（バートベック, 2014）。ニューカマーのなかには「学齢期途中の子どもを母国へ送りだし，言語や文化を学ばせる」とか「日本生まれの子どもを母国に留学させ，再び日本の大学へ入学させる」といった教育戦略をとる家族もおり，これも往還型の一つの形態ととらえられるでしょう。

3) 離 散 型
　「**離散型**」は，夫婦や親子が国境を越えて別々に生活しているパターンです。移民送出国から稼ぎ手である親が先に移住し，生活が安定した時点で家族を呼び寄せる事例や，外国籍の父親が仕事のために日本に残り，日本人母とその子どもが父の親戚を頼って出身国に移住する事例などが報告されています。ほかにも，子どもに国際教育を与えるために父親が日本に残り，母子のみ海外に渡るという選択をする家族もいます。こうした親子留学の形態は日本だけでなく東アジア諸国でもみられ，「パラシュート・キッズ」「宇宙飛行士家族（astronauts family）」「渡り鳥家族（kirogi family/goose family）」などと呼ばれてきました（☞第 10 章）。

Part II　移動する子ども・若者の生活世界

4）複数文化型

「**複数文化型**」は一つの家庭のなかに異なる文化が並存している場合で，国際結婚家庭がその典型です。これは家庭内文化に着目した類型であり，居住形態で分類した1）～3）と重なる部分も多いでしょう。日本語の「国際結婚」は国籍を前提とした用語ですが，海外では民族・文化に焦点化した「民族間結婚（interethnic marriage）」や「異文化間結婚（cross-cultural marriage）」という呼び方が一般的です。在日朝鮮人と日本人との結婚は民族間結婚・異文化間結婚の一例です。また，国際結婚には連れ子を伴うケースも珍しくありません。その場合，言語も文化も異なる家族成員同士が，夫婦関係・親子関係を新たに構築していく際に多くの困難が伴うことは想像に難くないでしょう。

3　家族の教育戦略

▶ 3-1　日本における子育ての課題

外国から移住する「移民一世」が子どもを連れてきたり，新たに子どもが生まれたりするなどして日本で子育てをするようになると，家族はさまざまな教育課題に直面し，そのつど重大な選択を余儀なくされます。子どもをどのように育てたいのか，子どもにどんな言語・文化を伝えたいのか，希望を叶えてくれるような学校が実際にあるか……。親は，自らの経験や願い・将来展望をもとに子どもに受けさせる教育を選びとっていきます。

　自分の母語や母文化を子どもに伝えたいと願う親は多いものの，その願いを実現するのは簡単ではありません。日本社会では日本語や日本文化が圧倒的に重要な地位を占めており，それ以外の言語や文化の価値を子どもに認識させることが難しい環境にあります。子どもが小さい頃は親が必死に母語や母文化の継承に努めていたとしても，年齢が上がるにつれ，子どもの生活は家庭外にどんどん広がっていき，言語も学校や友達との交友関係などのなかで獲得するようになるため，母語や母文化の維持はますます困難になります。

　このような状況のなか，定住型のオールドカマーには，民族的・文化的アイデンティティを自然に育むことのできる学校を「安心できる居場所」ととらえ，何世代にもわたって外国人学校を選択しつづける人びとがいます（☞第14章）。子どもを朝鮮学校や中華学校に通わせ，母語の継承を望むのは，かれらにとって言語がたん

なる道具ではないからです。言語は，コミュニケーションを円滑にして仲間意識を紡ぎ，エスニック・アイデンティティを継承していくためにも重要かつ象徴的な意味をもっています。

▶ 3-2　トランスナショナルな教育戦略

一度国境を越えると帰国どころか母国の親族と連絡をとるのもたいへんだった時代から考えると，現在の移動・通信手段の豊富さや低価格化は目を見張るものがあります。中国人女性のシュウさん（仮名）は，日本人夫と交際していた1990年代前半は国際電話が非常に高額で主な通信手段は手紙だったのに，今は中国の両親と毎日Skypeで話しているといいます。シュウさんの子どもたちにとって，母国の親族との頻繁な接触は母語・母文化を継承するうえで重要な資源となっています。このように，人びとが二つ以上の社会や場所に同時に関与しながら子育てや教育をおこなう様子をとらえるものとして**トランスナショナルな教育戦略**という概念があります（☞第3,10章）。複数の場所への関わり方は，物理的な移動や接触を伴うものもあればそうでないものもあります。

トランスナショナルな教育戦略の例としては，移民送出国であるブラジル・ペルー・フィリピンなどの出身者のあいだで，父親か母親だけが先に来日し，ある程度生活が安定した時点で家族を呼び寄せるというパターンがあげられます。前節で紹介した離散型の家族の一形態です。また，数年日本で働いた後また帰国するという将来展望をもつ往還型のブラジル人家族のなかには，家でポルトガル語を話し，子どもをブラジル人学校に通学させ，休日には周囲のブラジル人家族と交流するというように，日本で生活しながらも母国のライフスタイルを可能なかぎり維持している人びとがいます。こうすることで，かれらは移動に伴うカルチャーショックや子どもの学校適応に伴うリスクを最小化することができるのです。また，ブラジル人学校では，ブラジルの教科書会社から高水準の教科書を購入して使用しています。これは子どもたちがブラジルに帰国した後の進路形成を見据え，次の学校段階への進学を前提とした教育をおこなっているためです（ハヤシザキ・児島, 2014）。このような場合，外国人学校はトランスナショナルな教育をおこなう親にとって重要な資源として機能しているといえるでしょう。

こうした**外国人学校**（☞第14章）に通う移民の子どもたちは少数にとどまりますが，地域の公立学校に通う移民の子どもたちもまた，日常的にトランスナショナルな経験をしているといえます。たとえば，フィリピン・ブラジル出身者は教会を中

心としたエスニック・コミュニティに属している人びとが多く，その子どもたちは
学校生活では日本語を使っていても，休日には教会の日曜学校で母語を習ったり，
同じエスニシティの家族と交流したりしています。こうした子どもたちの生活世界
は学校経験を超えて豊かな広がりをもっているとみなすこともできるでしょう。

　ただし，トランスナショナルな教育戦略をとるなかで，子どもが母語・日本語の
どちらも中途半端なセミリンガル（☞第11章）になったり，学校文化への適応に困
難を抱えたり（☞第6章），日本社会と母国社会のどちらにも適応できなかったりす
る場合があるなど，さまざまな課題が存在することも否めません。

4　家庭における母語・母文化の伝達とその困難

▶ 4-1　両親移民家庭の場合

　次に，家庭内において母語や母文化の伝達がどのようにおこなわれるのかをみて
みましょう。現実には，家庭内で両親ともに母語で会話している場合でも，子ども
への母語継承には甚大な努力が必要とされます。中国人ニューカマーを対象とした
研究では，両親からさまざまなやり方で中国語を教え込まれた若者の声を取り上げ
ています（坪田, 2018）。この研究では，主に母親が「中国語の先生」となるほか，教
科書，ラジオ教材，母国訪問，国際電話やSNSといったあらゆる手段を駆使して子
どもに中国語を継承しようと奮闘する姿が描かれていますが，それでもすべての子
どもが「流暢なバイリンガル」になるわけではありません。モノリンガル・モノカ
ルチュラルな傾向が強い日本社会で子どもをバイリンガルに育てるとは，それほど
に難しいことなのです。しかも，このように親が全力を投じて母語継承に邁進する
ケースはむしろ少数派でしょう。

　ブラジル人についての研究では，日系ブラジル人の子どもの6割が日本の公立学
校に通い，「脱ブラジル人化」とともに「日本人化」が進んでいるという現実が指摘
されています（小内, 2009）。日本生まれの子どもが増えるなか，子どもが周辺社会
に溶け込むほどにポルトガル語継承はますます難しくなります。滞在が長期化しブ
ラジルへの帰国が現実的な未来としてみえてこない場合，子どもの母語習得へのモ
チベーションもどんどん失われていきます。日本の公教育では，英語以外の外国語
能力を伸ばしたり評価したりする機会がほとんどないことも母語継承を困難にする
要因の一つといえます。

　　　　　　　　　　　　　05　家　　族

　また，移民家族が新しい社会に適応する際には**親子の役割逆転**が起こることがあります。これは，子どもたちが親よりも早くホスト社会の文化や言語を身につけてしまうために，親が子どもを十分に導いたりケアしたりすることができない状態を言います（ポルテス＆ルンバウト, 2014）。たとえば，日本語力が乏しいフィリピン人の母親に対して子どもが苛立ったり，進学に関して親が適切なアドバイスをできなかったりすることがあります（額賀, 2016）。子どもが親よりもうまく日本語を話し日本文化に親和的になることで，親の子どもへの権威づけは難しくなり，親子間の葛藤も引き起こされやすくなるのです。

▶ 4-2　国際結婚家庭の場合

　では，両親の言語・文化が異なる国際結婚家庭では，家庭内でどのような教育の選択がおこなわれているのでしょうか。まず，国際結婚について日本の現状をみてみましょう。厚生労働省（2018）の人口動態統計によると，日本に住む国際結婚カップルの8割は日本人男性と外国人女性という組み合わせです。さらに女性は中国・フィリピンなどアジア出身者が多いという特徴があります。日本では，1980年代に興行ビザで入国するフィリピン人女性や，結婚仲介業をとおして「農村の花嫁」となるフィリピン・中国出身女性が急増しました。こうした動向には，日本だけでなく世界規模で再生産労働に従事する女性の移動がみられること，また女性の置かれている立場が男性に比べて低くなりがちであることが関連しています（パレーニャス, 2007）（☞第8章）。結婚移住の場合，女性は「よりよい生活」を求めて，自分が生まれ育った社会的階層や自分が獲得した地位よりも同等か，それ以上の階層の男性を結婚相手に選ぶ傾向があります。国境を越えてこうした婚姻行動がとられる現象は**グローバル・ハイパーガミー**と呼ばれてきました（嘉本, 2009）。

　一方，近年は女性をステレオタイプ化するハイパーガミー論を批判し，女性の主体性に着目する研究も増えてきています。私も調査中，日本人男性との結婚が社会的地位の上昇につながったとはいえないような，高学歴かつ専門職経験の豊富なアジア出身女性にたびたび出会いました。ただし，海外からはるばる日本にやってきた移民女性が言語も文化も異なる日本で結婚し生活していく場合，自立しにくかったり，夫となる日本人男性に頼らざるをえなかったりする側面があることも否めません。

　こうした夫婦間の力関係は**家庭内言語選択**にも影響を与えます。家庭内言語選択には家族内における女性の地位（夫や夫の家族がどれだけ女性の言語・文化を尊重する

かといった姿勢）が反映されています。両親の言語が共通している場合ですら母語継承は簡単ではないのですから，国際結婚家庭で，さらに女性が移民である場合はいっそう難しいといえます。日本人の夫に対して弱い立場に置かれがちな移民の妻が，母語や母文化を子どもに継承したくても，日本人夫やその親族の反対にあうことは珍しくありません。その結果，家庭内で母語や母文化の継承が阻まれ，家庭内の同化圧力のもとで子どもたちの日本人化が進む傾向があると指摘できます。

とはいえ，最初から子どもに日本語しか教えなかったという家庭は少なく，子どもの成長に伴い日本語の比重が大きくなっていくケースがほとんどです。たとえば，私がインタビューしたブラジル人女性のソフィーさん（仮名）は「子どもが小さいときはポルトガル語で話していた。でも大きくなると周りがすべて日本語。だから無理だった」，子どもの側は「塾を嫌がるのと同じ感じで，（ポルトガル語を学ぶのは）嫌だった」と回想しています。子どもを「流暢なバイリンガル」に育てようとすれば，それだけの投資が必要となります。あくまでも母語継承にこだわる家庭では，子どもを民族学校やインターナショナルスクールに入学・転入させることもありますが，外国人学校の数は限られているうえに費用も多くかかることなどから，すべての人に開かれた選択肢であるとはいえません。

5　移民の子どものエスニック・アイデンティティ形成 —————

　移民の子どもや若者について考えるうえでもう一つ注目すべきなのがエスニック・アイデンティティです。異文化間に育つ子どもたちは，アイデンティティの形成過程において複数文化を経験するため，かれらの文化的帰属意識を単一の枠組みでとらえることはできません。たとえば，従来のエスニック共同体から離れて生活する在日朝鮮人の若者を取り上げた研究では，既存の民族団体が掲げる一枚岩のエスニック・アイデンティティにも，自分自身のエスニシティを力強く掲げることにも違和感を覚える若者たちの姿を「隠れ在日」と呼んでいます（川端, 2012）。かれらは自身のルーツに自覚的でありつつも親世代の物語には共感できず，自分なりの着地点を模索しているのです。

　複数のルーツをもつ子ども・若者たちは，「自分は日本人だと思っているのに，外見から外国人扱いされる」とか，「海外にルーツがあるのに言葉が話せないというと周りの人にがっかりされる」というように，周囲が勝手に抱く期待と現実の自分の

姿が乖離していることに悩んでいたりコンプレックスをもっていたりすることがあります。両親ともに外国籍である移民の子どももちろんですが，国際結婚家庭の子どもの抱える問題はさらに複雑です。ブラジル人の母と日本人の父をもつリリーさん（仮名）は，「「両方が混ざっている自分」のことは両親にも理解してもらえない，同じ経験をしてる人じゃないとわからない」と外の社会のみならず家庭内においても**異文化間葛藤**の渦中にあると語っていました。

　最近では，ドキュメンタリー映画『HAFU』（監督：西倉めぐみ・高木ララ，2013年）に代表されるように，当事者自らが声を上げ，かれらの置かれている状況を鋭い視点から考察するような映像作品や著作も増えています（☞コラム4 (p.44)，コラム12 (p.147)）。国際結婚家庭から生まれた子どものことを示す「ハーフ」という言葉自体，英語力や身体的魅力といったイメージとともに用いられてきた経緯があり，日本独特の言い回しです。「ハーフ」は軽やかなイメージを伴いますが，これまでに「あいのこ」「混血児」といった差別的な呼称が用いられてきた歴史があることや，肯定的に受け入れられる「ハーフ」の枠組みが限定されたものであることを忘れてはなりません（岩渕，2014）。1990年代から2000年代前半にかけては社会運動団体や研究者，当事者の親世代のなかで「国際児」や「ダブル」といった呼称を広めようとする動きがありましたが，これらの用語が当事者たちの感覚や実態とかけ離れているという意見もあり，定着には至っていません（田口，2017）。

6　おわりに：家族の多様性を認める

　これまでみてきたように，この社会には多様な家族が生活しています。移民の子どもたちが日本で暮らしながらも親の母語や文化を尊重・継承しつづけることは理想であり，かつ自然なことです。ところが，日本の学校には自分の親が外国籍であること，日本語以外の言語を話すこと，肌の色が周りと異なることを「隠したい」と感じる子どもたちがいるのです。それは，子どもたちが周囲と「違う」ために，実際にからかいやいじめにあったり，それを見聞きしたりする経験をしてきたからです。こうした環境下では，たとえ家族が一致団結して子どもに母語や母文化を継承しようとしても，決して一筋縄ではいかないことに納得がいくでしょう。このように，家族の教育戦略は親子の希望や将来設計どおりになるとは限らず，生活する社会の影響を大きく受けたうえで編成されていくものでもあります。

また，日本の教室内にはマジョリティとの違いが「劣位」とみなされてしまうような同化圧力が働いており，移民の子どもたちは学年が進むにつれて「みんなと一緒」に振る舞おうとする傾向があるとの指摘もあります（落合，2012）。特に学校をはじめとする教育現場では，こうした同化主義的な価値観の存在に敏感であるとともに，子どもたちのあらゆる多様性を価値あるものとして認めるようなまなざしが必要とされるでしょう。

考えてみよう

①みなさんの身の回りには，移民の家族がいるでしょうか。どのような場所で移民の家族やその子どもを見かけたり，関わったりしたことがあるか，それぞれの体験を話し合ってみましょう。

②移民の親が，言葉や文化が異なる国で生活し子どもを育てていく際の課題を，できるだけ多くの側面からあげてみましょう。

③テレビや雑誌で目にする「ハーフタレント」に対して，どのようなイメージをもっていますか。また，どうしてそのようなイメージをもつに至ったのか，その背景にはどんな価値観があるのか，掘り下げて考え，周りの人と意見を共有してみましょう。

読書案内

①賽漢卓娜（2011）．『国際移動時代の国際結婚――日本の農村に嫁いだ中国人女性』勁草書房

嫁不足に悩む日本の農村に嫁いだ，中国人女性へのインタビュー調査をもとに書かれた研究書です。子育てにおいて日本人の夫や親族とのあいだに生ずる葛藤や，中国出身女性のあいだでも階層や出身地によって教育戦略が異なっている実態を知ることができます。

②ブレーガー，R.・ヒル，R.［編著］／吉田正紀［監訳］（2005）．『異文化結婚――境界を越える試み』新泉社

異文化結婚に関するさまざまな問題を取り上げた学際的な論集です。世界中のあらゆる地域において「よそ者」との結婚が国家の規制の対象となったり，家族間の

05　家　族

葛藤を引き起こしたりすることが，豊富な事例とともに論じられています。

③岩渕功一［編著］（2014）．『〈ハーフ〉とは誰か──人種混交・メディア表象・交渉実践』青弓社
「ハーフ」という存在を歴史的に検証するだけでなく，かれらを取り巻く現状について理論的に考察した貴重な研究書です。テレビやファッション雑誌でもてはやされる人びとがいる一方で，社会の周縁部へと追いやられる「ハーフ」も存在するという実態やその背景について学ぶことができます。

▶参考文献

岩渕功一［編著］（2014）．『〈ハーフ〉とは誰か──人種混交・メディア表象・交渉実践』青弓社

落合知子（2012）．「公立小学校における母語教室の存在意義に関する研究──神戸市ベトナム語母語教室の事例から」『多言語多文化──実践と研究』4, 100-120.

小内透（2009）．「ブラジル人のトランスナショナルな生活世界と地域社会」『調査と社会理論』28, 331-343.

嘉本伊都子（2008）．『国際結婚論！？　現代編』法律文化社

川端浩平（2012）．「二重の不可視化と日常的実践──非集住的環境で生活する在日コリアンのフィールドワークから」『社会学評論』63(2), 203-219.

厚生労働省（2018）．「夫婦の国籍別にみた年次別婚姻件数（人口動態統計）」〈https://www.e-stat.go.jp/stat-search/files?page=1&layout=datalist&toukei=00450011&tstat=000001028897&cycle=7&year=20170&month=0&tclass1=000001053058&tclass2=000001053061&tclass3=000001053069&result_back=1&second2=1（最終閲覧日：2019年5月27日）〉

志水宏吉・清水睦美［編著］（2001）．『ニューカマーと教育──学校文化とエスニシティの葛藤をめぐって』明石書店

田口ローレンス吉孝（2017）．「戦後日本社会の「混血」「ハーフ」をめぐる言説編成と社会的帰結──人種編成論と節合概念の批判的援用」『社会学評論』68(2), 213-229.

坪田光平（2018）．「中国系ニューカマー第二世代の親子関係とキャリア意識──トランスナショナルな社会空間に注目して」『国際教育評論』14, 1-18.

額賀美紗子（2016）．「フィリピン系ニューカマー第二世代の親子関係と地位達成に関する一考察──エスニシティとジェンダーの交錯に注目して」『和光大学現代人間学部紀要』9, 85-103.

バートベック, S.／水上徹男・細萱伸子・本田量久［訳］（2014）．『トランスナショナリズム』日本評論社

ハヤシザキカズヒコ・児島明（2014）．「トランスマイグラントとしてのブラジル人をさ

さえる学校」志水宏吉・中島智子・鍛治致［編著］『日本の外国人学校──トランスナショナリティをめぐる教育政策の課題』明石書店，pp.288-294.

パレーニャス，R. S.（2007）．「女はいつもホームにある──グローバリゼーションにおけるフィリピン女性家事労働者の国際移動」伊豫谷登士翁［編］『移動から場所を問う──現代移民研究の課題』有信堂高文社，pp.127-147.

ブルデュー，P.・ヴァカン，L. J. D. ／水島和則［訳］（2007）．『リフレクシヴ・ソシオロジーへの招待──ブルデュー，社会学を語る』藤原書店

ブレーガー，R.・ヒル，R.［編著］／吉田正紀［監訳］（2005）．『異文化結婚──境界を越える試み』新泉社

ポルテス，A.・ルンバウト，R. ／村井忠政［訳者代表］（2014）．『現代アメリカ移民第二世代の研究──移民排斥と同化主義に代わる「第三の道」』明石書店

05 家　族

コラム 7　異なる人びとがつながろうとするときに生ずる葛藤とその背景を知る

映画『ビッグ・シック（*The Big Sick*）』から

　映画『ビッグ・シック（*The Big Sick*）』（監督：マイケル・ショウォルター，2017年）はアメリカ在住のパキスタン系移民であるクメイルがパートナーのエミリーとともに脚本を担当しています。かれらの実体験を，クメイル自身が主役兼本人役として演じ映画化したのです。クメイルはパキスタンで生まれ，両親とともにシカゴに移住しました。弁護士になってほしいという親の希望をよそに，コメディアンをめざして日々ステージに立ちます。ある日ステージを見にきていた白人のアメリカ人大学院生エミリーと親密になり付き合い始めますが，何人ものパキスタン出身女性とお見合いをしていたことがばれて二人は破局……。ところが，エミリーが突然の病に倒れたことで物語は思いもかけない方向へと展開していきます。

　ストーリーの中心はクメイルとエミリーを取り巻くさまざまな出来事ですが，クメイルとその家族のやりとりもユーモアたっぷりに描かれ，見どころの一つとなっています。クメイルはウーバー（Uber）の運転手で生計を立て，気になる女性には気軽に声をかける今時の若者です。一方，週末に訪れる実家の両親や兄夫婦は敬虔なムスリム。父は医者で経済的にも成功しています。母は息子の結婚相手を真剣に探して次々と同郷の女性を紹介し，クメイルはそれにうんざりしているものの，表立っては反抗しません。紹介された側で

映画『ビッグ・シック』公式サイト

あるパキスタン系女性の一人が「伝統に従順であることに疲れた」と感情を吐露する場面も印象的です。

映画評論家の町山智浩氏はこの低予算映画がアメリカで大ヒットした理由について，「アメリカ人はみんな移民だ。アイルランド系もイタリア系もユダヤ系もみんなかつては差別と偏見に苦しんだ。民族の内側では，伝統や家族や宗教の抑圧に縛られた。[…] クメイルの経験は，すべてのアメリカ人に共通する物語なのだ」と分析しています（映画公式パンフレットより）。移民一世である親が，あっという間に移住先になじんで自分とは異なる考えをもつようになった子どもに腹を立てたり，逆に子どもは理不尽にしかみえない慣習を押しつけてくる親に反抗したり……おそらく，出身国と移住先の文化・慣習の違いに戸惑い，苛立ち，ときに引き裂かれるような思いをする経験は世界中のあらゆる移民家族に共有されているものでしょう。家族内の世代間ギャップに加え，一見移住先になじんでいるようにみえる子どもたちも，社会に溶け込みきれない居心地の悪さを感じたり，アイデンティティに悩んでいたりします。とりわけ，日本のように同化圧力の強い国に移住してきた人びととその家族は，多くの困難に立ち向かってきたといえるのではないでしょうか。

（敷田佳子）

◉参考ウェブサイト

映画「ビッグ・シック」公式サイト〈https://gaga.ne.jp/bigsick/（最終閲覧日：2019年6月25日）〉

学　校

子どもの生きにくさから考える

坪田光平

> キーワード
>
> 不就学／学校文化／同化圧力／ジェンダー／貧困

1　はじめに：学校とはどんな場所か

　まず本章を始めるにあたって，東北地方での学習支援を通じて私が出会ったフィリピン出身のジェイさん（仮名・中学3年・12歳来日）の事例を紹介したいと思います。

> いま中学校をやめてフィリピンに帰ったら将来仕事ないよってお母さんが言う。ちゃんといい大学行かないと駄目だよって。でも，漢字毎日練習しているけど日本語難しいし，学校に外国人は自分しかいない。しかもみんなフィリピンを下に見ている。フィリピンは貧しいとか，汚いとか。自分は肌が黒いから黒人って言われます。

　日本語に難しさを感じる彼は，編入した中学校で気軽に話せる友達をつくることが難しく，学校にあまり行きたくないとよく呟いていました。また，日本語指導のため別室に取り出されることにも抵抗があると言い，「せっかく日本人っぽくなってきたのに困る」とも主張します。一方で上記の発言からは，フィリピンより日本で頑張るようジェイさんの母親がプレッシャーをかけていたことも読み取れます。

　ジェイさんの母親が言い聞かせていたように，一般に「よい高校や大学に通い，よい仕事に就く」という考え方は**メリトクラシー**という表現によって語られます。メリトクラシーは業績主義という訳語があてられることがあります。子どもの場合，

共通した土俵にたって努力しつつ他者と学力を競い合う、いわば受験競争がその典型例といえるでしょう。しかしジェイさんは共通した土俵に立ち、日本人生徒とともに公正な競争に参加することができていません。彼にとっての学校は、フィリピンに対する**偏見**によって見下されるという、差別の経験に満ちた生きにくい場所としてとらえられています。

日本の学校は、なぜ移民の子どもたちを排除してしまいがちなのでしょうか。本章ではそのことを、移民の子どもの進学状況をふまえつつ、日本の教育制度と学校文化からみていきます。さらに、ジェンダーや貧困にも目を配りながら、移民の子どもの生きにくさとこれからの学校の役割について考えを深めていきましょう。

2　移民の子どもの進学状況と日本の教育制度

まず、移民の子どもの進学状況を確認してみましょう。図6-1を見てください。

この図は、「国勢調査」（2010年）のオーダーメイド集計によって算出されたもので、「5年前に国外にいた者」を除く進学状況を国籍別に示したものです。日本の場合、短大・高専・大学への進学状況は64.5%で、多くが高等教育に進学していることが読み取れます。反対に、フィリピン、ペルー、ブラジル国籍の場合、かれらの進学状況は日本と比べていずれもかなり低くなっています。このことは、かれらが

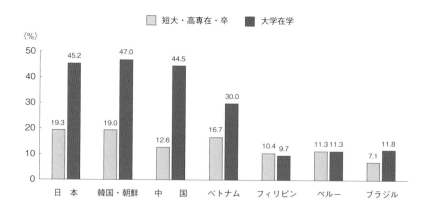

図6-1　国勢調査にみる19-21歳の国籍別進学状況
（樋口・稲葉（2018：573）より一部抜粋して作成）

06 学　校

進学したくなかったことを意味しているのでしょうか。もちろん，ジェイさんの事例でみたようにその理由は個人の意思の問題だけではないと考えられます。以下では，移民生徒の進学率が低くなりがちな理由を，移民の子どもを受け入れる教育制度に注目してみてみましょう。

すでに確認したように，日本国憲法では**教育を受ける権利**を日本国民に限定するという問題がありました（☞第2章）。一方で日本は「経済的，社会的及び文化的権利に関する国際規約（国際人権規約）」や「児童の権利に関する条約（子どもの権利条約）」を批准しているため，移民の子どもの就学を頭から否定してはいません。しかしそれでも，希望すれば認めるという**恩恵**にとどめているため，たとえば教育委員会から送付される**就学案内**が届かなかったり，就学案内が届いてもルビがなかったりするため，親たちがその意味を解読できないまま就学が遠ざけられてしまうことがあります。また，中途来日しても**年齢主義**が厳格に適用されてしまう事例も多く，学齢期を過ぎて来日する**学齢超過**の子どもたちは，就学を拒否され，その結果どこにも行き場所がなく高校進学が困難になることもあるのです。

こうした排他的な制度のなかで発生したのが，学齢期にもかかわらずどの教育機関にも在籍していないという**不就学**の問題です（佐久間, 2006）。「平成30年度学校基本調査」（文部科学省, 2018）によれば，不就学に該当する学齢児童生徒総数は3,885人（うち就学免除者は2,703人，就学猶予者は1,182人）を数えます。ただし，外国籍の場合は集計対象外とされているため移民の子どもの就学状況の詳細は明らかになっていないことに注意が必要です。また教育委員会が就学案内を出したとしても，労働市場に振り回されて頻繁な移動を繰り返している移民家族も存在するため（☞第8章），その就学状況を把握することはそう容易ではありません。

こうした問題を乗り越えて，移民の子どもの就学実態の把握を初めて試みた**全戸訪問調査**として，岐阜県可児市の就学実態調査（2003-2004年にわたり計3回実施）があげられます。同一世帯を追跡調査した結果によれば，不就学率は4.2%→7.2%→6.8%で推移し，不就学の多くは日本の中学校を中退する形で生じていたといいます。不就学状態にあった子どもは，たとえば「日本語をいくら一生懸命勉強しても通信簿が1しかない」と語っています（小島, 2008：5）。つまり「自分自身の努力が適切に評価されない場」として日本の学校を経験していた移民の子どもたちは，学校に通う過程で日本人の子どもと同じ土俵に立つ意欲を奪われていったのです。

不就学についてはすでに1955年9月末時点で「義務教育諸学校における不就学及び長期欠席児童対策について」が出されており，学校は家庭訪問などをとおした

93

早期発見と個別の救済措置を講じるよう通達されています。しかし移民の子どもの場合，その就学実態が適切に把握されないため，不就学が生じても問題が適切に把握されず，むしろそのまま放置されてしまう傾向がみられます。なお 2019 年度，文部科学省は 6-14 歳の就学不明児（外国籍）の状況を把握する全国調査を予定しており，不就学問題の解消が期待されます。

3 「特別扱いしない」日本の学校文化

次に，移民の子どもを受け入れる学校の内部についてみていきましょう。まず言語面に注目すると，文部科学省は「日本語指導が必要な児童生徒」が学校に 18 人以上在籍する場合，該当する学校が**加配教員**や**国際教室**をとおした手厚い日本語指導を実施することをめざしています。こうした指導は，別室での取り出し指導や教室への入り込み指導を組み合わせておこなわれますが，日本語能力の向上を図ることで「みんなと同じ」授業を受けられるようスタートラインを底上げすることをねらいとしています。

しかし，こうした措置には地域差が伴います（☞第 7 章）。日本語指導が必要な児童生徒の在籍状況をみると，外国人が集住する地域とそうではない非集住地域に二極化する傾向にあることがわかります。そして特に非集住地域では，加配教員がつかず国際教室も設置されにくいという問題があります。実際，日本語指導が必要な児童生徒（日本国籍者含む）が在籍する 10,631 校のうち，一人のみが在籍している学校は 4,788 校で，全体の半数弱を数えます（文部科学省，2017）。このため，多数の日本人生徒のなかに埋没するたった一人の移民の子どもに学校が制度的に支援をおこなう事例は少なく，たとえ日本語指導者がついたとしてもその地位はボランティアや非常勤といった不安定な雇用形態がほとんどです。さらに教師が日本語指導を担ったとしても，日本語を外国語として指導できる専門家ではなかったり，その実施場所についても，学校の周辺に位置する空き教室や準備室という応急対応的環境があてがわれたりするのです。なお，2014 年度からは**特別の教育課程**が編成され

図 6-2 小学校の放課後国際教室で学ぶ移民の子ども。地域の大学生もボランティアとしてかかわりながら，共に生きる人びとをまずは知ることから学び始めています

たことによって一人ひとりに応じた日本語指導が実施されるようになり，日本語指導者を拡充する方向に政策が動いています。しかし移民の子どもの受け入れにあたって，専門的な日本語指導者の確保とその養成は依然として課題となっており，教員養成の仕組みも根本から変えていく必要があるといえます（☞第12, 13章）。

　一方で中長期的にみると，初期段階で手厚い日本語指導がなされたとしても，教師たちは「ある程度日本語が話せるようになった」と判断できた途端に手厚い日本語指導を打ち切り，**特別扱いしない**」よう指導の原則を切り替えていく傾向にあります。しかし，数か月や数年で言語は身につきません。言語能力は，大きく**生活言語**と**学習言語**に区別して理解される必要があります。前者は日常生活で必要とする言語能力であり比較的獲得しやすいのに対し，後者は文章題を解いたり自分自身の考えをまとめたりするなどの論理的・抽象的な思考能力が必要になるがゆえに，その獲得には5年から7年あるいはそれ以上の期間が必要になります（太田, 2000）。つまり，たとえ移民の子どもがある程度日本語で意思疎通できるようになったとしても，そうした状況をもって学習言語を獲得したとみなすことはできないのです。学習言語の獲得は周囲の支援が必要不可欠であり，その支援も長期にわたって取り組まれる必要があります。逆に，不十分な言語獲得状況に置かれた移民の子どもは，読み書き能力に困難を抱える**学習障害**とみなされたり，適切な支援を欠いたまま低学力状態を強いられたりして学習意欲を徐々に奪われていくのです（坪田, 2018a）。

　移民の子どもたちの多くが教師たちに低学力や学業不振と評され，進学のハードルが高まってしまう背景には，学校内部において「いち早く支援に見切りをつけたい」という教師の認識だけでなく，「みんな同じ」であることを強いる**同化主義的な日本の学校文化**が関係しています。一斉指導授業をはじめとする日々の学校生活のなかには「同じであることがよい」という**隠れたカリキュラム**が潜み，移民の子どもたちが持ち込む差異に対して否定的なまなざしが向けられがちです。日本における移民の子どもたちは，制度と文化の両面にわたって排除にさらされているのです。

4　教室における差異の管理と子どもたちの抵抗

　「特別扱いしない」という日本の学校文化は，実際，移民の子どもがもつ文化のいっさいを奪い取る**奪文化化**の装置であるとして批判が寄せられるようになっています（太田, 2000）。

Part II 移動する子ども・若者の生活世界

　移民の子どもが学校に持ち込んでくる文化にどのようなものが考えられるでしょうか。フィリピンや南米圏などでは宗教的なメッセージが込められたピアスやイヤリング（文化的シンボル），中国などでは授業中で推奨されている積極的な挙手や発言（行動様式）など，ほかにもさまざまな文化要素があげられます。そして，移民送り出し国の学校や家庭内では「当たり前」とされるこうした文化をめぐって，現実には日本人生徒や教師とのあいだでしばしば摩擦が引き起こされます。それはたとえば「なぜ日本人生徒には禁止されているのにピアスを許可しているのか」といった，みんな同じであることを重視する日本の学校文化だからこそ想定される不満の声として理解できます。重要なのは，こうした摩擦をどのようにとらえ，対処していくのかという**差異の管理**の問題が学校で浮上するということです。

　こうした問題に直面して，教師たちは大きく分けて二つの方向性を示します。第一は，たんなる装飾品ではなく固有の文化として承認を与え，また中国語やポルトガル語を使って教室でおしゃべりする状況に対して外国人だから仕方がないと黙認するなど，「日本人ではなく外国人として扱う」**差異の固定化**という方向性です。しかし多くの場合，教師たちは移民の子どもを取り巻く出身国や家庭内の教育事情には疎いため，何を文化として承認したらよいのか，逆に何を規制すべきか混乱してしまい，生徒たち全員に納得のいく基準を提示することは難しくなります。問題は，そうした判断が教師の恣意的な認識に委ねられていることです。そのため日本人生徒からは「外国人だけ特別扱いしている」「ひいきだ」という声があがりやすくなるのです。そこで教師が，混乱する教室に秩序を取り戻そうと「外国人だけれど日本人として扱う」**差異の一元化**へとその方向性を切り替えては，文化的背景が異なる子どもたちの差異の管理を実現しようとしていくのです（児島, 2006）。

　しかし，あるときは「外国人」として，またあるときは「日本人」として一方的に扱いを変えられてしまう状況は，移民の子どもに混乱や戸惑いをもたらします。たとえば，冒頭で示したジェイさんは「せっかく日本人っぽくなってきたのに困る」といって取り出し指導を困惑気味に語っていました。その理由は，普段は同じ日本人になるよう同化圧力をかけられ必死に**適応**しようとしているにもかかわらず，別室で日本語指導が必要な外国人として急に扱いを変えられることによって，同じ日本人とはみなされない異質な存在となり，これまでの適応の努力が教師の行為によって台無しにされてしまうことに戸惑いや苛立ちを覚えたからです。ジェイさんはその後，日本語指導があると「気まずくなるから」と言って，取り出し指導をきっぱりと拒否していったのですが，重要なのは，日本の学校文化が移民の子どもにと

96

って**同化圧力**として働いているということです。同化圧力にさらされながら過ごす学校の場は，移民の子どもに対して自分自身の差異に疑問をもたせ，「日本名に変えたい」「日本人になりたい」としてそのエスニック・アイデンティティを否定させたり隠させたりするほどの影響力をもっているのです。

　ただし，移民の子どもは同化を甘んじて受け入れるわけではありません。たとえば集住地域の学校では，教師の差異の管理に対する不信感を下敷きに，移民の子ども同士が集団をつくって結束を図り，教師や日本人生徒に対して大胆に食ってかかる**反学校的行動**をみせるケースもあります（山ノ内，1999）。日本の教師がタブーとしている性に関わる話題を堂々と口にしては教師・日本人生徒の優位性を転覆するよう目論んだり，日本人生徒が理解できない母国語を用いて悪口の会話に花を咲かせたりする光景は，決して珍しいことではありません。日本の学校文化から排除されがちな移民の子どもは，日本の学校をとおして傷つけられた自尊心を取り戻そうと**対抗的アイデンティティ**を立ち上げていく行為者であり主体なのです（三浦ほか，2017）。もちろん，移民生徒が少ない非集住地域では，こうした行動をとることは難しくなります。

　2017年2月以降，不登校問題と関連して「義務教育の段階における普通教育に相当する教育の機会の確保等に関する法律」が施行され，子どもたちが安心して過ごすことのできる**居場所**の必要性に注目が集まっています。日本人の子どもだけでなく，同化圧力にさらされる移民の子どもたちにとっても，居場所の創出をはじめとする教育機会の確保は大きな課題であることをここで付け加えておきます（☞第15章）。

5　生きにくさの広がり

　移民の子どもたちが学力を獲得しにくい背景には，ジェンダーや貧困にまつわる事柄とも関わりがあります。海外の研究ではジェンダーや経済的背景が移民の子どものアイデンティティや学力に影響することが明らかにされています（Portes & Rumbaut, 2001）（☞第2, 11章）。ここではジェンダーと経済的背景（特に貧困）の影響について順にみていきましょう。

▶5-1　移民の子どもとジェンダー
ジェンダーは，一般に生物学的な意味としてではなく，社会的・文化的につくり

あげられた性差のことを意味します。たとえば「子育ての責任は女性にある」といったステレオタイプにもとづく理解は，いまだ日本で大きな問題になっている**ジェンダー役割**として理解できます。ただし，移民の子どもにとっての「社会」や「文化」は日本だけを指しません。ここでは理解を深めるため，夜間中学に通い日本の高校・大学に進学した中国籍のリンさん（仮名・16歳来日）の事例を紹介したいと思います。

　彼女は，中国帰国者3世として来日したものの年齢主義によって日本の中学編入は許可されず，夜間中学校に編入しました。昼間は日本語の勉強を，そして夜間は高校進学に向けた勉強に日々励んでいたリンさんは，突然親から高校進学を反対されたことにショックを受けます。農村出身だった親たちは「女性は早く結婚して子どもを産むべき」「お金をかけるのは男の子のお兄ちゃん」だと主張します。こうした主張は，主にリンさんの母親によるものでしたが，高校・大学進学の夢を諦めきれない彼女は，家族の事情を夜間中学の先生や中国帰国者家族への支援を担うボランティアに訴え，親の説得にともに乗り出してもらえるよう交渉しながら無事に高校・大学進学を果たしていったのです。

　こうした女性に対する固定的な**ジェンダー役割期待**は，男女平等が謳われる中国社会でも存在します。特に農村地域では「重男軽女（男尊女卑）」の価値観が指摘されており，女性役割として**早期結婚**や**送金要求**を女性に向けた結果，彼女たちの進学意欲は挫かれてしまいがちです（坪田, 2018b）。しかし，先にみたように，移民の子どもは抵抗する主体でもあったはずです。送り出し国だけでなく受け入れ国の社会と文化をまたいで生きているからこそ，その板挟みに葛藤を覚えつつも，何とかして調整を図り，希望を実現させるための主体性をもとうとしていることを，リンさんの事例は教えてくれます。ジェンダーにまつわる事例は，もちろん中国に限定されません。カンボジア出身の難民家族の事例では，「女の子は家事をして家にいることが最もよい」とされたことが関係して，高校受験に備え夜間に開かれる学習支援教室に通おうとすればするほど親子の軋轢が生じていったことが報告されています（チューブ, 2006）。

　欧米の研究では，移民の親は息子よりも娘に対して過保護になりやすいため，女の子のほうが親のもつ言語・文化の獲得と受け入れ国の言語・文化の獲得を両立させたバイリンガル・バイカルチュラルを遂げやすいとされています。しかしその過程は，上記の事例でみるように決して安定したものとは限りません。移民の子どもの生きにくさを理解するには，学校だけでなくジェンダーの視点から親子関係をと

らえることも必要でしょう。

▶ 5-2　移民の子どもと貧困

　次に，移民の子どもたちを取り巻く**貧困**をみていきます。「子どもの貧困」は貧困率が初めて公表された 2009 年 10 月以降注目を集めていますが，リーマンショックが起こったこの時期以降，移民家族のあいだにも貧困問題は広がりをみせています。たとえば 2009 年実施された静岡県の調査では，ブラジルとペルー国籍者（在日 10 年以上）の平均世帯年収が報告されています（千年, 2011）。具体的にいえば，ブラジル国籍では年収 100 万円未満世帯が 9.8%，ペルー国籍では 24.1%となっています。この事実は，日本に長く生活する南米出身者であっても日本社会での経験にはブラジルとペルーで違いがあること，そして滞在期間の長期化は必ずしも生活の安定化につながっていないことを意味しています。ここでは，経済的に困窮するペルー出身の家族を事例に，移民の子どもが経験する貧困について紹介したいと思います（坪田, 2018c）。

　日本生まれ・日本育ちのルイスさん（仮名・中学 2 年）は生活保護を受けながらきょうだいと母と一緒に暮らし，中学校に通っています。部活動に励む彼は，一面では楽しく学校生活を送っているようにみえます。しかし家庭に目を向けると，勉強する机や学習用具がなかったりします。日本語に不慣れな母親は彼に通訳として付き添うよう病院や市役所などへの同行を求め，また「水道光熱費の支払いが滞っている」とトラブルになっては日本人と交渉する役割までルイスさんに求めていました。彼は自身のこうした役割を「仕方のないこと」ととらえていました。しかし，学校の試験や部活動をはじめ，彼にとって重要なイベントごとと重なっていった結果，彼は親に反発し，早く仕事をして家を飛び出したいと考えるようになったのです。それでも，仕事の選択肢は「コンビニか工場」の二択でした。

　貧困がもたらす影響については，学習環境や学校での人間関係を含め，さまざまな機会が剥奪されやすい一方で，親に頼りにされるからこそ家庭内に居場所を求めやすいことが知られています（林, 2016）。しかしルイスさんの事例は，日本人家庭とは違って親の日本語能力という問題が子どもへの通訳依頼や日本人との交渉といったさまざまな役割の拡大へと発展し，それが子どもにとって負担感を募らせたり，その解消をめざして**早期就労**が選びとられたりすることを示しています。もちろんルイスさんと同じような境遇にありながらも，教会で日本語とスペイン語を流暢に使い分けられる同世代の友人が**重要な他者**や**ロールモデル**となり，大学進学を希望する子どもたちも存在します（坪田, 2018c）。それでも，ブラジル出身者よりも人口

Part II　移動する子ども・若者の生活世界

規模が小さいペルー出身者の場合，集住地域がそう多くはないため，学校内外で学習意欲をつなぎとめることのできるさまざまな支援が必要だと考えられます。

6　おわりに：これからの学校はどんな場所か

　これまでみてきたように，日本の学校や教師たちにとって都合がよい教室の状況は，「学校でみんなと同じように取り組めているかどうか」といったことばかりが重視され，移民の子どもたちが経験するジェンダーや貧困にまつわる問題，さらに家族関係の問題はみえなくなりがちです。同化主義的な学校文化によって移民の子どもの生きにくさが見えにくくなっているならば，子どもたちの意欲をつなぎとめることのできる学校のあり方が今後模索される必要があります。移民の子どもの進学やその将来に学校が深く関わってくる以上，学校に潜む問題に自覚的になり，すべての子どもが共通した土俵に立てるよう，そのあり方を変革することが求められているのではないでしょうか。

考えてみよう

①日本の学校は，どのような形でなぜ移民の子どもたちを排除してしまいやすいのでしょうか。日本の教育制度と学校文化の両面から，その問題点を整理してみましょう。

②日本の高校には「外国人特別枠」がみられます。どのような自治体でその枠が採用されているのか，応募の資格要件にも注目して調べてみましょう。

③コラム7（☞ p.89），コラム11（☞ p.133），コラム12（☞ p.147）で紹介している映画や小説に触れ，「移民に対する差別・偏見とその解消」「これからの学校や社会のあり方」をテーマにグループで議論してみましょう。

読書案内

①宮島喬・太田晴雄［編］（2005）．『外国人の子どもと日本の教育——不就学問題と多文化共生の課題』東京大学出版会

日本の学校や社会に増えるさまざまな文化的背景をもつ子どもたちがどのような

状況に置かれているのかを，教育の視点から説明しています。また，さまざまなエスニックグループを取り上げているため，教育制度や学校に加え，子どもの文化的背景に関する知識も参考になるはずです。

②佐久間孝正（2006）．『外国人の子どもの不就学──異文化に開かれた教育とは』勁草書房

「不就学」をタイトルにしているように，日本の教育制度や学校が抱える問題の理解をより深めることができます。本書は移民受け入れ国であるイギリスの事例がふんだんに盛り込まれ，今後の方向性を国際比較の視点からも考えさせてくれるはずです。

③児島明（2006）．『ニューカマーの子どもと学校文化──日系ブラジル人生徒の教育エスノグラフィー』勁草書房

集住地域における日系ブラジル人生徒が，同化主義的な日本の学校文化の被害者としてではなく，教師・日本人生徒との関係を通じて既存の学校文化へ挑戦し新たな文化をつくりだす創造的な適応を果たしていることを豊かなフィールドワークをとおしてありありと教えてくれます。これからの学校文化を考察するうえで，大きなヒントを与えてくれます。

▶参考文献 ─────

太田晴雄（2000）．『ニューカマーの子どもと日本の学校』国際書院
児島明（2006）．『ニューカマーの子どもと学校文化──日系ブラジル人生徒の教育エスノグラフィー』勁草書房
小島祥美（2008）．「外国人の子どもの教育権──岐阜県可児市の事例から」『国際保健医療』23(1)，3-8.
佐久間孝正（2006）．『外国人の子どもの不就学──異文化に開かれた教育とは』勁草書房
千年よしみ（2011）．「生活に困難を抱える外国籍住民の状況──2009年静岡県多文化共生アンケート調査の結果から」移住連貧困プロジェクト［編］『移住連ブックレット4──日本で暮らす移住者の貧困』移住労働者と連帯する全国ネットワーク，pp.49-57.
チューブ，S.（2006）．「「外国籍の女の子」としての問題を抱えながら」清水睦美・児島明［編著］『外国人生徒のためのカリキュラム──学校文化の変革の可能性を探る』嵯峨野書院，pp.208-216.
坪田光平（2018a）．『外国人非集住地域のエスニック・コミュニティと多文化教育実践──フィリピン系ニューカマー親子のエスノグラフィー』東北大学出版会

坪田光平（2018b）.「中国系ニューカマー第2世代女性の学業達成過程——親子関係と文化継承に注目して」『日中社会学研究』*26*, 22-35.

坪田光平（2018c）.「生活保護家庭に育つペルー系ニューカマーの子どもの将来展望——「親子関係」と「重要な他者」に注目して」『移民政策研究』*10*, 79-94.

林明子（2016）.『生活保護世帯の子どものライフストーリー——貧困の世代的再生産』勁草書房

樋口直人・稲葉奈々子（2018）.「間隙を縫う——ニューカマー第二世代の大学進学」『社会学評論』*68*(4), 567-583.

三浦綾希子・坪田光平・額賀美紗子（2017）.「フィリピン系ニューカマー第二世代のエスニック・アイデンティティ——ライフコースの分岐と選択的エスニシティへの変容」『国際教養学部論叢』*9*(2), 69-96.

宮島喬・太田晴雄［編］（2005）.『外国人の子どもと日本の教育——不就学問題と多文化共生の課題』東京大学出版会

文部科学省（2017）.「「日本語指導が必要な児童生徒の受入状況等に関する調査（平成28年度）」の結果について」〈http://www.mext.go.jp/b_menu/houdou/29/06/1386753.htm（最終閲覧日：2019年7月10日）〉

文部科学省（2018）.「平成30年度学校基本調査」〈https://www.e-stat.go.jp/stat-search/files?page=1&toukei=00400001&tstat=000001011528（最終閲覧日：2019年7月10日）〉

山ノ内裕子（1999）.「在日日系ブラジル人ティーンエイジャーの「抵抗」——文化人類学と批判的教育学の視点から」『異文化間教育』*13*, 89-103.

Portes, A., & Rumbaut, R. G. (2001). *Legacies: The story of the immigrant second generation*. Berkeley: University of California Press.（村井忠政［訳者代表］（2014）.『現代アメリカ移民第二世代の研究——移民排斥と同化主義に代わる「第三の道」』明石書店）

06 学 校

コラム 8 「進路保障」のジレンマ

　「15 の春」に高校に進学し，「18 の春」に大学に行く。
卒業したら正社員として働く。正社員になってこそ一人
前の大人。学校での勉強はその切符を獲得する準備。そう信じてがんばって
きた人も多いのではないでしょうか。じつはこの学校と仕事のスムーズな接
続は高度経済成長期を経て形成された，日本特有のものです。学校での「成
功」を通じて安定的な正規雇用をめざすことが「正しい／よい」生き方であ
り，それをめざして子どもは勉強に励むべきだという認識は日本では広く共
有されています。

　移民してきた第一世代（親世代）の労働環境はきびしく不安定なもので
す。移民の子どもを支援する人びとは，だからこそ，子どもには安定した職
業に手が届くようにしてあげたいと考え，そのための手段として高校や大学
への進学を推奨します。マイノリティだからこそ「進路保障」を大切にした
い。これはもちろん善意です。しかし，支援者が思う「よい進路」「よい生き
方」に多くの若者を押し込もうとすればするほど，そこから漏れてしまった
人へのスティグマは強くなってしまいます。「よい生き方」のビジョンを共
有できない，あるいはそれに向けた努力をする気がないとみなされた「自発
的」離脱組には，きびしいまなざしが向けられる傾向があります。

　私は「自発的」離脱組が何を考えて人生を歩んでいるのかに関心をもって
います。ブラジルでの調査では，日本では高校非進学／中退者だったのに，
帰国後に 30 代，40 代で働きながら大学に通う人に何人も出会いました。ブ
ラジルでは大学は 6 割が夜間課程で，働きながら大学に通うことが一般的で
あり，「○歳なのにまだこの段階で恥ずかしい」という観念が薄いのです。日
本育ちでもブラジル社会の状況や規範を参照している若者は，日本の「よい
生き方」を内面化しておらず，（ある年齢で）高校や大学に進学しないことを
離脱／逸脱とは感じないようです。

　だからといって日本社会で暮らす若者たちに「高校／大学に行かなくてい
いよ」とは簡単には言えません。しかし「このままでは負け組だ，今ならま
だ間に合うからがんばりなさい」と日本式いす取りゲームへの参加を強要す
ることが，その人によい結果をもたらすとも限りません。「自分は負け組な
んだ」という考え方を内面化させ，自己肯定感を下げるだけで終わってしま
うこともあります。あるいは，「支援してあげたのに」応じなかった，また

103

はがんばれなかった「ダメな人」とみなされ，排除につながることもあります。個々の若者と向き合う際には，その人の置かれた状況などをふまえながら，一人ひとりに適した道筋を丁寧に考えていくしかありません。そして個人レベルでの状況の改善を模索するのと同時に，「負け組」とみなされたらそこから抜け出す方途が極端に限られ，最低限の人間らしい生活からも遠ざけられたうえに，それが自己責任として切り捨てられる社会のありようを問うていく必要があると考えています。

（山野上麻衣）

Chapter 07 　地　域

見慣れた風景と出会いなおす

金南咲季

> **キーワード**
> 地域における多様な学び・育ちの場／連携／地域的文脈／外国人集住地域・非集住地域／多文化共生の地域づくりの拠点

1　はじめに：身近な地域を歩いてみよう

　みなさんの身近な地域に外国人はいますか。たくさんいるという人もいれば，ほとんどいないという人もいるかもしれません。ではなぜ，地域によってそうした違いが生まれているのでしょうか。そこにはどのような歴史や構造があり，また，そうした地域特性は，移民の子どもたちの教育にどのような影響を及ぼしているのでしょうか。

　自分の地域の状況はと聞かれてもよくわからない……という人はぜひ一度，身近な地域を歩調をゆるめて歩いてみてください。道端でどこからともなく聞こえてく

図7-1　多文化化する名古屋大須商店街の風景

Part II　移動する子ども・若者の生活世界

る異言語，外国語の看板が掲げられた飲食店，静かにたたずむエスニック教会や外国人学校の校舎，日本語教室が開かれている地域の集会場——見慣れた風景のなかに，多文化状況が広がっていることに気がつくかもしれません。

　本章では，地域にある普段あまり意識しない場所や，地域に埋め込まれた歴史や構造といった，見えにくいもの（佐藤, 2006）をのぞいてみることを通じて，移民の子どもたちの生活世界を「地域」という観点からとらえていくことにしましょう。

2　子どもの教育は「学校」と「家庭」で完結する？

　教育現場といえば，どのような場所をイメージするでしょうか。真っ先に思い浮かぶのは，学校や家庭，あるいは塾や予備校などかもしれません。子どもの教育環境は，「学校的環境」「家庭的環境」「地域的環境」に分けられ，それらは相互に影響を及ぼし合いながら形づくられているといいます（岡崎, 2018）。これまでの章では，移民の子どもの教育の場として家庭と学校を紹介してきました（☞第5, 6章）。しかし，少し視野を広げてみれば，家庭や学校の外にもさまざまな学び・育ちの場が存在することに気がつくはずです。ここでは具体的に，**「国際交流協会」「地域の学習支援教室」**の二つを取り上げ，「地域的環境」がもつ教育的役割についてみていくことにします。

▶ 2-1　国際交流協会：公的セクターを中心とする支援

　まず，公的セクターが先導的役割を果たすなかで整備されてきた「国際交流協会」からみていきましょう。その発足経緯は，日本が経済力を背景に国際的地位を得ようとした1980年代にさかのぼります。旧自治省（現在の総務省）が市民の国際認識の向上や地域の振興を推進するべく出した，「地域国際交流推進大綱の策定に関する指針について」にもとづき，地方自治体が出資する外郭団体として「国際交流協会」や，その活動拠点である「国際交流センター」が各地につくられていきました。

　運営主体や事業・活動内容は地域ごとに異なりますが，一般的に国際交流協会は，国際交流や多文化共生推進事業を主な活動内容とし，地方自治体の補助金などで運営されている，もしくは地方自治体が事務局を担う，または公の施設の指定管理を受けている団体のことを指します（ただし，市町村レベルでは民間による設立の場合もあります）。2017（平成29）年度時点で全国に431団体存在しており（文化庁, 2017），

07　地　　域

そのうち総務省が中核的な組織として認定し支援をおこなっている，各都道府県または政令指定都市に設置された「地域国際化協会」は 62 団体あります（地域国際化協会連絡協議会, 2019）。

ここでは，大阪府豊中市にあり，地方自治体の公的施設のなかでも外国人利用者数が特に多い「とよなか国際交流協会」を取り上げてみましょう（榎井, 2011, 2018; 牧里, 2019）。同協会は公益の法人格をもち，25 年以上の歴史を有しています。設立当初は，日本人を中心に据えた文化交流が主な活動内容でしたが，当事者の生活課題にふれていくなかで次第に，日本人と外国人のあいだに横たわる不平等に気づき，積極的に差別を是正していくための活動に重点が置かれるようになっていきました。今日では，「周縁化される外国人のための総合的なしくみづくり」の推進を事業計画の最重要課題に据えて，多言語による相談サービスや DV ホットライン，多文化保育サービス，地域住民が自由に参加できる日本語交流活動，親子参加型の日本語教室や母語教室，子どもの居場所づくりや学習支援など，多岐にわたる活動を展開しています。また教育委員会との協働のもと，市内の全公立小学校に外国人サポーターを派遣し，小学生の異文化リテラシー，すなわち異なる社会的・文化的背景をもつ他者と相互理解を模索し調整する能力の育成や，外国人児童の母語支援にも力を入れています。このように諸活動に，地域に住む外国人や外国にルーツをもつ青少年などがスタッフとして関わっている点も特筆すべき特徴となっています。

以上のように同協会では，移民の子どもの教育支援が，言語・学力・社会関係・自己肯定感といった多面的な側面から，また親への支援やマジョリティに対する教育などとともに総合的におこなわれています。また，同協会がミッションとして明確に打ち出している，差別の是正やマイノリティの権利保障の視点，国や自治体の政策にも積極的に働きかけていこうとする志向性は，これら一つひとつの実践に反映され，確かな違いを生んでいます。

自治体が出資する外郭団体という半官半民体制でスタートし，外国人を支える多様な市民活動の受け皿となってきた国際交流協会は，ほかの組織とは異なる立場から行政の施策に対して「モノをいうことができる立場」にあります（榎井, 2018）。こうした点からも国際交流協会は，文化交流にとどまりがちで，外国人の人権保障に関する施策が脆弱な日本社会において，多文化共生をローカルな現場からボトムアップ的に推進する基盤として重要な役割を担っているといえるでしょう。

▶ 2-2　地域の学習支援教室：市民活動団体を中心とする支援

　つづいて，1990 年代後半以降の NGO・NPO や住民・市民活動の広がりとともに，各地で草の根的に整備されてきた，「地域の学習支援教室」についてみていきましょう。

　活動内容は教室によって千差万別ですが，多くの場合，小・中学生や高校生，日本の義務教育相当年齢にあたる 15 歳を超えた**学齢超過**の子どもを対象に，日本語や学校の勉強の支援，日本の教育制度全般や高校受験・就職などの進路に関する相談・情報提供をおこなっており，学校を補完する形で，かれらが日本社会で生きていくために必要な力を育んでいます。また，教室内で自然と生まれるつながりも重要な意味をもっています。たとえば，自分の進路を思い描けなかった子どもたちのなかには，高校進学を果たした年長者が進路や職業選択に影響を及ぼす**ロールモデル**となることで，学習意欲を高めていく者もいます。また，大多数を日本人が占める学校で孤独感や疎外感を抱く子どもたちにとっては，外国にルーツをもつという共通経験をもつ仲間と過ごす空間は，自己肯定感や安心感が得られる重要な**居場所**にもなります（☞第 15 章）。

　さらに学習支援教室は，子どもたちの課題に応じて臨機応変に対応する柔軟性を発揮することで，あらかじめ構想されているのではない教育的役割を担う場にもなります。たとえば，インドシナ定住難民を主な対象とし，民間ボランティア団体によって始められた神奈川県のある学習支援教室は，活動していくなかで学習支援にとどまらないさまざまな機能を担うようになっていきました（清水, 2006）。この教室は当初，「ボランティアがやるのはここからここまで」と明確に線引きをし，活動と責任が限定された場でした。しかし，子どもたちを活動の主体に位置づけ，運営に参加させる仕組みを整えていくなかで，次第にかれらの日常に根差した支援を展開していくようになります。具体的には，子どもたちの提案をもとに，母語教室の開催や，学校から離脱し非行・逸脱行為に走るニューカマーの子どもたちの家庭を，同じニューカマーの子どもが訪問し勉強を教えるといった，当事者集団による「支え／支えられる活動」の支援もおこなわれるようになっていきました。

　さらにその後，学習支援教室は，ニューカマーの子どもたちの自治的運営組織として独立し，より柔軟に活動していくようになります。そこでは，日常的な語り合いのなかからニーズをすくい上げ，随時活動を立ち上げていくという方針のもと，高校受験に向けた勉強合宿や，近隣中学校の「選択国際」（☞第 13 章）という授業の手伝い，クリスマス会，音楽・ダンス教室など，自分たちがやりたい，または必要だと思った活動がおこなわれるようになりました。子どもたち自身も，こうした学習支援教室

での活動を通じて，学校に根強く存在する「異質性を見えなくする力」（☞第6章）に抵抗するための三つの**編成的資源**（ウォルマン，1996）——①**アイデンティティ**としての「エスニシティへの肯定感」，②**情報**としての「在日外国人モデル」，③自身の「エスニック的背景を伴う過去」を知ったうえで現在をとらえ，「具体的な将来像を伴う未来」への展望を抱くという**時間のとらえ方**——を獲得していきました。

▶ 2-3　支え，つなぎ，学び合う

このように，地域に存在する学び・育ちの場は，学校適応や進路保障，情報やロールモデルの獲得，肯定的なエスニック・アイデンティティの形成，ネットワークや居場所の確保，母語・母文化の継承といった多面的な側面から重要な役割を果たしています。

また，地域には上記のような場以外にも**夜間中学**や**識字教室**，国際移動する人びと自らがつくり出した同郷人が集まる**エスニック・コミュニティ**（民族学校などの教育的意図をもつ場だけでなく，宗教施設や食料品・飲食店，メディアなどの必ずしも教育的意図を伴わない場も含む）といったさまざまな学び・育ちの場が存在しています（☞第15章）。これらの場では，日本語・母語教育や母文化の継承，学習支援だけでなく，映像表現活動やダンス・バンド活動などを通じた居場所づくり，マジョリティ社会への発信，DV被害・虐待・貧困などの困難を抱える子どもやその家族のケア，不就学・不登校・学齢超過の子どもの支援，若者就労支援，同郷人や外国につながる人びととのネットワーク形成や情報交換など，じつに多岐にわたる実践がおこなわれています。

以上をふまえれば，移民の子どもたちのニーズに寄り添いながら柔軟に活動をおこなう地域の多様な学び・育ちの場を支えるべく，人的・財政的支援を含む総合的な行政支援を継続・充実させていくことは不可欠です。また，これらの場を孤立させるのではなく，必要に応じて，行政や学校などの諸機関とのつながりをつくったり，NPOやエスニック組織同士の**連携**を進めていくことも重要でしょう。

3　地域によって教育課題や実践はどう異なる？

以上にみた多様な学び・育ちの場の有無や運営形態，役割は，地域によって大きく異なります。というのも，移民の子どもたちを取り巻く教育環境は，地域に居住

Part II　移動する子ども・若者の生活世界

する外国人の人口規模・構成や，地域の歴史・政治的背景（☞第1, 2章），労働市場の特徴（☞第8章），行政施策の整備状況（☞第12章）などの**地域的文脈**に大きく左右されるためです。本節では，そのなかでも特に，かれらの教育環境を大きく二分している人口規模，すなわち**外国人集住地域／非集住地域**の違いについてみていくことにしましょう。

▶ 3-1　集住地域

　これまで，移民の子どもに関する議論は主に，1990年代以降，在日外国人が急増した大都市圏やその郊外，北関東や東海などの外国人集住地域を舞台におこなわれてきました。こうした特定地域への集住傾向は今日もみられ，たとえば「日本語指導が必要な外国人児童生徒」の在籍数は2016（平成28）年度時点で，上位から順に愛知県，神奈川県，東京都，静岡県，大阪府，三重県となっており，これら6都府県が全体の6割以上（2万1,162人）を占めています（文部科学省, 2017）。当然，集住地域も一くくりにはとらえられません。渡戸（2006）は，「流入時期」と「人口の規模・密度」をもとに，代表的な集住地域を次のように類型化しています。

　ここではまず「オールドタイマー（オールドカマー）中心型」が，戦前の低賃金労働の需要拡大や戦時中の強制連行などの歴史的経緯をもつ，①大阪，京都，神戸，川崎などの「大都市インナーシティ型」と，②北九州などの旧来型の「鉱工業都市

表 7-1　外国人集住地域の諸類型（渡戸, 2006：119）

	大都市都心型	大都市インナーシティ型	大都市郊外型	鉱工業都市型	観光地型・農村型
オールドタイマー中心型（既成市街地，旧来型鉱工業都市）		大阪・京都・神戸・川崎・三河島等の在日コリアン・コミュニティ，横浜・神戸等の中華街		北九州，筑豊等の在日コリアン・コミュニティ	
ニューカマー中心型（大都市中心部から郊外や地方へ分散）	東京都港区・目黒区等の欧米系コミュニティ	東京都新宿・池袋・上野周辺のアジア系コミュニティ，川崎，横浜・鶴見，名古屋・栄東，神戸・長田等のマルチエスニック・コミュニティ	相模原，平塚市等（南米日系人），横浜 I 団地（マルチエスニック・コミュニティ）	群馬県太田・大泉・伊勢崎，浜松，豊橋，豊田，大垣，四日市等の南米日系人コミュニティ	温泉観光地等（フィリピン人等），山形，福島等の町村（アジア系配偶者，アジア系研修生）

110

型」に分類されています。

　一方の「ニューカマー中心型」は大きく，①政治・経済・文化の中枢機能を有し高度人材が集まる東京港区や目黒区などの「大都市都心型」，②オールドカマーとニューカマーの混交状況が目立つ新宿や川崎，名古屋・栄東，神戸・長田などの「大都市インナーシティ型」，③難民の定住促進センター設立に伴い，外国籍住民が急増した神奈川県いちょう団地などの「大都市郊外型」，④製造業が集積する群馬県太田・大泉や静岡県浜松，愛知県豊田などの「鉱工業都市型」，⑤農村部の過疎化と後継者不足問題の解消のために，外国人花嫁や技能実習生の受け入れを積極的に進めてきた山形，福島の町村などの「観光地型・農村型」に分類されています。

　以上の類型に示唆されているように，各集住地域は，地理・政治・経済・社会・文化・歴史的な影響が相互に複雑に絡まり合うなかで形づくられており，個別にしかとらえられない固有の特徴をもっています。とはいえ，これらに共通しているのは，外国人の流入という否応ない現実に直面するなかで，かれらの抱える労働や生活全般の問題への対応が，ボランティアやNPO，学校教員，行政職員，自治会，外国人当事者といったローカルな現場から生み出されていったことでしょう。各種実態調査や，日本語・母語学習支援，教員加配，高校入試特別措置などの各自治体の教育施策（☞第12章），多文化共生教育や進路保障，民族学級の運営などの学校実践（☞第6, 13章），地域の多様な学び・育ちの場（☞本章第1節，第14, 15章）はいずれも，こうした集住地域を中心に形づくられてきました。

　なかでも，日系南米人が多く居住する自治体によって2001年に設立された「**外国人集住都市会議**」は，施策や活動状況に関する情報交換や議論を中央省庁への提言へとつなげていくことで，国の施策整備を推進する大きな原動力にもなってきました。実際，総務省は2006年，こうした地方の動きを受けて「**地域における多文化共生推進プラン**」を策定し，国家として「多文化共生」を推進していく姿勢を打ち出しました。プランには，生活支援や多文化共生の地域づくりなどの必要性が明記され，それにもとづき都道府県や政令市，集住地域自治体を中心に，地域の実情に合った施策が整備されていきました。

　しかし，行政の提示する「多文化共生」に対しては，多文化理解の重要性を表面的に唱えるだけで，「既成の利害関係をほとんど脅かすことがなく，既存の制度の根本的な再考を迫ることがない」（モーリス＝スズキ，2002）との批判も少なくありません。つまり，行政の進める「多文化共生」は，異文化をもつ人びとを，許容できる範囲内で受け入れてあげるという，日本人に好都合な，対等性を欠いた実践になっ

ているのではないかとの批判です。こうした批判を受け止め，表面的な文化的差異の奨励にとどまらず，外国人の権利保障や社会参加を促す根本的な**統合政策**の整備を進めていくことは，長年の課題でありつづけています（☞第12章）。

▶ 3-2　非集住地域

つづいて，外国人非集住地域についてみていきましょう。今日，「日本語指導が必要な外国人児童生徒」数が5人未満の学校は，在籍校全体の8割近くを占め，圧倒的多数が「少数在籍校」となっています（文部科学省, 2017）。しかし，その数の多さに反して，非集住地域や少数在籍校の実態はこれまで十分に注目されてきませんでした。

非集住地域は，外国人住民の数が少ないため，同郷者同士の相互扶助的なエスニック・コミュニティが形成されることが稀で，ニーズも埋もれてしまいがちです。また，企業や行政などの施策や実践を推進する主体も少ないため，人材や資源確保の体制が不十分といった**構造的な問題**を抱えています。そのため，学校内外の支援体制や教育資源も限定的になっています。こうした問題に対応すべく，ボランティアへの常態的な依存状況もみられますが，その不足や高齢化も深刻な課題です。

さらに，移民の子どもが少数しか在籍していないという状況は，学校教員がかれらのニーズを把握することをいっそう困難にしています。その結果，教員たちのなかに「たった一人のためになぜ」という数を優先させる論理や，「日本人と変わらないでしょう」「（学習上の困難さは）ただちょっと（本人の）やる気がないだけ」として，困難の原因を表面的な問題，あるいは個人の努力の問題としてとらえる認識が生まれ，本来必要な配慮や支援を子どもたちから遠ざけているともいえます（坪田, 2018）。

とはいえ，こうした認識不足の原因を，単純に教員個人に求めることは妥当ではありません。なぜならその背景には，教育資源の不足や支援体制の不備，とりわけ教員たちが**教員養成課程**や**研修**を通じて移民の子どもの教育について学ぶ機会が十分に整備されていないという構造的問題があるからです。人的・財政的支援をはじめとする抜本的な教育資源を投入するとともに，何をどのようにすればよいのかわからずに戸惑う教員たちの姿を直視し，子どもたちやかれらの親世代の置かれた状況について知識を得る機会を設けていくことが必要です。

▶ 3-3 地域的文脈をふまえた状況理解・支援策の検討へ

　このように，地域の人口規模に注目するだけでも，教育課題の現れ方や対処の仕方は大きく異なっており，地域的文脈をふまえた議論が重要であることがわかります。今後，各地の事例を広く集めて比較，類型化し，どのような地域的条件のもとでいかなる教育課題や実践が生まれているのか，その因果関係の把握と，各地域の実情に則した支援のあり方の検討を進めていくことが求められているといえるでしょう。

4　地域が教育をつくり，教育が地域をつくる

　ここまで，地域における外国人の増加をうけて，学校での実践や学習支援教室などの場がつくられてきたことを紹介してきました。これは「地域が教育を形づくる」側面です。しかし反対に，「教育が地域を形づくる」側面もあります。学校や，学習支援教室をはじめとする地域の多様な学び・育ちの場は，教育現場としてあるだけでなく，人びとのあいだに新たなつながりを生み出し，地域の課題解決や活性化を促す拠点にもなりうるのです。

　学校は，異なる社会的・文化的背景をもつ子ども，親，地域住民たちを，ときに強制力をもって出会わせ，共に活動する場を提供し，学校内外に広くネットワークを生み出す場でもあります。たとえば，北関東のとある日系ブラジル人の集住地域では，エスニック・コミュニティが発達し，日系ブラジル人住民が，日本語を使用したり，日本人住民と接触したりしなくても生きていくことが可能な環境が整っています。すなわち，日本人と外国人住民のあいだに「棲み分け」が生じているのです。しかし，そのなかで唯一公立学校が，両者の直接的／間接的な接触・交流の場となり，地域の多文化共生推進に重要な役割を担っているといいます（小内・酒井，2001）。

　また，外国人非集住地域にあたる岡山県のある過疎地域では，エスニック・コミュニティの不在や自治体の人材・財政的制約から生活上の支援が十分に得られない外国人と，少子高齢化に伴う産業やコミュニティの衰退に直面する日本人の双方が，切迫した課題を抱えている状況にあるといいます。しかしそのなかでたとえば，ベトナム人技能実習生と地域住民のあいだに生まれた日常的な交流が，実習生にとっては日本語能力の習得（ひいては帰国後の日系企業への就職など）に，地域住民にとっ

ては地元産業の安定的維持や地域行事の復活に結びつき，地域に活力をもたらすことにつながっている様子も明らかにされています。こうした側面から，日本語学習支援の場が，双方の課題解決につながる相互扶助的な関係をつむぐ貴重な場になりうるとの指摘もあります（二階堂，2016）。

　学校や学習支援教室などの地域の多様な学び・育ちの場は，その教育的役割にのみ注目されがちですが，以上でみたように，うまく活用することで地域のコミュニティ形成を推進する役割を担うことができます。すなわち，異なる社会的・文化的背景をもつ人びとの相互理解を深め，地域課題を共に解決していくような**多文化共生の地域づくりを推進する拠点**としての役割も担いうるのです。各地で，少子高齢化や防災などの地域課題が噴出するとともに，エスニシティや社会階層の差異に沿って社会的分断が生まれている今日，「教育が地域を形づくる」という視点から教育現場を眺めなおし，そこに多様な可能性を探っていく意義は決して小さくありません。

5　おわりに：見慣れた風景と出会いなおす

　地域にある足を踏み入れたことのない場所，地域に埋めこまれた歴史や構造——こうした地域の「見えない」領域に意識を向けてみることで，誰もが対等な社会の構成員として包摂される教育環境や，多文化共生の地域づくりを実現していく可能性を広く探ることができるといえるでしょう。「人々の「日常」にこそ，他者とともに生きる社会について（再）想像することを常に可能にする「現場」がある」（稲津，2017：276）。私たち一人ひとりが見慣れた風景と出会いなおしてみることが，現状とは異なる社会と教育のあり方を構想していくための重要な一歩となるはずです。

07 地 域

考えてみよう

①国際交流協会や地域の学習支援教室は，移民の子どもに対して，どのような役割
を果たし，それはどのような意義をもつといえるでしょうか。

②集住地域と非集住地域では，教育課題の現れ方や対処の仕方にどのような違い
がみられるでしょうか。自分自身が住んでいた地域や通っていた学校での経験
も振り返りつつ，話し合ってみましょう。

③学校や，地域における多様な学び・育ちの場は，地域社会においてどのような役
割を果たしている（または果たしうる）といえるでしょうか。「教育が地域をつ
くる」という視点から，集住地域／非集住地域などの地域的特徴の違いもふまえ
て考えてみましょう。

読書案内

①清水睦美（2006）．『ニューカマーの子どもたち──学校と家族の間の日常
世界』勁草書房

学校と家庭双方において周辺に位置づけられているニューカマーの子どもたちが，
地域の学習支援教室への参加を通じて，エスニシティに対する自己肯定感を獲得
する過程が明らかにされています。またその過程を支える，地域のボランティア
や学校教員，ニューカマー当事者らとの協働を軸とした研究者のフィールドワー
クのあり方は，方法論的示唆に富むものです。

②坪田光平（2018）．『外国人非集住地域のエスニック・コミュニティと多文
化教育実践──フィリピン系ニューカマー親子のエスノグラフィー』東
北大学出版会

大多数を占めるもののこれまで十分に注目されてこなかった「外国人非集住地域」
でのフィールドワークをもとに，ニューカマーの親たちが直面する子育ての問題や，
日本の公立学校で困難を抱える子どもたちへの教育支援のあり方が丁寧に論じら
れており，学校現場への実践的示唆も豊富に含まれています。

③塩原良和・稲津秀樹［編著］（2017）．『社会的分断を越境する──他者と出
会いなおす想像力』青弓社

排外主義や社会的分断を乗り越えるべく，民族・文化・階層の異なる人びとが共
に生きていくための方策が学際的に考察された1冊です。具体的には，政策や運
動への関与からは縁遠いと感じている多くの人びとに対して，それぞれの日常を
現場として他者との対話や理解に向けて想像力を駆使するという，身近でかつ強
力な実践が提案されています。

▶参考文献

稲津秀樹 (2017).「あとがき——もうひとつのまえがき」塩原良和・稲津秀樹［編著］『社会的分断を越境する——他者と出会いなおす想像力』青弓社，pp.273-281.

ウォルマン, S.／福井正子［訳］(1996).『家庭の三つの資源——時間・情報・アイデンティティ——ロンドン下町の8つの家庭』河出書房新社

榎井縁 (2011).「地域国際交流協会と「多文化共生」の行方——地方財政再建の中で」『移民政策研究』3, 102-115.

榎井縁 (2018).「地域の国際交流協会による外国人支援」移民政策学会設立10周年記念論集刊行委員会［編］『移民政策のフロンティア——日本の歩みと課題を問い直す』明石書店，pp.222-227.

岡崎友典 (2018).『地域教育再生プロジェクト——家庭・学校と地域社会』左右社

小内透・酒井恵真［編著］(2001).『日系ブラジル人の定住化と地域社会——群馬県太田・大泉地区を事例として』御茶の水書房

佐藤健二 (2006).「読解力の構築——都市社会学でエスノグラフィを書くということ」奥田道大・松本康［監修］／広田康生・町村敬志・田嶋淳子・渡戸一郎［編］『先端都市社会学の地平』ハーベスト社，pp.278-307.

清水睦美 (2006).『ニューカマーの子どもたち——学校と家族の間（はざま）の日常世界』勁草書房

地域国際化協会連絡協議会 (2019).『平成30年度地域国際化協会ダイレクトリー』

坪田光平 (2018).『外国人非集住地域のエスニック・コミュニティと多文化教育実践——フィリピン系ニューカマー親子のエスノグラフィー』東北大学出版会

二階堂裕子 (2016).「「非集住地域」における日本語学習支援活動を通した外国人住民の支援と包摂——ベトナム人技能実習生の事例から」徳田剛・二階堂裕子・魁生由美子『外国人住民の「非集住地域」の地域特性と生活課題——結節点としてのカトリック教会・日本語教室・民族学校の視点から』創風社出版，pp.81-102.

文化庁 (2017).「平成29年度国内の日本語教育の概要」〈http://www.bunka.go.jp/tokei_hakusho_shuppan/tokeichosa/nihongokyoiku_jittai/h29/（最終閲覧日：2019年5月27日)〉

牧里毎治［監修］／とよなか国際交流協会［編］(2019).『外国人と共生する地域づくり——大阪・豊中の実践から見えてきたもの』明石書店

モーリス＝スズキ, T. (2002).『批判的想像力のために——グローバル化時代の日本』平凡社

文部科学省 (2017).「「日本語指導が必要な児童生徒の受入状況等に関する調査（平成28年度）」の結果について」〈http://www.mext.go.jp/b_menu/houdou/29/06/1386753.htm（最終閲覧日：2019年5月27日)〉

渡戸一郎 (2006).「地域社会の構造と空間——移動・移民とエスニシティ」似田貝香門［監修］／町村敬志［編著］『地域社会学講座1——地域社会学の視座と方法』東信堂，pp.110-130.

07 地 域

コラム9 移民の町を歩こう（新大久保編）

　　東京都新宿区に，日本に暮らす移民たちが多く集まる町があります。それが新大久保です。JR新宿駅から徒歩10分くらいの東京都心の真ん中に移民の町があるのです。新大久保の風景は，めまぐるしく変化しています。ですので，いつ訪れたかが非常に重要になってきます。ここでは，その歴史を簡単に振り返りながら，移民の町・新大久保を紹介していきましょう。

　戦後，焼け野原となった新大久保に多く住んでいたのは在日朝鮮人の人びとでした。線路沿いには，在日朝鮮人が営むチューインガム工場があり，多くの在日朝鮮人が働いていたといいます。さらに，1970年代になると，新大久保のすぐ横にある歌舞伎町で働くアジア人女性たちの多くが新大久保を居住地とするようになります。また，1980年代以降は日本語学校がたくさんつくられ，留学生たちが多く暮らすようになりました。その後，日本での勉強を終えた留学生のなかから，同国人向けの食材店や美容院，レンタルビデオ店を経営する実業家が出てくるようになります。そして，それを目当てにますます多くの外国人が新大久保に集まるようになったのです。

　「コリアンタウン」と称されることの多い新大久保ですが，じつはコリアンタウンというイメージが強調されるようになったのは，2000年代の日韓ワールドカップ，韓流ブーム以降です。これ以降，韓流ショップが増え，そ

新大久保のムスリム横町の一角。民族衣装
を着た人びとも買い物に来ています

れまで個人経営だった韓国系レストランに代わって，大型店が目立つように
なり，観光地として多くの日本人を引きつけるようになりました。店の前に
は人があふれ，道路にはみ出るほどの賑わいでした。しかし，その後，2013
年頃からおこなわれるようになったヘイトスピーチの標的になると，客足が
徐々に遠のいていくことになります。現在は客足も回復し，もとの賑わいを
みせていますが，移民が集まる町だからこそ，排外主義者の標的にもされて
しまうのです。

　近年は，コリアンタウンとしてだけでなく，「マルチエスニックタウン」と
しても新大久保は注目されています。JR 新大久保駅の改札口を出て，北西方
向に進んだところに「イスラム横町」と呼ばれるエリアがあります。そのな
かにあるビルの一室はモスクになっていますし，周りにはさまざまなスパイ
スやハラルフードを売っている食材店やレストランが立ち並んでいます。ま
た，このエリアには，ネパール居酒屋や食材店，ネパール人向けの新聞社も
あります。JR 大久保駅と JR 新大久保駅のあいだのエリアには，中国，台湾
系のレストランや食材店が多くあり，JR 新大久保駅の東側のエリアは韓国系
のショップ，レストランが多くあります。最近では，ベトナム系のレストラ
ンも増えており，また新しい変化が生まれています。

　町は日々変化します。特に変化が著しい新大久保。行ったことがないとい
う人は一度ぜひ。行ったことがあるという人もまた新しい変化を見つけに新
大久保を訪れてはいかがでしょうか。

（三浦綾希子）

●参考文献

　稲葉佳子（2008）.『オオクボ都市の力──多文化空間のダイナミズム』学芸出版社

コラム10 移民の町を歩こう（神戸編）

　江戸時代末期に港町となった神戸は，開港より数多くの外国人の生活の拠点でした。まずはJR三ノ宮駅から六甲山に向かって歩き始めてみてください。山裾に神戸の代表的な観光名所である「異人館」が建ち並んでいます。異人館はその名のとおり，開港に伴って移り住んだ外国人の居住地で，当時は珍しかった洋風建築のことを意味し，明治大正期に建築されています。

　異人館から西側に歩くと，「神戸ムスリムモスク」があります。神戸ムスリムモスクは1935年に建築された，日本で最初のムスリムモスクです。開国以降日本は積極的に海外との交流を深めていきますが，そうしたなかでムスリムも増加し，教徒たちが中心となって寄付金を募り建築されました。神戸ムスリムモスクは見学をすることもできますので，HPなどを確認してみてください。

　神戸ムスリムモスクからさらに西側，息切れしそうなほどの急な坂道を登ると「海外移住と文化の交流センター」があります。この建物は，南米へ移民しようとしていた日本人が出発前に生活していた場所で「国立移民収容所」と呼ばれていました。移民希望者は全国から収容所に集められ，移民にあたっての学習や健康診断がおこなわれていました。建物内は長期の船旅に慣れるため，船舶を模して天井が低く設計されています。この移民収容所は，

2009年にリニューアルした
「海外移住と文化の交流センター」

数多くの移民を送り出した後，1971年に閉鎖されました。その後，さまざまな利用方法が模索されましたが，ブラジルへの第1回移民送出から100年を迎える2008年を前にして，ブラジルの日系移民たちから建物の保存を訴える声が届いたことから耐震補修がおこなわれ，現在の海外移住と文化の交流センターとして運営されることになりました。センター内にはブラジル日系移民の歴史を辿る「移住ミュージアム」があり，誰でも見学することができます。また，館内には関西を代表する日系ブラジル人コミュニティである「関西ブラジル人コミュニティ」が活動しています。また，神戸港のメリケンパークには「神戸港移民船乗船記念碑」があり，過去多くの日本人が世界に移民に渡ったことを伝えています。

　神戸は古くから華僑が生活していました。交流センターから坂道を下ると「神戸中華同文学校」があります。また近隣には，中国文化を残す寺院「関帝廟」があります。そのまま坂道を下れば「南京中華街」に行き着きます。周辺の建物やビルに注目すると，和名だけでなく中華系の建物の多さに驚くはずです。こうした神戸の華僑の歴史を知るために，「神戸華僑歴史博物館」にも訪れてみてください。

　このように神戸の歴史は外国人生活者抜きに語ることはできません。本コラムでは語りきれなかった国々の人も多く生活されています。生活ですから，もちろん食生活は必須です。歩き疲れたらエスニック・レストランに足を運んでみてください。新しい発見があるはずです。

（山本晃輔）

●参考ウェブサイト ─────────────────────

宗教法人神戸ムスリムモスク〈http://kobe-muslim-mosque.com/〈最終閲覧日：2019年3月18日)〉

海外移住と文化の交流センター〈https://www.kobe-center.jp/〈最終閲覧日：2019年3月18日)〉

神戸華僑歴史博物館〈http://www.kochm.org/〈最終閲覧日：2019年3月18日)〉

労働市場

それはいかに移民の教育と関係するのか

藤浪海

> **キーワード**
>
> 二重労働市場／フレキシブルな労働力／貧困／スティグマ／抑圧交差

1 はじめに：コンビニで働く留学生の姿から

　深夜，急な買い物を思い出して訪れたコンビニエンスストア（以下，コンビニ）。レジで商品を差し出しながら，顔を上げる。すると目に飛び込んできたのは，24時間営業を支える外国人店員の姿だった——。みなさんのなかには，このような経験をしたことがある人も少なくないのではないでしょうか。じつは全国のコンビニではすでに5万人を超える外国人店員が働いており（2018年8月時点），「教育を受ける存在」として来日した**留学生**が人手不足のコンビニ業界を支えているという現実があります。

　日本政府は基本的に，いわゆる単純労働者の移住を認めないというスタンスをとってきました。しかし実際には，日本の産業はこのような**サイドドア**から来日した多くの移民によって支えられています。たとえば，「日本製」の自動車。その組み立てには，親族訪問を名目とする「定住者」資格で滞日する**日系人**が多く従事しています。たとえば，「茨城産」の野菜。茨城県の20～30代の農業従事者のうち約3割は外国籍で（2017年時点），その多くは海外への技術移転を名目とする「技能実習」資格で滞日する人びとです。このように特定の産業セクターに移民労働力が集中しその産業を支えることは，決して新しい出来事ではありません。歴史的に在日朝鮮人は主流労働市場における就職差別のなかで，民族ネットワークを活かしながら特定の産業で自ら起業し発展させてきました。

　このような移民の労働のあり方は，一見教育とは距離があるように映ります。し

かしじつは，労働市場や産業構造は移民の子どもの教育に大きな影響を及ぼし，また「教育を受ける存在」としての留学生や技能実習生の移住のあり方そのものとも強く関係しています。では具体的に，労働市場のあり方は移民の教育とどのように関係しているのでしょうか。この章では，日系ブラジル人やフィリピン人の子どもの教育，そして日本で就労する留学生を取り上げながら労働市場と教育の多面的な関係を論じ，移民の教育を労働市場の観点からとらえることの意義を確認します。

2　「フレキシブルな派遣労働力」としての日系ブラジル人と子どもの教育

　移民労働力を受け入れるべきか否か——そのような議論が，しばしば世間を賑わせます。しかしそこで忘れてはならないのは，図8-1 に示したように，すでに日本

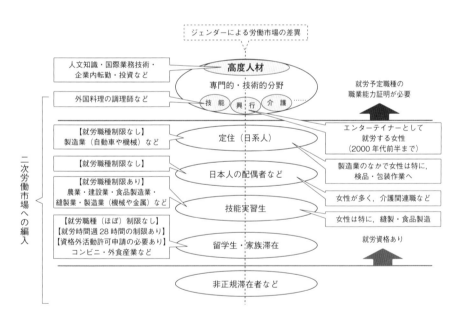

図8-1　在留資格を基準とした日本の移民労働市場
（上林（2015：41）をもとに加筆・修正のうえ筆者作成）

の多くの産業が移民によって支えられている現実があることです。その範囲は生産労働だけでなく，介護・家事・育児など，従来主に女性が家庭のなかで無賃で担うとされてきた**再生産労働**にも及んでいます。かれらが組み込まれている労働市場は，雇用状況が安定し労働条件も比較的有利な労働市場（一次労働市場）と区別され，二次労働市場と呼ばれることがあります（**二重労働市場論**）。それはすなわち，日本人が避けがちな，雇用に安定性を欠きかつ低賃金，昇進の望めない労働市場です。

　そのような移民労働市場のあり方は，教育とどのように関係するのでしょうか。まず取り上げたいのは，自動車や機械などの製造業で**フレキシブルな派遣労働者**（梶田ほか, 2005）として働く日系ブラジル人の子どもの教育です。製造業は熾烈な国際競争のなかで，徹底したコスト削減と需要に応じた生産調整という課題に直面してきました。そのなかで日系ブラジル人は，たんに「安価な」労働力としてだけではなく，市場原理のもと柔軟に配置転換したり解雇できる「便利な」労働力（**雇用の調整弁**）としてその存在意義を見出されるようになりました。ではかれらは具体的にどのような就労状況に置かれ，それは子どもの教育にいかなる影響を与えたのでしょうか。

▶ 2-1　移動の頻発

　まず生産調整とそれに伴う工場間の配置転換によって，日系ブラジル人は頻繁に転居を繰り返すようになり，地域社会においては知らぬ間に入れ代わっていく「顔の見えない」存在になっていきます（梶田ほか, 2005）。このなかで集住地域の学校では子どもが常に出入りする状況が生み出され，その過程で**不就学**になる子どもも少なくありません（☞第6章）。

　またこうした移動は，国境を越えて起こる場合もあります。たとえば2008年のリーマン・ショックの際には多くの日系ブラジル人が失業し，ブラジルへの帰国を余儀なくされました。また，ブラジルと日本のあいだの移動は繰り返されがちです。日本の工場労働のなかではブラジルで応用可能なスキルを身につけにくく，帰国しても安定した職を確保できないことがあるためです。そのような移動のなかで，日本語もポルトガル語も不十分なままの状態（**セミリンガル**）に置かれたり，両国での学習内容がそれぞれ途切れ途切れになってしまう子どももいます。加えて，**学齢超過**をめぐる問題も起こりがちです。出身国で中学校を卒業した後に来日したために日本の中学校に編入できず，日本の高校に進学しようとしてもその入試に対応した日本語能力や知識を身につける受け入れ先がないという問題です。現状では学齢

超過者の受け皿は地域の支援団体などに限られ，しかもそれらの団体への公的な支援は手薄です。このようにトランスナショナルに**往還する**人びとに学校教育制度が対応しきれていない状況のなかで，人びとの国境を越えた移動を念頭に置きながら，制度を再構築するべきだという議論も展開されています（☞第9章）。

▶ 2-2　日本語能力の低迷

　次に，移民は「フレキシブルな派遣労働者」となることで，日本語の習得が困難になります（稲葉・樋口, 2013）。かれらは職場内で日本人から隔離されたラインに配置されるため，日本語を話す機会はほとんどありません。それに加えて，長時間労働のため，職場外でも日本語の学習時間をもちにくくなるほか，地域の日本人住民との接点もなかなかつくることができません。こうしたなかで滞日年数は延びても日本語の習得は進まず，派遣労働市場からの脱出はますます困難になっていく傾向がみられます。

　こうして親の日本語能力が伸び悩むことは，学校からの配布物の理解や日本人の親や教師との社会関係の構築など，情報収集の面で不利に働きます。たとえば日本の大学に進学するためには多額の学費が必要になりますが，その知識を得られず資金の準備をできなかったために，進学を断念せざるをえなくなる場合もあります。また日本語能力の低い親に子どもが付き添って行政窓口の通訳や役所の書類への記入をおこなわなければならなくなり，子どもが学校を休みがちになるという状況も引き起こされます。そしてこうした状況は，**親子の役割逆転**（☞第5章）にも結びつきます。

▶ 2-3　経済的不安定化

　最後に，「フレキシブルな派遣労働者」としての地位は，景気や企業の業績に応じて給料額が極端に変動しやすい状況もつくり出します。それゆえにかれらは**相対的貧困**，すなわち社会生活を送るうえでの最低限の「必要」を欠く状態に陥りやすいといえます。その月収は10-40万円程度のあいだを乱高下し（丹野, 2013），ときには失業に追い込まれることもあります。

　こうしたなかで起こるのが，教育への投資をしにくくなるという問題です。補助教材などの購入が困難になるだけでなく，子ども自身が長時間アルバイトに従事せざるをえなくなったり，大学への進学費用を工面することが難しくなったりします。また日本の公立学校とブラジル人学校，両者をめぐる学校選択が経済的余裕に左右される

ようになり，リーマン・ショックの後には多くのブラジル人学校が閉鎖に追い込まれました。ブラジル人学校から公立学校へ転校した子どものなかには，公立学校の**学校文化**にうまく適応できず，結局不就学になる者も少なくありません。さらに公立学校に通っていたとしても学用品の購入費や給食費などがかかるため，経済状況によっては公立学校にさえ通えなくなることもあります。現にリーマン・ショック後には通学ばかりか衣食住にさえ困難をきたす日系ブラジル人が続出しました（山野上，2015）。「**子どもの貧困**」という言葉が注目を集めているように，子どもにとって貧困は学力だけでなく身体的・精神的健康などさまざまな面に影響を及ぼすのです。

　以上のように移民の子どもの教育をめぐる困難は，文化的・制度的な問題に不安定な経済的地位に由来する不利が交差することで克服しがたい問題になります。そして，そのなかでは家族のとれる**教育戦略**（☞第5章）の幅も大きく狭まります。ではこうした状況下において，子どもたち自身はどのように労働市場に参入しているのでしょうか。ここで第6章でみた2010年時点での19–21歳の国籍別進学状況（図6-1（☞p.92））に再度注目してみると，ブラジル国籍における高等教育進学者の占める割合は，日本国籍におけるそれよりずっと小さいことがわかります。じつはブラジル国籍では最終学歴が中学校卒業である割合が非常に高く，全体の3分の1にも達しているのです（樋口・稲葉，2018）。中学卒業の学歴で就労できる職種は，日本には多くありません。かれらの多くも親と同様に非正規雇用の労働市場に編入していると考えられ，**分節的同化理論**（☞第2章，第11章）の観点からは「第二世代の低落」が起きているといえます。

3　職業的スティグマのなかを生きるフィリピン人女性と子どもの教育

　次にフィリピン人女性の子どもの教育と労働市場への編入についてみてみましょう。1980年代にフィリピン人女性の来日の先駆けとなったのは，エンターテイナーとして就労する人びとでした。その歴史から日本社会には「フィリピン人女性は水商売に従事する」という**偏見**を帯びたステレオタイプ（**スティグマ**）が根強くあり，それは家事労働などに従事するフィリピン人女性にも向けられています。またフィリピン社会でもキリスト教的規範から性的に「つつましい」女性が美徳とされ，エンターテイナーには批判的な目が向けられがちです。こうしたことから，フィリピン人女性内部で，エンターテイナーとそれ以外の女性という分断と序列化が起きが

ちになります。ここではそうしたスティグマが，学校外での教育の場のありようや第二世代の「フィリピン人女性」としてのアイデンティティに及ぼす影響を確認します。

▶ 3-1　学校外での教育の場からの排除

　学校において周辺化されがちな移民の子どもにとって，教会など学校外の教育の場はそのアイデンティティ形成や資源獲得の面で重要な意味をもちます（☞第15章）。しかしある教会では，その活動に参加できるフィリピン人が，エンターテイナー以外に限定されがちであったといいます（三浦, 2015）。それはなぜなのでしょうか。ここで鍵となるのが，**社会関係資本**の「負」の機能です。社会関係資本は，いつでも行為者に利益をもたらすとは限りません（Portes, 2010）。たとえば集団内部の強い結びつきは，一方で他者の排除にも結びつきます。そしてこの教会の場合，その排除が「性的逸脱者」とみなされるエンターテイナーに対して起こっていたのです。

　先述したようなスティグマのなかで，エンターテイナー以外の人びとのなかにはエンターテイナーの人たちとは一緒にされたくないという排他意識が醸成されます。とりわけ元エンターテイナーは元エンターテイナーであることに恥ずかしさを感じ，それを払拭するために，集団内での相互扶助精神を大切にする敬虔なキリスト教徒であることを主張するようになります。そのなかで現在もエンターテイナーとして働く女性にはきびしいまなざしが向けられ，エンターテイナーの女性たちは同業以外の女性とのつながりをつくることが難しくなります。またエンターテイナーの女性自身も「キリスト教の教えに反した仕事をしているから教会には来られない」と感じるようになり，「自発的に」教会から遠のいていきます。こうして教会という教育の場からのエンターテイナーの女性とその子どもの排除が起こるのです（三浦, 2015）。

　以上のようにひと口に「フィリピン人」といえど，その内部にも差異とそれをめぐる権力関係が存在し，必ずしも同質的な存在としてはとらえきれません。このようにエスニシティやジェンダー，セクシュアリティ，階級といった単一の位相ではとらえきれない，複数の差異の交差状況やそこから生まれる作用をとらえようとする視座を**抑圧交差論（インターセクショナリティ）**といい，この視点からは複数の差異によって生じる抑圧からの解放が志向されています（徐, 2015）。

▶ 3-2　「貞淑な女性性」を強調する／エンターテイナーを選択する第二世代女性

　さらにこうしたスティグマは教育の場のあり方だけでなく，教育の具体的内容や

アイデンティティ形成のありようにも影響を及ぼします。たとえば母親たちのなかには，娘の男女交際に対してきびしい態度をとることで偏見の再生産を防ごうとする戦略が生まれます。また娘たちも，「「性的に奔放な」フィリピン人ホステスと「フィリピンマニア」の日本人男性客のあいだの子ども」という日本社会における否定的まなざしに抗って，自ら「過剰な」男女交際を避け「模範的」マイノリティとして**学業達成**をめざすという戦術をとるようになる場合があります。このようにあるエスニック集団に特徴的な職業に付されたスティグマは，第二世代の自己規定のあり方に大きな影響を及ぼすのです（額賀, 2016）。

　ただしもちろん，このようにして性的に「つつましく」，学業達成を志向する第二世代女性ばかりではありません。逆に学業から早期に離脱し，パブやスナックで就労する人びともいます。その選択の背景にあるのはフィリピン側の労働市場の事情です。フィリピンではジェンダーによる賃金格差が小さく，女性も就労して家計を支えることが社会的に奨励されています。第二世代の女性たちは，フィリピンと日本とのあいだを往還するなかでフィリピンの親族とのトランスナショナルなつながりを維持し，親族から送金を期待されています。そのような状況のなかで，彼女たちは「母と同じように送金をしてフィリピンの親族を助けたい，そのために早く仕事をしてお金を稼ぎたい」という思いをもつようになり，学業からの早期の離脱と学歴が低くとも稼げるパブやスナックでの就労を志向するようになるのです（額賀, 2016）。

4　学業と就労のはざまで揺れるネパール人留学生 ─────────

　以上のように移民の就労のあり方はその子どもの教育にさまざまな影響を与えますが，「教育を受ける存在」として来日した留学生も日本の労働市場と無関係の存在ではありません。「**留学生受入れ30万人計画**」（☞第4章）を背景に，2010年に日本語学校生の就労可能な時間が週14時間から週28時間（長期休暇中は1日8時間，週40時間）に倍増したことは，途上国出身の若者を日本留学に向かわせる重要なプル要因になりました。ここでは特に日本語学校に在籍するネパール人留学生を中心に，かれらがいかに労働市場のなかに取り込まれ，学業と就労のはざまでいかなる状況に置かれているのかを確認しましょう。

Part II 移動する子ども・若者の生活世界

▶ 4-1 拡大する留学生の労働市場

まず留学生の就労先についてみてみると，中国と韓国からの学生が留学生の大半を占めていた 2000 年代前半までの時期では，個人経営を含む飲食店でのアルバイトが中心でした。その後 2011 年の東日本大震災を経て，中国や韓国の学生が日本への留学を敬遠するようになり，漢字圏ではないベトナムやネパールからの留学生が増えると，日本語が不得意でも働きやすい配送センターでの仕分け作業や，弁当・惣菜工場での勤務，清掃業などが留学生アルバイトの受け皿となっていきました。さらに 2014 年頃からは全国にチェーン展開する飲食店による採用も増えてきたといいます（志甫, 2018）。

もちろんこうした就労先拡大の背景には，各職業での人手不足，とりわけ技能実習生を受け入れることのできない職種や地方都市での慢性的な人手不足があるわけですが，それだけでなくコンビニや外食産業での省力化（機械化）による「**意図せざる結果**」という側面もあります。人手不足が深刻化するなかで外食産業では客が操作する注文用タッチパネルが設置されたり，コンビニでも商品発注などを容易にするタブレット端末が導入されたりしました。その結果，日本語が不得意な留学生でもそれらの職場での就労が容易になったのです。ただし一方で，そうした環境が必ずしも留学生の日本語能力向上につながるものではないという指摘もみられます（志甫, 2018）。

▶ 4-2 労働市場への組み込みをめぐる構造

ではなぜ留学生は，これらの労働市場に編入していくのでしょうか。背景としてまず重要なのが，日本語学校の私費留学生の多くはアルバイトなしで学業に専念できる環境にはないという事情です。2010 年以降とりわけネパールからの留学生が増えていますが，ネパールには農業と観光以外に目立った産業がなく，カーストが低く貧困状態に置かれている人びとも少なくありません。そうした人びとにとって留学で日本語を習得することは，カーストの壁を乗り越え経済的機会を得ることにつながります（西日本新聞社, 2017）。

そうしたなか，2013 年頃からネパールで増加したのが日本語学校でした。留学生を送り出せば，留学生自身から多額の送り出し手数料を得られるだけでなく提携する日本の学校からの紹介料も入るため，ビジネスとして日本語学校の設立が相次いだのです。しかしその送り出し手数料は留学生にとっては大きな負担になるため，親族などから借金を重ねて工面する場合が少なくありません。そのため，かれらに

とっては，日本で学習しつつ同時に就労して稼ぐことが重要になるのです。また日本側で受け入れる日本語学校も，留学生の労働市場への編入を後押しします。留学生から学費や寮費などを確実に回収しようという思惑のもと，かれらに積極的にアルバイトを紹介・斡旋するからです。なかには日本語学校が「ビジネススキル実習」などと称して，日本語をほとんど使わないはずの弁当・惣菜工場などでの就労に対し単位認定をしている例もあります（西日本新聞社, 2017）。

「安価な」労働力としての留学生の労働市場への組み込みは，このように送り出し／受け入れ日本語学校の介する**移住システム**（☞序章）のなかで構造的に進行していきます。ここで重要なのは，就労と学業のはざまに置かれ生活困窮に陥っていく留学生も少なくないことです。先述したように，かれらの就労時間には制限がかけられています。しかしそうした制限についての説明を十分に受けずに，出身国の日本語学校から送り出される場合も少なくありません。そして借金を背負い日本での学費や生活費も工面しなければならないなかで，週28時間の制限（月給10万円程度）を守りながら働いた結果，結局学費が払えなくなり，退学，そして帰国を余儀なくされる場合もあります。

「高度人材の卵」として受け入れが進められている留学生ですが，現実には，「教育」という名のもとでの移住のなかに，「安価な」労働力の移動としての意味が構造的に組み込まれています。かれらの直面する問題は，学業と就労のあいだで構造的に発生しているのです。

5　おわりに：移民の教育と労働市場の多面的関係性 ─────

労働市場のあり方は移民の教育とどのように関係しているのでしょうか。本章ではこの問いを出発点として，不安定な就労形態や職業的スティグマが移民の子どもの教育に与える影響や，留学生の移住のなかに構造的に労働力移動としての意味が組み込まれていることを確認してきました。本章では取り上げられませんでしたが，「実習」という広義の教育の名のもとでの技能実習生の移住にも，労働市場上の要因が深く関わっています（☞コラム11 (p.133)）。さらに再生産労働をめぐる国際労働力移動に関しても，たとえば移住家事労働者は**トランスナショナルな家族**をつくり出し，葛藤を抱えながら「**国境を越えた母親業**」に従事していることが知られています（Parreñas, 2015）。行政やブローカーが推し進める農村の**国際結婚**もまた「嫁」

という再生産労働力の移動の一例といえ，日本農村の「嫁」としての労働をめぐって母親の抱える葛藤が子どもの教育のあり方に強く影響することなどが明らかにされています（賽漢卓娜，2011）。

一見距離があるように映る，移民の教育と労働市場。しかしこのように移民の教育のあり方は，じつは労働市場と多面的につながり合い，それによって大きく規定されています。教育という営みそのものへの視点に加えて，その営みを外側から規定する社会的文脈へのより広い視野をもって移民の教育を読み解く必要が，ここに示唆されています。

考えてみよう

①1）日系ブラジル人の不安定な就労のあり方や，2）フィリピン人に向けられた職業的スティグマは，それぞれその子どもの教育のあり方にどのような影響を及ぼしていますか。本文の内容からまとめてみましょう。
②移民のひとり親家庭や農村の国際結婚家庭，技能実習生，移住家事・介護労働者，難民など自分の興味のある事例を取り上げて，その労働のありようと教育との関係を自分で調べてみましょう。
③移民の教育を論じるうえで，労働のありようとの関連に着目することの意味はどのような点にあるでしょうか。本章で取り上げた事例や自分で調べた事例をもとに，周りの人と話し合ってみましょう。

読書案内

①梶田孝道・丹野清人・樋口直人（2005）．『顔の見えない定住化──日系ブラジル人と国家・市場・移民ネットワーク』名古屋大学出版会
「フレキシブルな派遣労働者」たる日系ブラジル人の移住過程を検討した著作です。文化のみに傾倒しがちな「多文化共生」概念を批判し，社会経済的な格差の解消に焦点をあてる「統合」概念を提唱したことでも話題となりました。移民理論の世界的潮流を知るうえでも役立ちます。

②西日本新聞社［編］（2017）．『新 移民時代──外国人労働者と共に生きる社会へ』明石書店

08　労働市場

技能実習生や留学生が直面する過酷な生活・就労状況を描き出し，移住労働者をめぐる制度のひずみを浮き彫りにした著作です。政府側や企業側のインタビューも掲載されており，いかなる論理のもとで移住労働者の受け入れが進んでいるのかを知るうえでも参考になります。

③移住連貧困プロジェクト［編］（2011）．『移住連ブックレット4──日本で暮らす移住者の貧困』移住労働者と連帯する全国ネットワーク；現代人文社

移民の貧困を，国勢調査などをもとにわかりやすくまとめたブックレットです。不安定な就労のあり方や貧困が教育に及ぼす影響が論じられているほか，本章で取り上げられなかった国際結婚家庭や移民母子家庭が直面する貧困とその構造的背景についても説明されています。

▶参考文献

稲葉奈々子・樋口直人（2013）．「失われた20年──在日南米人はなぜ急減したのか」『人文コミュニケーション学科論集』*14*, 1–11.

梶田孝道・丹野清人・樋口直人（2005）．『顔の見えない定住化──日系ブラジル人と国家・市場・移民ネットワーク』名古屋大学出版会

上林千恵子（2015）．『外国人労働者受け入れと日本社会──技能実習制度の展開とジレンマ』東京大学出版会

賽漢卓娜（2011）．『国際移動時代の国際結婚──日本の農村に嫁いだ中国人女性』勁草書房

志甫啓（2018）．「外食産業とコンビニ業界における外国人労働者──外国人留学生のアルバイトに注目して」駒井洋［監修］／津崎克彦［編］『産業構造の変化と外国人労働者──労働現場の実態と歴史的視点』明石書店，pp.104–127.

徐阿貴（2015）．「在日朝鮮人一世のジェンダーとアイデンティティ」宮島喬・佐藤成基・小ヶ谷千穂［編］『国際社会学』有斐閣，pp.166–183.

丹野清人（2013）．『国籍の境界を考える──日本人，日系人，在日外国人を隔てる法と社会の壁』吉田書店

西日本新聞社［編］（2017）．『新 移民時代──外国人労働者と共に生きる社会へ』明石書店

額賀美紗子（2016）．「フィリピン系ニューカマー第二世代の親子関係と地位達成に関する一考察──エスニシティとジェンダーの交錯に注目して」『和光大学現代人間学部紀要』*9*, 85–103.

樋口直人・稲葉奈々子（2018）．「間隙を縫う──ニューカマー第二世代の大学進学」『社会学評論』*68*(4), 567–583.

三浦綾希子（2015）．『ニューカマーの子どもと移民コミュニティ——第二世代のエスニックアイデンティティ』勁草書房

山野上麻衣（2015）．「ニューカマー外国人の子どもたちをめぐる環境の変遷——経済危機後の変動期に焦点化して」『多言語多文化——実践と研究』7, 116-141.

Parreñas, R. S.（2015）. *Servants of globalization: Migration and domestic work*, 2nd ed. Stanford, CA: Stanford University Press.

Portes, A.（2010）. *Economic sociology: A systematic inquiry*. Princeton, NJ: Princeton University Press.

コラム 11　技能実習制度が生み出す過酷な労働・生活環境

ドキュメンタリー映像『技能実習生はもうコリゴリ――ベトナム人の声』から

「外国人技能実習制度」を知っていますか。**技能実習生**として受け入れた途上地域の人びとに日本の技術や知識を習得させ途上地域の経済発展を担う「人づくり」をはかる「国際協力」がこの制度の主旨とされており，2018年末現在，ベトナムや中国を中心に約33万人の技能実習生が日本に暮らしています。1981年に外国人留学生の一形態として出入国管理及び難民認定法（入管法）のなかに位置づけられて以来，幾度の法改定のなかで技能実習という現在の在留資格が確立し，受け入れ職種の拡大や滞日期間の延長もなされてきました。

ここで重要なのは，かれらをたんに「教育を受ける存在」「学ぶ存在」としてとらえるだけでは不十分なことです。かれらは人手不足にあえぐ日本の建設業や金属加工業，農業，縫製業などを支える実質的な「労働者」となっています。しかしその労働現場では低賃金・暴力・セクハラ・労災事故などの問題が多発しています。YouTube で公開されている『技能実習生はもうコリゴリ――ベトナム人の声』（制作：山村淳平，24分）[1] というドキュメンタリー映像は，ベトナム人元技能実習生や日本で亡くなった技能実習生の遺族の声から，その過酷な労働環境の一端を私たちに教えてくれるものです。

日本の経済や文化に関心をもち，多額の借金をしてまで送り出し機関に費用を支払い，希望をもって来日したベトナムの人びと。しかしかれらが日本で受けた処遇は，その希望を打ち壊すものでした。休日を希望したら「要求が多い」と言われ，突然車に押し込められ空港へと送られ，強制帰国させられた人。作業中に釘が左目に刺さり脳にまで達したのにもかかわらず，労災補償についてまともな対応を受けられないまま帰国させられた人――このような状況が現実に起きているのが，技能実習という制度です。

「実習」という名目上，かれらには転職が認められていません。そのため，技能を学べない労働に低賃金で長時間従事させられたり，暴力やセクハラを受けつづけたりした挙句，耐えきれず失踪する人びともいます。借金を抱え

---

1) https://www.youtube.com/watch?v=UH9DM7EJofg

来日しているかれらのなかには帰国することもできず，「不法滞在者」なるレッテルを貼られ入管施設に収容され，先のみえない長期収容生活を送りつづけている人びともいます。そしてそのなかで自殺まで追い込まれてしまった人もいます。「人づくり」や「国際協力」という耳ざわりのよい名目のもとで，私たちの社会でいったい何が起きているのでしょうか。そしてその背景にどのような制度や構造があるのでしょうか。日本でともに暮らす人間として，この映像から私たちが考えるべきことは多いはずです。

（藤浪海）

Chapter 09 トランスナショナルな生活世界

往還する日系ブラジル人の教育経験から

山本晃輔

キーワード

日系ブラジル人／日系移民／人の移動／トランスナショナル／ルーツとルート

1 はじめに：継続する日本とブラジル間の移動

　本章では**日系ブラジル人**の事例を通じて，**トランスナショナルな生活と教育**について考えていきましょう。ところで，なぜ日系ブラジル人なのでしょうか。後述するように，1908年を皮切りに，ブラジルには数多くの日本人が移住しました。本書でも登場してきた日系ブラジル人の「日系」は，日本とのつながりを意味しています。日本とブラジルは，地理的には地球上で最も遠い国の一つですが，100年を超える歴史のなかで継続的な**人の移動**が生じてきました。

　ブラジルでは，各地で**日系移民**の足跡をみることができます。図9-1をご覧ください。これはアマゾン川近郊で撮影した日系移民のお墓です。アマゾンの密林にひっそり佇む日本名が書かれた墓石は，熱帯の強い日差しを受けて輝いていました。よく観察すると，日本の墓地とは違い，墓石の下に棺を納めるスペースがあることがわかります。火葬が慣習となっている日本と異なり，ブラジルは土葬の国で，遺体を焼かず棺で安置する習慣があります。日本のように火葬することができなかった日系移民は，棺のうえに墓石を置いたのです。

　現地を案内してくれたブラジル人青年にとって，日本の墓石は物珍しかったようで，わざわざアマゾン川まで大きな墓石を運ぶ意味がわからないといいました。ですが，私には未知の土地に渡った人びとが，先祖を日本のように弔いたいという気持ちが透けてみえました。こうした日系移民の墓所は，ブラジル全土に残されています。

図9-1　アマゾン川近隣　日本人移住地の墓石

　1930年代のブラジルの日系移民を調査した前山によると，日本への帰国を夢見た移民は墓を残さず「位牌」を「ポータブル墓」として携帯していたといいます（前山，1997）。帰国を夢見た人びとが永住を決心したとき，墓石という形で先祖を祀ったのでしょう。それと同時に，従わざるをえない当地の慣習やルールに則りつつ，自らの生活や文化に即したお墓を残していたことも理解できます。

　このように過去の移民もまた，祖国との関係をさまざまな形で維持してきましたが，現在の移民は情報技術の進展や航空券の価格低下により，出身国と移住国の両方とより密接な関係をもつことができるようになりました。地理的にどれだけ離れていようとも，家族，経済，文化，政治など，さまざまな情報がインターネットを通じて瞬時に共有されます。かつてブラジルにたどり着くまで約50日かかった船旅は，今日では24時間の空の旅になりました。こうした，地理的距離はもちろん，文化的，政治的な違いを超えた社会空間を「トランスナショナルな社会空間」と呼びます（バートベック，2014）（☞序章）。

　そこで本章では，トランスナショナルな社会空間を生きる日系ブラジル人の移動と生活の様子を紹介します。まず第2節では，ブラジルと日本のあいだで人びとがどのように移動したのかをふまえたうえで，日系ブラジル人の日本における教育についてみていきます。そのうえで，つづく第3節では，私が関わりつづけてきた日系ブラジル人の子どもや若者の事例の紹介をとおして，トランスナショナルな生活と教育について考えてみましょう。

2 日系ブラジル人の日本における生活と教育

▶ 2-1 日本からブラジルへの移動とブラジルから日本への移動

　日本人がブラジルに渡ったのは1908年のことです。当時の日本は，日露戦争後の不景気に見舞われており，多くの失業者を抱えていました。他方でブラジルは，国土の開拓にあたり働き手を必要としていました。ブラジルへの移民は，このように両政府の思惑が合致したことで始まりました。日本国内には，政府や財界の支援のもと移住会社が設立され，移民の送り出しをおこなうようになりました。その結果，1908年から1941年までにおおよそ19万人もの日本人がブラジル全土に移住しました。

　初期の日系移民は農業移民としてブラジルに渡り，財を成して「故郷に錦を飾る」ことを目的としたため，**出稼ぎ**移民と呼ばれました。ブラジルに渡った日系移民は，主に農業分野で成功を収め，第二次世界大戦を前後して出稼ぎではなく永住を選択するようになります。二世，三世と世代を重ねるにつれ，ブラジル人との婚姻も進みました。そして，日系移民は「日系ブラジル人」と呼ばれるようになりました。今日，日本の外務省によると，ブラジルに住む日系ブラジル人の数は約200万人に上るといいます。

　さて，1980年代になるとブラジルは政治・経済的理由から苦境に陥ります。一方で，高度経済成長期にあった日本では出入国管理及び難民認定法（以下，入管法）が改正され，日系人は「定住者」という在留資格で来日できるようになりました（☞第2章）。これを受けて，人材派遣会社などが日本国籍をもつ日系移民やその子弟である日系ブラジル人を現地でリクルートし，日本へと送り出しました。再び日本へと渡ることになった日系移民やその子孫は，経済的に活況な日本で財を成して帰国することを目的としていたため，過去になぞらえて**デカセギ**と呼ばれました。最盛期の2000年代中頃には，30万人を超えるブラジル国籍保持者

図9-2　移民会社による移住者募集のポスター（「海外移住と文化の交流センター」展示）

が日本で生活していました。日本語を話せる日系人もいましたが，二世，三世などはブラジルでの生活歴しかなく，日本語や日本文化を知らない人も少なくありませんでした。

　ブラジルから日本へのデカセギは，大規模な人の移動と多大な資金の還流を生んだため，ブラジル社会に与えたインパクトは大きく，ブラジルメディアでも'Decasségui' という単語が見受けられるようになりました。

　もっとも，日系ブラジル人の日本への移動は，デカセギだけでなく，日本の大学への留学や JICA を通じた文化交流・研修，一般企業への就労など多様な形態があります。逆に，日本からの企業の進出も各地でみられました。地球のほぼ反対側にある国同士の日本とブラジルですが，両国間の人びとの往還は 100 年以上の歴史を有しています。こうした流れのなかで，日本とブラジルをつなぐトランスナショナルな社会空間が形成されてきました。

▶ 2-2　日系ブラジル人の日本における教育

　さて，デカセギとして日本に渡った日系ブラジル人ですが，第 8 章で触れたように，その雇用は，景気に左右され，不安定な状況にありました。不安定な雇用状況は，職を失うことによる転地や帰国などリスクを生じさせます。そして，日系ブラジル人のなかには，生活が安定しないのだから一時的に日本で収入を得て帰国しようと考える人もいました。なかには，当初計画していた収入を得ることができず，目標としていた貯蓄ができないことや，ブラジルの政治・経済が安定しないために，なし崩し的に日本での生活が長期化した人もいます。他方で，デカセギを機会に祖国日本に帰って長期的に生活し，文化や生活を学びたいと考える人もいました。このように日本での生活の一時性と長期化のあいだで揺れ動く家族の将来の見通しは，**一時的回帰の物語**と呼ばれています（志水・清水, 2001）。

　いつかはブラジルに帰るかもしれないし，日本で長期的に生活するかもしれない。そうした日系ブラジル人の家族にとって，日本で子どもを教育するうえでの第一の選択肢は，日本の公立学校に子どもを通わせることです。実際，多くの日系ブラジル人家族が子どもを日本の公立学校に通わせることになりました。こうしたケースの多くで，親たちは子どもを日本の公立学校に通わせ，日本語や日本文化を学ぶことを期待しました。日本語を学べば，日本での生活が長期化しても，日本で高校や大学に進学することができるかもしれないし，ブラジルに帰国しても日系企業で働くことができるかもしれないからです。

第二の選択肢は，日本でブラジルの教育を提供するブラジル人学校に通わせることです（☞第14章）。一時的に日本で生活するのだから，ブラジルの教育を受けさせたほうが，ブラジル帰国後の学校生活に接続されやすいからです。ブラジル人学校の規模は生徒数など大小さまざまですが，その多くはブラジルの教材を取り寄せ，ブラジル国内と同じカリキュラムで教育をおこなっています。相対的に質がよいとされる私立学校と同じカリキュラムを取り入れることで，ブラジルの進学校と同じ教育をおこなう学校もあります。

第三の選択肢は，日本の公立学校とブラジル人学校の両方に通わせることです。日系ブラジル人家族のなかには，日本での滞在年数をあらかじめ設定し，当初は日本の公立学校に子どもを通わせ，帰国前の一定期間ブラジル人学校に通わせるケースもあります。

▶ 2-3　日本における教育の課題

ここまで日系ブラジル人の教育を概観してきましたが，そこにいかなる課題があるのでしょうか。

日系ブラジル人児童生徒が急増した1990年代頃の日本の公立学校の多くは，移民の子どもを受け入れた経験がほとんどありませんでした。日系ブラジル人の子どもは「ピアスをしてくる」「すぐに休む」「自己主張が強い」等々，日本の学校文化になじまない子どもとしてみなされ，異質性を持ち込む子どもとして扱われがちでした（志水・清水，2001）。さらには，外国人であるということで，からかいやいじめの対象となりました。学校での生活に困難を感じた子どものなかには，無気力的態度や逃避行動を繰り返し自己防衛する姿をみせる者もいれば（森田，2007），自身の逸脱的な振る舞いを「外国人だから」と自己正当化せざるをえない者もみられました（児島，2006）。

日系ブラジル人の親から「日本の学校に通えばいじめられる。ブラジル人学校が近くにないのでとても困る」といった声を聞くことがあります。結果的に，学校に通わない／えない日系ブラジル人の子どもの不就学が大きな問題となっています（小島，2016）。

他方，ブラジルの教育をおこなうにしても，ブラジル人学校は数が限られており，学費も高いことから，誰もが選択できるわけではありません。親にしても昼夜問わず働かざるをえないこともあり，年長の子どもたちが，自宅で幼い兄弟の面倒をみなくてはならないというケースもあります。

不安定な生活状況，安心して通わせられない日本の学校。さまざまな事情から，自主的な保育園をアパートの一室などで開設し，子どもを育てようとする日系ブラジル人の姿もみられましたが，必ずしも整った環境が用意できたわけではありませんでした（小内, 2003）。いずれにしても，ポルトガル語で教育を受けつづけた場合，日本の高校や大学への進学は難しくなってしまいます。

こうして概観すると，どちらの選択も一長一短であることがわかると思います。しかしながら，子どもの教育が一長一短でよいのでしょうか。つまるところ，日系ブラジル人の親が日本で子どもに教育を受けさせる際，「日本に定住するか」「ブラジルに帰国するか」といった二者択一しか選択肢がないことに課題があります。先にみたように，日系ブラジル人の日本への移動は，労働力を必要とした日本社会によって引き起こされた現象です。したがって，労働者の子どもたちが，日本の学校での不適応や文化的葛藤を経験しているとすれば，それは本人の問題というだけではなく，受け入れ側の学校や日本社会にも検討すべき責任があるはずです。

こうした問題に，いちはやく対応しようとしたのがブラジル人学校でした。たとえば，これまで以上に日本語のカリキュラムを取り入れることや，日本の大学進学や就職を斡旋することに取り組んでいます（拝野, 2010）。また，日本で通信制の大学を開講し，いつでもポルトガル語やブラジルの教育を学びなおせる環境をつくろうとしている学校もみられます（児島, 2014）。いずれも，日本とブラジルの移動が，子どものリスクにならないよう，新しい教育を模索しているといえます。

3　移動とともにある日系ブラジル人の生活と教育

前節でみたように，日本における日系ブラジル人家族は，不安定な就労状況に直面しながら，日本での教育を模索してきました。ところが，2008 年に起きた経済危機の影響で，多くの日系ブラジル人がブラジルへと帰国することになってしまいました（☞第 8 章）。

当時，私はブラジルに留学しており，日本から突如ブラジル各地に帰国することになった多くの日系ブラジル人の子どもに出会いました。私はかれらが大人になるまで繰り返しブラジルに出向き，成長を見届けました（山本, 2014；山本ほか, 2019）。その経験をふまえ，本節では，日本から帰国した日系ブラジル人の子どもがブラジルでどのような生活を送ることになったのかをみていきます。

09 トランスナショナルな生活世界

▶ 3-1 帰国した日系ブラジル人の子どもたち

　長い年月を過ごした日本を離れ，ブラジルに帰国した日系ブラジル人の子どもは，ブラジルでどのような困難に直面したのでしょうか。帰国した日系ブラジル人の子どもが語った生活上の困難は，「学校生活でのギャップ」「社会生活でのギャップ」「将来展望に関するギャップ」に整理することができます。ここでは三つのギャップについて，具体的な例を示しながら概観してみましょう。

　学校生活でのギャップとして，子どもの前に大きく立ちふさがるのが言語の壁です。日本の公立学校に通っていた子どもの多くが，日本語のほうが得意であり，日本の学校文化になじんでいました。なかにはまったくポルトガル語を話すことができない子どももいました。

　加えて，言語の問題だけでなく，ブラジルでの学校生活が戸惑いの連続だったという声も多く聞かれました。守るべきルールや，先輩後輩といった人間関係，教師との付き合い方も，日本に比べてブラジルのほうがより自由です。そのほかにも，ブラジルでは学年と年齢が一致していないことは珍しくないため，「ポルトガル語ができないのだから，小学生からやりなおしたら？」ということはブラジル人にしてみれば当たり前のことですが，日本で長年生活してきた子どもたちにとっては「プライドが傷つけられた」と感じたようです。

　社会生活でのギャップはどうでしょうか。ブラジルには都市部を除いて「コンビニ」がありません。夜間でも営業しているお店は地方部においては限られています。安全面の問題から，大人であっても夜間に出歩くことはありません。このような，日本でできたことがブラジルでできなくなる不自由さについて，大人は「我慢すればよい」と語りがちです。しかし，子どもからすればそのような生活を望んでいたわけではなく，不満や鬱積は溜まる一方でした。

　さらに，生活上の苦しみから，将来展望に関するギャップも聞かれました。親や教師に影響を受けながら，子どもは自分の将来を考えます。ところが，ブラジルに帰国することになった子どもの多くはブラジルの教育制度について詳しいわけではありません。また，経済危機の影響で帰国した子どもたちのなかには，「日本にいれば高校に進学できた」や「生活がきびしく大学に行けるわけない」と語る子どももいました。仮にブラジルで進学したとしても，その後の生活について明確な展望を描けるわけではありません。ブラジルに帰国した子どもの「日本に帰りたい」という切実な声は各地で聞かれるようになり，ブラジルメディアでも大きく取り上げられました。

141

PartⅡ　移動する子ども・若者の生活世界

▶ 3-2　日本とのつながりのなかで生きる子どもたち

　もっとも，将来を悲観している子どもばかりではありません。日系ブラジル人の渡日目的は一時滞在のデカセギだったため，ブラジルへの帰国を見据えた教育をおこなっている親も少なくなかったのです。たとえば，日本のブラジル人学校に通っていたケースでは，「ブラジルの学校は勉強が簡単だ」といった意見を聞くこともありました。日本のブラジル人学校は「私立学校」ということもあり，高レベルな授業をおこなう学校も少なくないからです。

　また，ブラジルに帰国したことで年齢に関係なく学校に進学することができたため，「ブラジルに帰ってきたから高校に行けた」という語りも聞かれました。その多くは，日本における生活環境のきびしさや学校生活での困難さから，高校・大学に進学することなく工場などで働いていた子どもです。このように，経済危機による大量帰国と望まないブラジルでの生活といったストーリーがある一方で，ブラジルで水を得た魚のように生活をしている子どももいるのです。いずれも，ブラジルの柔軟な教育制度に下支えされることで，生活の場を形づくっているといえます。

　帰国した子どもに，大きな変化が生じたのは 2014 年頃です。当時のブラジルは，2014 年のサッカーワールドカップ，2016 年のリオデジャネイロ・オリンピックに向けて国土の開発に取り組んでいました。全国各地にインターネット回線が行き渡り，安価な携帯電話が普及し，インターネットも利用しやすくなりました。国際電話としての Skype やメッセンジャー，無料の E-mail，SNS サイトを利用して，日本との情報交換のスピードが加速していきました。

　ブラジルにいる日系人の子どもも技術的な発展を享受しました。かれらの心の支えとなっていたのが，インターネットを通じて回覧できる漫画やアニメなどの日本のサブカルチャーです。「日本からの帰国時に持ち帰れるのはダンボール数箱で，泣きながら漫画を捨ててきた」というような経験を有する子どもにとって，インターネットを通じて提供される日本の「今」は，ブラジルでの生活の慰めとなりました。

　ブラジルの片田舎で Twitter を通じて日本の若者と日本語で交流し，アニメのファンアートを投稿し，同人誌を出版するケースもあります。このように，インターネットの発達は，さまざまなサブカルチャーが世界的に行き交うことに寄与しています（☞第 15 章）。また，ブラジルでは K-POP や日本のアニメが若者を中心に受容され，サブカルチャーになじみのある日系人ブラジル人の子どもは文化の媒介者として目されるようになりました。

　さらに，帰国した若者のなかには，日系移民が各地に設立した日本語学校で，日

本語を学びたいブラジル人や日本語を話せない日系ブラジル人を相手に，日本語を教える教師として活躍するケースもあります。かつての日系移民が残した財産が，現在の日系ブラジル人に引き継がれていった好例といえるでしょう（山本ほか，2019）。

▶ 3-3　若者となり，どこで生きるのか

さて，日本から帰国し，ブラジルでの生活を立ち上げた子どもは，若者へと成長していく過程で，「このままブラジルに残るか，自分ひとりで日本へと渡るのか」のいずれかを選択するようになります。「帰国後，頑張ってポルトガル語を勉強したのだからブラジルで暮らす」という若者がいる一方で，親のように「デカセギ」として日本に渡って生活したいという若者もいます。

ブラジルに留まるのか，日本へ渡るのか。いったい何が契機となるのかを探るため，私は数十名のインタビューを通じて，若者に成長したかれらの語りを検討することにしました。そして，かれらの選択の背景に，日本との関係のピリオドを示唆する「切断の物語」と，日本とのつながりを強調する「接続の物語」の二つのストーリーが存在していることを見つけました（山本，2014）。

切断の物語は，大学進学を通じてブラジルで生活するための展望を強く抱いた若者によって語られています。日本は過去の思い出であるといったストーリーです。接続の物語はインターネットを通じた日本とのつながりによって強化されています。日本にいなくても，読者のみなさんと同じように日本のアルバイトサイトやハローワークの求人票を見ることも，住居を探すこともできてしまうからです。そして，日本へ行きたいという気持ちを深めていきます。

これらは自己の経験を振り返ることで語られた「物語」であり，月日とともに変化しうるものです。たとえば，ブラジルで永住するつもりで大学に進学したが，その後，日本に留学して日本で生活するケースもあります。ここで強調したいことは，子どもから若者に成長していく過程で，「ブラジルに帰国したのだからブラジルに永住する」というだけではなく，日本での生活も将来の選択肢に含まれることです。こうした事例から，今日の国際移動は，必ずしも一度きりのものではなく，繰り返し往還するものであるという点にも特徴があるといえるでしょう。

このように移動とともに形成される若者の心持ちは，「帰国」に関する語りにも含まれています。ここまで，日本からブラジルへの移動を「帰国」と記述してきました。しかし，一部の若者にとって，ブラジルへの渡航は「帰国」ではありません。むし

ろ，かれらは日本への再移動を「帰国」と語ることがあります。あるいは，どちらも「自分の国」である，どちらも「自分の国」ではないと語る場合もあります。私たちは無自覚的に人間の**ルーツ**（roots）をひとところに求めがちです。しかし，移動する人びとの生活に即したとき，ルーツだけではなく，それぞれの人がたどってきた人生の**ルート**（routes）も同じぐらい重要であることに気づきます（渋谷，2013）。

4　おわりに：移動を支える教育を模索する

　本章では，日系ブラジル人の移動と教育に関して紹介してきました。まず知ってほしかったことは，今日に至るまで，世代を超えて数多くの人びとが日本とブラジルのあいだを往還するなかで，生活や教育をおこなってきたことです。そして，第3節でみたように，日本からブラジルへと渡り，若者へと成長していった子どもは，今もなお日本とのつながりを大切にしています。こうして，人びとが継続的に移動を繰り返し，生活や教育を積み重ねるなかで，トランスナショナルな社会空間が形成され，両国の絆は深まってきたといえます。

　しかしながら，実際には，日系ブラジル人の子どもは日本において「外国人」や「ブラジル人」とみなされ，「日本人」との違いばかりが強調されてきました。こうしたとらえ方では，重要な観点を見失います（☞序章）。すなわち，「日系ブラジル人」という言葉が示すように，日本とブラジルに経緯をもつ子どもたちは，日本とブラジルの二つの言語や文化に精通したバイカルチュラルでマルチカルチュラルとなりうる存在であることを見逃してしまうのです（関口，2003）。もちろん，それは日系ブラジル人だけではありません。日本で生活する移民の子どもたちは，日本だけでなく多様な国々と関係をもち，二つ以上の文化，二つ以上の言語を両方と関係をもち，二つの文化，二つの言語を身につける可能性をもった存在といえます。

　近代の学校教育制度は「国民」をつくるために整備されましたが（☞終章），本章を通じて，学校教育をそのようにとらえるだけでは不十分であることが理解できたと思います。学校教育は，日本国籍を保持し，日本で定住する「国民」に限定されるものではなく，複数の国や地域を往還する子どもたちにも開かれたものであるべきなのです（志水ほか，2013）。

09　トランスナショナルな生活世界

考えてみよう

①本章と第8章を参照しながら，日系ブラジル人の親が日本での生活や子どもを育てるなかで直面する教育の困難について考えてみましょう。

②インターネットや科学技術の急速な発展によって，過去の移民と現在の移民の生活にどのような違いが生まれているか考えてみましょう。

③国内外を問わず，さまざまな理由によって移動する子どもにとって必要な教育とはどのようなものか，グループで話し合ってみましょう。

読書案内

①志水宏吉・山本ベバリーアン・鍛治致・ハヤシザキカズヒコ［編著］（2013）.『「往還する人々」の教育戦略──グローバル社会を生きる家族と公教育の課題』明石書店

本書は，トランスナショナルな社会空間を生きる家族の「教育戦略」をテーマとしています。さまざまな事例からは，家族の多様な教育戦略を通じて，移民は状況をただ受け入れて生活するだけでなく，主体的に生活を営んでいる様子がうかがえます。そしてそれは，日本の公教育がそうした家族に対応できるのか，という問いにもつながります。

②前山隆（1997）.『異邦に「日本」を祀る──ブラジル日系人の宗教とエスニシティ』御茶の水書房

ブラジルに渡った日系移民については前山の一連の著作が興味深く読むことができます。この著作ではブラジル日系移民のエスニシティを宗教や文化，ブラジル社会との関係など幅広い観点から論じています。地理的に日本から遠く離れた国の一つであるブラジルで，日本人がどのようにして生活適応していったのか。ページをめくるごとに発見があるはずです。

③小内透［編著］（2003）.『在日ブラジル人の教育と保育──群馬県太田・大泉地区を事例として』明石書店

日本で生活する日系ブラジル人の教育について，小内を中心とするグループはさまざまな実証的な研究をおこなってきました。本書は日系ブラジル人が集住する群馬県太田・大泉地区を事例とし，その教育と保育について丹念に検討したものです。日系ブラジル人の教育が「日本に定住するのか」「ブラジルに帰国するの

か」二者択一的な状況にあることをいちはやく指摘しました。本書が出版されてから，おおよそ 15 年。状況の変化について考えるためにもぜひ手にとってほしい1 冊です。

▶参考文献

小内透［編著］（2003）．『在日ブラジル人の教育と保育——群馬県太田・大泉地区を事例として』明石書店

児島明（2006）．『ニューカマーの子どもと学校文化——日系ブラジル人生徒の教育エスノグラフィー』勁草書房

児島明（2014）．「在日ブラジル人青年の学び直し——通信教育受講生の生活史分析から」『地域学論集 鳥取大学地域学部紀要』11 (2), 57-88.

小島祥美（2016）．『外国人の就学と不就学——社会で「見えない」子どもたち』大阪大学出版会

渋谷真樹（2013）．「ルーツからルートへ——ニューカマーの子どもたちの今」『異文化間教育』37, 1-14.

志水宏吉・清水睦美［編著］（2001）．『ニューカマーと教育——学校文化とエスニシティの葛藤をめぐって』明石書店

志水宏吉・山本ベバリーアン・鍛治致・ハヤシザキカズヒコ［編］（2013）．『「往還する人々」の教育戦略——グローバル社会を生きる家族と公教育の課題』明石書店

関口知子（2003）．『在日日系ブラジル人の子どもたち——異文化間に育つ子どものアイデンティティ形成』明石書店

バートベック, S.／水上徹男・細萱伸子・本田量久［訳］（2014）．『トランスナショナリズム』日本評論社

拝野寿美子（2010）．『ブラジル人学校の子どもたち——「日本かブラジルか」を超えて』ナカニシヤ出版

前山隆（1997）．『異邦に「日本」を祀る——ブラジル日系人の宗教とエスニシティ』御茶の水書房

森田京子（2007）．『子どもたちのアイデンティティー・ポリティックス——ブラジル人のいる小学校のエスノグラフィー』新曜社

山本晃輔（2014）．「帰国した日系ブラジル人の子どもたちの進路選択——移動の物語に注目して」『教育社会学研究』94, 281-301.

山本晃輔・中島葉子・児島明（2019）．「移動とともにある再チャレンジ——アマゾン流域部の日系ブラジル人の事例から」『未来共生学』6, 229-261.

09 トランスナショナルな生活世界

コラム 12　複数の国・文化のはざまを生きる若者のアイデンティティ

小説『真ん中の子どもたち』から

　私たちは，さまざまな属性を示すカテゴリー（例：男性，女性，大学生，日本人，○○人など）と自分自身との関係を探りながら，自分に関するイメージをつくりあげています。しかし，自分自身が現在あてがわれているカテゴリーに対して，相容れなさや，窮屈さを感じた経験は，きっとみなさんのなかにもあるのではないでしょうか。特に，複数の国にルーツをもつ子どもたちにとっては，出自をめぐる問いが，日常生活と切り離しがたく存在しているといえます。温又柔による小説『真ん中の子どもたち』（温，2017）は，複数の国にルーツをもち，日本で育ってきた子どもたちが，上海での留学生活を通じて，アイデンティティを探っていく過程が描かれます。

　天原琴子こと，ミーミーは，台湾人の母と日本人の父のもとに生まれた 19 歳の女性です。台湾で生まれ，人生のほとんどの時間を東京で過ごしてきたミーミーは，「日本語と中国語と台湾語をちゃんぽん」にした母親の言葉に触れながら育ちます。そして，高校卒業後，中国語を学ぶ専門学校に通い始めます。そこで上海での留学生活の開始とともに，呉嘉玲ことリンリンという同級生の女性と出会います。彼女は，日本人の母と，台湾人の父のもとに東京で生まれ，とても流暢な中国語を話します。そして，同じく留学生活で出会った龍舜也は，「元中国人」で現在は日本国籍を取得した両親のもとで育ち，彼の言葉によると「西日本語」を話します。

　そんな留学仲間たちに囲まれながら，ミーミーは，留学生活を通じて，自分のルーツをめぐって痛みを経験します。

　「台湾なんて国家はないんだよ」と中国人青年に言われたリンリンは，怒りの感情をあらわにします。それを聞いたミーミーは，別の場面で中国人学生たちに出会ったとき，「私のお母さんは台湾のひとです」と注意深く言葉

『真ん中の子どもたち』
（温，2017）

を選びます。しかし，その学生たちの一人から，それなら，どうしてその程度の中国語しか話せないの，と問いかけられます。このようにミーミーは，留学生活のなかで，「日本人」「台湾人」としてのいずれにおいても不完全さを突きつけられる経験をします。

　三人の友人たちは自分たちのアイデンティティについて，そして現在や過去の痛みについて，何度も語り合います。それぞれに少しずつ異なる考え方をもちながらも，ミーミーは，友人たちの優しい言葉に包まれながら，自分のなかで分断されていた「日本人」と「台湾人」というものが，「溶け合ってひとつに」なったように感じるようにもなります。

　「自分の根っこはまっすぐのみではなく，あらゆる方向に向かってふくよかに伸ばせる」というミーミーの言葉には，世界との相容れなさを感じ，窒息しそうになっても，いつか時間を経て，ゆっくりと居場所を見出していける可能性が感じられます。異なる考えをもつ者たちが，経験を共有し合えることの可能性を，この作品が描き出しています。

（住野満稲子・徳永智子）

●参考文献 ────────────────────────────

　温又柔（2017）．『真ん中の子どもたち』集英社

Chapter 10 グローバル社会と教育格差

東アジアにおける教育移住を手がかりに

五十嵐洋己

> **キーワード**
> 教育移住／グローバル・コンピテンシー／グローバル人材／トランスナショナルな教育戦略／移動と教育格差

1 はじめに：子どもの教育のために海外へ移住する時代

　みなさんは，日本の芸能人が「子どもと一緒に海外へ移住する」というニュースを聞いたことがありますか。そのような家族の移住先は，ハワイに代表されるような，北米やオセアニアなどの欧米英語圏であることが多いようです。かれらの移住理由でよく語られるのが「子どもの教育」です。移民研究の領域では，一般的に子どもの教育のために国外に移住する現象を，**教育移住**と呼んでいます。教育移住は何も芸能人だけに限ったことでなく，日本の比較的高階層の家庭で実践されている**トランスナショナルな教育戦略**（☞第3,5章）の一つであるといえます。

　従来，家族が子どもの学校を考える際，家の近くの公立学校を選択するのが普通でした。しかし，1990年代以降，特に大都市圏を中心に，私立学校を選ぶ家庭が増えてきています。また，昨今では，先ほど紹介した教育移住する富裕層家族のように，海外の学校を選ぶ人びとが散見されるようになっています。一方で，そのような教育戦略をとれる家族は限られるため，**格差**をともなう現象として理解することができます。こうした現状をふまえ，本章では日本と東アジア諸国の事例を使い，教育移住の実態とその背景，そして多様化する教育移住の事例を紹介し，それにともなうリスクと二つの格差——移動格差と教育格差——について考えてみたいと思います。

2　教育移住の実態

▶ 2-1　日本の事例

　日本における教育移住は，2000年代中頃から「親子留学」や「母子留学」という名称で広く浸透しました。一般的に，国際移動する日本人の子どもといえば，海外帰国生の存在を思い浮かべる人が多いと思います（☞第3章）。かれらは，いわば日本企業の世界進出のきっかけで誕生した駐在員家庭の子どもたちであり，企業から海外に移住するように要請された人たちです。しかしながら過去20年で，教育移住の現象に象徴されるような，自らの意思で積極的に国際移動する**能動的国際移住者**（中澤，2018：12）が増加しています。

　教育移住は，ある程度長期にわたって現地に住む移住形態をとります。「親子留学」や「母子留学」は，約1週間の海外旅行の延長線上で親しまれてもいるようです。1回きりの短期の親子・母子留学であれば，一般的なサラリーマン家庭でも可能ですが，特に物価の高い欧米英語圏への長期移住となると，かなり経済的に余裕がある富裕層でなければ実現が難しい現状があります。また，「母子留学」と聞くと，「父親は？」と考える人がいるでしょう。母子留学や親子留学の事例の多くは，父親が日本で仕事をして家庭を経済的に支え，母親と子どもが海外に留学・移住するパターンです。このような，家族の成員が二か国またはそれ以上の国に同時に居住しながら家族関係を維持している人びとは**トランスナショナルな家族**と呼ばれています（☞第5章）。

　今では，このような家族での海外留学の動機は，子どもの英語教育のためだと認識されています。ところが1990年代の親子留学は，むしろ母親が長期で海外経験をしたいという動機が先行し，子どもの英語教育は従属的な理由でした。しかし，2000年頃から日本の小学校で英語教育がおこなわれるようになると，子どもに英語を身につけさせたいという親たちの意識が高まってきました。それに応じて親子留学の動機も子どもに英語を身につけさせるためという理由に変化してきたのです（Igarashi & Yasumoto, 2014）。

▶ 2-2　東アジア諸国の事例

　親子留学や母子留学は，日本特有の現象ではありません。むしろ，このトランスナショナルな家族形態をとる教育戦略は，東アジア諸国の富裕層の家族でより

認知されています。たとえば，香港や台湾，そして中国本土から，アメリカ，カナダ，オーストラリア，ニュージーランドに教育移住する家族事例は，**宇宙飛行士家族**（astronauts family）や**パラシュート・キッズ**または**衛星キッズ**（satellite kids）（Zhou, 1998）という名称で知られています。仕事で頻繁に中国とアメリカを飛行機で往復する親の姿が「宇宙飛行士」として例えられ，子どもに欧米英語圏でよい教育を受けさせるために「落下傘」のごとく投下するというイメージや，親という「本体」から子どもを切り離して生活させる「衛星」というイメージが，これらの言葉の由来となっているようです。

　また，韓国では，**渡り鳥家族**（kirogi family/goose family）と呼ばれる家族が，1997年のアジア経済危機以降にみられるようになりました（Lee & Koo, 2006）。渡り鳥家族は，母子留学のように，母親と子どもが欧米英語圏へ移住し，父親が韓国に残り仕事をして家族の経済を支えるというものです。家族が再会するためには海を渡る必要があることになぞらえ，「渡り鳥」と呼ばれています。これらの事例は，移民家族の生活形態の「離散型」（☞第5章第2節）に該当するものといえます。

▶ 2-3　東アジアのトランスナショナルな家族の特徴

　日本を含む東アジア地域からの教育移住に共通する特徴は何でしょうか。第一に，出身国・地域の激しい受験競争のプレッシャーから子どもを守りたいという親の切なる願いがあげられます。第二に，トランスナショナルな家族形態を維持する際に，「母親が子どもの面倒をみて父親が仕事をする」という，近代的な**家庭内性別役割分業**の維持があげられます。特に，台湾，香港，中国本土，韓国から移住した女性の研究では，自らの仕事のキャリアを諦め，移住先の言語・文化の違いを乗り越えて子どもの教育のために尽くすという，自己犠牲の語りが多くみられます。

　一方で，日本人移住者については，ほかの東アジア出身の移住者と異なる傾向もみられます。たとえば，ハワイの日本人母親は，移住理由の一つに「子どもを教育する母親役割への煩わしさ」をあげています。教育移住と聞けば，子どもの教育のためだと想定してしまいますが，母親自身の，よりよいライフスタイル追求の結果として移住が選択される事例も多くあります。このような移住は，**ライフスタイル移住**と呼ばれています（Igarashi, 2015）。

　このように，アジア地域では男性よりも女性が国際移動する傾向があります。この現象は，**移動の女性化**（小ヶ谷, 2009）と呼ばれています。1980年代頃より，東アジア以外の地域において，多くの女性がメイドなどの家事労働を含む**再生産労働**に

Part II　移動する子ども・若者の生活世界

従事するために，先進国に単身で移動するようになっています。教育移住の事例を含め，アジアからの女性の国際移動には，「女性＝家事と子育てを担う」というジェンダー規範が大きく影響しているといえます。

3　教育移住が起こる背景

▶ 3-1　社会が求める能力の変化

それでは，教育移住が起こる背景についてみていきましょう。教育移住の動機には，国際移動をとおして社会が求める能力を子どもに身につけてほしいという親の強い気持ちがあります。では，今の社会において，どのような能力が求められているのでしょうか。

現在，文部科学省は，日本経済団体連合会（経団連）の要請を受け，国内需要の停滞やアジアの新興国をはじめとする海外市場の活性化を背景に，日本経済の危機を打破するための起爆剤として**グローバル人材**の育成を推進しています。第3章で学んだように，グローバル人材とは，①言語力，コミュニケーション能力，②主体性，積極性，チャレンジ精神，協調性・柔軟性，責任感・使命感，③異文化理解と日本人のアイデンティティの三つを兼ね備えた人材のことを指します。この人材育成は，競争が激化するグローバル経済のなかで，海外に行ったきり戻ってこない日本人ではなく，「日本人」として，「日本のために，海外で」働くメンタリティをもった人を育てることをめざす「ナショナル」な政策といえるでしょう（加藤・久木元, 2016：9）。

一方で，近年，**グローバル・コンピテンシー**と呼ばれる能力が，通称 PISA（Programme for International Student Assesment）と呼ばれる国際学力調査を実施している OECD より提唱されました。このグローバル・コンピテンシーの要素として以下の四つの能力が指摘されています。

①ローカル，グローバル，そして異文化間の課題を検討する
②他者の視点と世界観を理解し正当に評価する
③異なる文化からの人びととオープンかつ適切な，そして効果的な意思疎通をおこなう
④集団的な健康や幸福のため，そして持続可能な発展のために行動を起こす

(OECD, 2017)

このグローバル・コンピテンシーは，グローバルな領域で私たちが生きていく能力を想定しているわけではありません。また，「○○人」としてのナショナルなアイデンティティを強要するものでもありません。この能力観は，多文化化する身近な世界や，次世代のために，社会全体の幸福を考えて行動できることを強調しています。

　グローバル・コンピテンシーは，**コスモポリタニズム**（「地球市民」）という考え方を含んでいます。コスモポリタンな人とは，国籍，人種・民族などを問わず，積極的に他者と関わる指向性をいいます。グローバル化の課題である，ローカル・グローバルで起こるさまざまな課題を解決する際に，多様な背景をもつ人と関わり，対等な立場で物事を解決するために必要な，グローバル時代に生きる一市民として必要な素養ともいえるでしょう。実際に，グローバル・コンピテンシーをもつ日本人の子どもに関する研究があります。額賀（2013）のアメリカ・ロサンゼルスに住む日本人の駐在・永住家庭の調査によると，子どもたちは，相手に応じて「日本人」「アメリカ人」「アジア系」というアイデンティティを柔軟に使い分けて，多様な背景をもつ人びととのつながりを維持して毎日を送っているようです。

　しかしながら，政府，メディア，世論は，グローバル・コンピテンシーが強調する市民的態度よりも，自国の経済発展を強調するグローバル人材像のほうを重視する傾向があります。

▶ 3-2　グローバル・タレントの獲得競争と英語帝国主義

　グローバル人材育成の高揚は何も日本に限ったことではありません。世界の多くの国々は，自国でそのような人材を育成するだけでなく，海外から呼び寄せるための政策をおこなっています。このような現象は，**グローバル・タレントの獲得競争**（Brown & Tannock, 2009）と呼ばれています。世界共通語である英語の使用は，グローバル・タレントとして当然のことであると想定されているようです。したがって，子どもに英語を身につけさせることが，欧米英語圏のエリート大学とグローバルな労働市場への道を開くのに不可欠であると，世界のエリート層に認識されるようになっています（Brown & Lauder, 2011）。

　また，欧米英語圏のエリート大学に進学するために，英語で国際的な教育をおこなう**インターナショナルスクール**（以下，インター）が選ばれるようになっています。インターはもともと外交官，宣教師や駐在員家庭の子どもが通う学校でしたが，最近では国内の富裕層にも選択されるようになり，その数は急激に増えています（Hayden, 2006）。特に，インターの授業料は一般的な学校よりも高額であること

が多く，たとえば日本の場合，私立学校の授業料と比べても 2–4 倍の金額が必要になります。そのような事実があるにもかかわらず，日本のインターでは，1990 年代に比べて日本人の子どもの割合が高くなっているとの報告があります（渋谷・山本，2014）。

このように，英語力の獲得が，グローバル社会における高い地位や権力の獲得と結びつくようになっています。このような，英語とそれ以外の言語とのあいだに存在する不平等性や支配関係を**英語帝国主義**（フィリプソン，2013）といいます。日本でも，この英語帝国主義は浸透しているといえます。前述したように，英語が小学校のカリキュラムに入った 2000 年以降，子どもに英語を身につけさせたいという親の意識は高まっています。特に富裕層の親たちのあいだで，子どもをインターに通わせたり，母子留学・教育移住するなど，トランスナショナルな教育戦略を実践する様子がみられます。

しかし，すべての家庭がそのような戦略に携われるわけではありません。後で詳しく述べるように，グローバル・タレントの獲得競争は国内で教育格差を生んでいるのです。

4 東南アジアに教育移住する日本人家族

▶ 4-1 多様化する教育移住

日本人家族の教育移住は，2010 年代になり新しい展開を迎えます。移住先が多様化し，欧米英語圏だけではなくシンガポールやマレーシアのような東南アジア諸国へと広がりをみせるようになったのです。たとえば，2012 年頃から，日本人のあいだでマレーシア最南端の都市，ジョホールバルとその周辺地域に教育移住するトレンドが生まれました。ここではマレーシアへの教育移住の特徴，そして課題と魅力についてみていきましょう。

▶ 4-2 マレーシアの特徴

マレーシアへの教育移住が促された理由として，第一に移住コストが欧米英語圏に比べて安価であることがあげられます。欧米英語圏への教育移住をコスト面で敷居が高いと感じていた人にとって，東南アジアへの教育移住は「手が届く」移住先として認知されているのです。また，もとからアジア地域に強い関心をもっている

家族にとっても，コスト面の敷居の低さは移住を決断する大きなきっかけとなっています。

第二に，言語学習環境のよさがあげられます。この周辺地域はイギリスに植民地化された歴史があるため，「負の遺産」として，英語を学習できる環境があることがあげられます。また，ジョホールバルでは，イギリスの有名寄宿舎学校や複数のインターを誘致し，東南アジアの教育のハブとしての地位の確立を

図10-1 マレーシアの最南端のジョホールバル市では，東南アジア地域での教育都市として高層ビルやインターなどの建設ラッシュが進行中です。対岸はシンガポール

めざした都市計画が進行中であることも日本人移住者を引きつける要因です。さらに，同地区は中華系の人口も多いため，英語だけでなく中国語も学べる言語学習環境も魅力の一つとなっています。

なお，イギリスやアメリカ型の教育システムを採用しているインターが多数存在するため，マレーシアをファーストステップとして欧米英語圏への移住を検討する，**段階的な移動**を試みる家族や，その後出身国・地域へ帰るなどの，**往還型の移動**（☞第5章）をする家族もいます。私がジョホールバル周辺でインタビューをした家族のなかには，現地に数年滞在した後，日本のインターや私立学校に編入する方，マレーシアの違う地域や隣国のタイ，または欧米英語圏へ移住をした方もいます。欧米英語圏と比べて人種差別が少なく，初めての海外生活としては厳しすぎない環境であると認識されていることもあり，ジョホールバルは，継続的かつ段階的な移動の最初の教育移住の通過点となっているようです。

▶ 4-3 東南アジアへの移住の課題と魅力

新しい移住先として注目された東南アジアへの教育移住は，その魅力とともに課題が議論されています。

まず，日本や欧米諸国に比べて生活のインフラが整っていないことがあげられています。また，高額なインターと比較的安価なインターの学校経験の差が大きいようです。特に安価な学校を選択する家族はさまざまな問題に直面しやすいといわれ

ています。安価なインターであればあるほど，欧米英語圏出身の先生や生徒が少なくなるため，「本物の英語」ではない現地語訛りの英語に触れやすくなるという「問題」が生じます。その結果，早期に日本へ帰国する家族や同地域の高額な「本物のインター」に転校していく家族の姿がみられます。一方で，「本物のインター」においては，人種差別を経験してしまうリスクがあるようです。

　この事例から，東南アジアに教育移住した人びとも，先ほど紹介した英語帝国主義の影響を強く受けていることがわかります。つまり，さまざまなインターが存在するなかで，イギリスやアメリカ英語を話す教員や生徒が多い学校が，より「正統」で「本物」と認識されるような**真正性**（マキァーネル，2012）をもとにした序列構造が存在しているのです。その結果，そうでないインターは「本物ではない」とみなされ，英米の英語を規範とした序列構造の下位に位置づけられてしまっているといえます。教育移住をしている人はこの序列構造を意識的・無意識的に移住生活のなかで学んでいきます。そして，結果的に英語帝国主義の価値体系を再生産する役割を担ってしまうのです。

　その一方で，マレーシアへの教育移住をとおして学べることに大きな意義を見出している人もいます。たとえば，マレーシアは主にマレー系，中華系，インド系の三つの民族が住む多民族国家です。私がインタビューをした移住者たちは，この国で異なる民族・宗教への**寛容性**を学ぶことができていると強調しています。グローバル・コンピテンシーに関心が寄せられ，また「21世紀はアジアの世紀」といわれるなか，アジアで多様性や寛容性の姿勢を学ぶということに注目する価値は大いにあるでしょう。

5　教育移住をめぐるリスクと移動と教育格差

　それでは，この教育移住という現象にはどのような課題があるでしょうか。ここでは，リスク，移動格差，そして教育格差の三つの視点から考察します。

▶ 5-1　リスク

　教育移住をとおしたトランスナショナルな教育戦略は，グローバル人材に求められる能力の獲得に有利に働くという議論がある一方で，大きなリスクがあることも認識する必要があります。まず，トランスナショナルな家族の場合，両親が別居を

することになります。最近ではテクノロジーの発達から Skype や LINE で国境を越えたコミュニケーションが容易になっているものの，別居の生活により両親の関係が悪化した場合，子どもにマイナスに影響を与える可能性があります。

　また，教育移住の選択は各家族の自己選択でおこなわれています。私がインタビューをした多くの日本人移住者は，子どもが日本語も英語も「中途半端」になってしまうことを最も心配していました。もしトランスナショナルな教育戦略が実を結ばず，子どもが社会で生活していくのに必要なさまざまな能力を身につけられなかった場合，その責任は個々の家族や子ども自身が負わせられてしまう可能性があります。実際に，教育移住先で入退学を繰り返している日本人の子どもの存在を聞くことがあります。今後，トランスナショナルな生活を送る子どもたちをどのように支えていくかという議論が必要となってくるでしょう。

▶ 5-2　移動格差

　教育移住のようなトランスナショナルな教育戦略は，前述したとおり，誰しもが実践できるものではありません。つまり，グローバル人材に求められる能力の獲得には，「移動（移住）できる人」と「移動できない人」という，移動をめぐる格差が存在しているのです（もちろん，移住する資源はあるけれどしない人は多数いるでしょう）。また，「移動できる人」のなかでも，コスト面から移住先の選択肢が，欧米英語圏と東南アジアの両方なのか，それとも後者だけなのかという格差も存在します。

　この移動格差を説明するのに，社会学者 Z. バウマン（2010）の**可動性の程度と旅行者**という概念が参考になります。可動性の程度とは，「自分がどこにいるかを決める自由の有無」（バウマン，2010：120）のことを指します。ここでいう旅行者は，海外旅行をする人のことではなく，心の欲望に従って今いる場所に留まるか，移動（移住）するかを決められる人のことを指します。バウマンは，グローバル化する世界では，この可動性の程度が人びとの序列を形成する軸の一つであると述べています。教育移住者は，子どもの教育のために世界のどこに住むか決定できる自由を享受している特権的な「旅行者」の立場にいるといえるでしょう。

　この可動性の程度に影響を与えるものとして，社会学者 P. ブルデュー（1990）の**資本**の概念に注目するべきでしょう。たとえば，家族がどの程度，**経済資本**（資産や収入などの経済力），**文化資本**（個人の学歴・知識・言語・能力），そして**社会関係資本**（人的ネットワーク）を保持しているかによって，自分がどこで生活をしたいか，子どもにどのような教育を受けさせるかの選択の自由度やパターンが異なってきます。

Part II　移動する子ども・若者の生活世界

教育移住ができる富裕層は，通常のサラリーマン家庭よりも高い経済資本をもっているといえます。とりわけ，欧米英語圏に移住する場合は非常に高い経済資本を保持していないと移住することはできません。人によっては現地で働くための文化資本（言語力やスキル）をもっています。

▶ 5-3　教育格差

　移動格差は，教育格差に関連します。教育移住する家族は，自らの高い経済資本を使って海外へ移住し，子どもにグローバル人材に求められる能力を獲得させ，将来を有利に働かせようとしています。P. ブラウン（2005）は，子どもの将来的な教育や職業の達成度が，個人の能力や努力ではなく，親の富や関心，教育支援によって形成される社会の仕組みを**ペアレントクラシー**（parentocracy）と呼びました。日本におけるペアレントクラシーは，これまで大都市圏で加熱する私立小学校・中学校受験を事例に議論されてきました（望月，2011）。しかし，グローバル化が進む今日では，本章で述べた教育移住のような，国境を越える親の教育戦略もペアレントクラシーの新たな事例として理解することができるでしょう。

　このような教育格差が生じる背景として，日本の学校の英語教育の問題点，そして寛容性を育む多文化的環境の不足があげられます。移動する手段をもたない子どもたちは外国語を高度なレベルで習得する機会や国際的な経験や資質を養う機会が限られているといえます。このような教育機会をどのように国内の子どもたちに提供できるかを検討していく必要があるのではないでしょうか。

6　おわりに：グローバル社会と教育格差を考える ─────

　本章では，教育移住をとおしたトランスナショナルな教育戦略を実践する家族の実情，背景，そしてそれにまつわる課題として，リスク，移動格差，そして教育格差について考えました。

　国際移動を経験する子どもたちは教育移住を通じてさまざまな能力の獲得を期待される一方で，何かしらの理由でそれが失敗した場合に，教育と社会がかれらをどのように支えるか考える必要があります。一方で，国際移動をしない，またはできない子どもたちが，教育移住をする子どもたちと比べて不利にならないような国内における教育的，社会的環境についても同時に考えることが必要です。特に，格差

の拡大は不安感や不公平感を増幅し，幸福感を損なわせ，社会の分断を招く深刻な問題です。この章で取り上げた事例をきっかけに，「グローバル社会の教育格差」にまつわる社会的課題とどう向き合っていくか考えてみてください。

考えてみよう

①グローバル人材とグローバル・コンピテンシーの違いは何でしょうか。
②教育格差を移動格差と一緒に考えることで何がみえてくるでしょうか。
③日本国内でグローバル・コンピテンシーを獲得するためには，どのような機会をつくればよいでしょうか。

読書案内

①バウマン, Z. ／澤田眞治・中井愛子［訳］（2010）．『グローバリゼーション——人間への影響』法政大学出版局
本章で取り上げた「可動性の程度」の概念に代表されるように，移動という視点からグローバル化という現象が私たちにどのような影響を与えるのかを議論した1冊です。平易な内容ではありませんが，グローバル化がどのような新しい秩序と階層を生み出し，人びとがどのように分断されていくのかという議論は参考になるでしょう。

②加藤恵津子・久木元真吾（2016）．『グローバル人材とは誰か——若者の海外経験の意味を問う』青弓社
海外に積極的に行く日本の若者は多くいるにもかかわらず，「若者は内向きで海外に行かないので，グローバル人材の育成が必要だ」という行政や企業の誤った理解を分析した本。「普通の若者」が海外渡航する実態を紹介しながら，日本社会のあり方について議論しています。

③苅谷剛彦（2017）．『オックスフォードからの警鐘——グローバル化時代の大学論』中央公論新社
グローバル化という現象は，日本の高等教育にどのように変化を及ぼすのでしょうか。そして，日本の大学はこの現象にどのように対応しているのでしょうか。本書では，日本の高等教育の現状とあるべき方向性について鋭く考察しています。

▶参考文献

加藤恵津子・久木元真吾（2016）．『グローバル人材とは誰か──若者の海外経験の意味を問う』青弓社

神谷浩夫・丹羽孝仁［編］（2018）．『若者たちの海外就職──「グローバル人材」の現在』ナカニシヤ出版

苅谷剛彦（2017）．『オックスフォードからの警鐘──グローバル化時代の大学論』中央公論新社

小ヶ谷千穂（2009）．「再生産労働のグローバル化の新たな展開──フィリピンから見る「技能化」傾向からの考察」『社会学評論』60(3)，364-378.

渋谷真樹・山本ベバリーアン（2014）．「グローバル化時代におけるインターナショナルスクール」志水宏吉・中島智子・鍛治致［編著］『日本の外国人学校──トランスナショナリティをめぐる教育政策の課題』明石書店，pp.360-370.

中澤高志（2018）．「グローバル中間層の国際移動と日本人の海外就職」神谷浩夫・丹羽孝仁［編著］『若者たちの海外就職──「グローバル人材」の現在』ナカニシヤ出版，pp.1-23.

額賀美紗子（2013）．『越境する日本人家族と教育──「グローバル型能力」育成の葛藤』勁草書房

バウマン, Z.／澤田眞治・中井愛子［訳］（2010）．『グローバリゼーション──人間への影響』法政大学出版局

フィリプソン, R.／平田雅博・信澤淳・原聖・浜井祐三子・細川道久・石部尚登［訳］（2013）．『言語帝国主義──英語支配と英語教育』三元社

ブラウン, P.／稲永由紀［訳］（2005）．「文化資本と社会的排除──教育・雇用・労働市場における最近の傾向に関するいくつかの考察」ハルゼー, A. H.・ローダー, H.・ブラウン, P.・ウェルズ, A. S.［編］／住田正樹・秋永雄一・吉本圭一［編訳］『教育社会学──第三のソリューション』九州大学出版会，pp.597-622.

ブルデュー, P.／石井洋二郎［訳］（1990）．『ディスタンクシオン──社会的判断力批判 I・II』藤原書店

マキァーネル, D.／安村克己・須藤廣・高橋雄一郎・堀野正人・遠藤英樹・寺岡伸悟［訳］（2012）．『ザ・ツーリスト──高度近代社会の構造分析』学文社

望月由起（2011）．『現代日本の私立小学校受験──ペアレントクラシーに基づく教育選抜の現状』学術出版会

Brown, C., & Lauder, H. (2011). The political economy of international schools and social class formation, In Bates, R. J. (ed.), *Schooling internationally: Globalisation, internationalisation and the future for international schools*, London: Routledge, pp.39-58.

Brown, P., & Tannock, S. (2009). Education, meritocracy and the global war for talent. *Journal of Education Policy, 24*(4), 377-392.

Hayden, M. (2006). *Introduction to international education: International schools and their communities*. London: Sage.

Huang, S., & Yeoh, B. S. A. (2005). Transnational families and their children's education: China's 'Study Mothers' in Singapore. *Global Networks, 5*(4), 379–400.

Igarashi, H. (2015). Privileged Japanese transnational families in Hawaii as lifestyle migrants. *Global Networks, 15*(1), 99–117.

Igarashi, H., & Yasumoto, S. (2014). The transnational negotiation of selfhood, motherhood and wifehood: The subjectivities of Japanese women through *Oyako-Ryūgaku* in Hawaii. *Asian and Pacific Migration Journal, 23*(4), 451–474.

Lee, Y-J., & Koo, H. (2006). Wild geese fathers' and a globalised family strategy for education in Korea. *International Development Planning Review, 28*(4), 533–553.

OECD (2017). The OECD PISA global competence framework: Preparing our youth for an inclusive and sustainable world.

Zhou, M. (1998). "Parachute kids" in southern California: The educational experience of Chinese children in transnational families. *Educational Policy, 12*(6), 682–704.

コラム 13 「グローバル人材」は「グローバル市民」のこと？

　　　　　近年，「グローバル人材になろう！」や，「グローバルな市民として……」という言葉をよく耳にするようになりました。みなさんもテレビなどで聞いたことがあるかもしれません。この二つの言葉の違いをこのコラムで考えてみましょう。

　上記の二つのフレーズに共通する言葉が「グローバル」だとすると，違いは「人材」と「市民」です。グローバル人材は日本の経済界の強い後押しから文部科学省が推進することになった人材育成プロジェクトです。「人材」とは，天然資源のように，人間を「材料」や「使うもの」ととらえる表現ともいえます（加藤，2014）。そして，企業は「優秀な人材」を探すわけなので，誰しもがグローバル人材になれるわけではありません。高い能力が求められるこの特権的な人材は，グローバルな領域で，「日本人」として「日本の企業のために」働くナショナルな所属を求められる存在です。

　それでは，「市民」はどうでしょう。市民という概念は古代ギリシャに起源をもち，現在では社会のメンバーとして，その社会に必要で，その社会がよりよくなるであろうと考えられることを自主的におこなうことを指向する人，

と理解されています。古代ギリシャでは，納税の義務を果たす一部の特権男性のみが市民でしたが，近代社会において市民の幅は市民運動の成果から拡張されてゆき，性別，階級，人種・民族に関係なく，私たちは生まれながらにして市民としての権利をもてるようになりました。「市民」は平等を志向する言葉といえるでしょう。

　1970 年代から一つの国民国家のなかで解決できない環境問題などのような問題について考えるために，「グローバル市民」という概念が生まれました。第 10 章で紹介した，グローバル・コンピテンシーの要素はグローバル市民の素養といえます。多文化化する身近な地域のため，国内外に住んでいる人びとのため，次世代のために考えて行動することが，グローバル市民の価値感といえるかもしれません。これはみなさんがおこないうる（またはすでにおこなっている）小さな行動を含みます。たとえば，海外で自然災害が起こった際，被災者を思い募金をすること，近所に住む異世代，異文化の人たちと積極的に交流すること，エコバックを使ってビニール袋を使わないようにして地球環境に配慮すること，などです。つまりみなさんの意識のあり方で，誰しもがなれるのがグローバル市民なのです。

　この二つの言葉を照らし合わせ，みなさんもどのようにこれから社会と関わっていくか考えてみてください。

（五十嵐洋己）

●参考文献

　加藤恵津子（2014）．「グローバル人材か，グローバル市民か──多様な若者の，多様な海外渡航のススメ」『留学交流』*34*, 1–11.〈https://www.jasso.go.jp/ryugaku/related/kouryu/2013/__icsFiles/afieldfile/2015/11/18/201401katoetsuko.pdf（最終閲覧日：2019 年 5 月 28 日）〉

Part III
多様性の包摂に向けた教育

　第Ⅲ部では，多様性を包摂する公正な教育を構想するにあたっては何が必要か，その方途を考えていきます。まず前半部分では，多様性を包摂する教育を考えるうえで重要なキー概念となる多文化主義，多文化教育，多文化共生に関してアメリカ（第11章）と日本の取り組み（第12, 13章）を概観します。そして後半部分では，学校内外に広がる移民の子どもの教育を支えるさまざまな場やアクター（第14, 15章）についてみていきます。すべての子どもたちの人権と尊厳が尊重されるために，教育には何ができるのか，その限界は何なのか，考えを深めてみてください。

写真：移民の子どもが増える学校では，多文化共生に向けた教育の取り組みが進んでいます。写真は移民の背景をもつ生徒が半数を占める横浜市立飯田北いちょう小学校のプロジェクト。

移民国家アメリカの多文化教育

多様性の尊重と社会的公正をめざして

額賀美紗子

> **キーワード**
>
> 多文化主義／同化主義／多文化教育／平等と公正／マイノリティ

1 はじめに：「多様性の統合」をめざすアメリカ社会

　建国以来，アメリカ合衆国のすべての硬貨と紙幣には 'E Pluribus Unum' という文字が印字されています。ラテン語で「多様性からなる一つ」という意味です。移民国家として成立したアメリカでは，どのようにして多様な人種・民族的背景をもつ人びとを一つの国のなかでまとめていけるのかという**社会統合**の問題が重要な課題となってきました。

　社会統合に重要な役割を果たすのが学校教育です。子どもたちは学校を通じて英語と教科書の知識を学び，アメリカ社会の「常識」を身につけていきます。学校は，こうした共通の言語，知識，価値観を子どもたちに授けることで，多様な人種，民族から成るアメリカという国民国家を一つにまとめていく機能を担ってきました。しかし，この一見中立的な「共通文化」はアメリカの開拓者であるアングロ・サクソン系の白人文化であり，そのなかに黒人や移民といった**マイノリティ**集団固有の文化は含まれていないことが問題提起されるようになります。学校がマイノリティの生徒に**マジョリティ**文化への**同化**を迫り，差別を助長する装置として機能していることの問題性が問われるようになったのです（☞第6章）。

　現在のアメリカの学校では，子どもたちのあいだに「共通性」をつくり出すと同時に，子どもたちの「多様性」に配慮した教育をおこなっていくことが重要な課題になっています。マイノリティ生徒の多様な文化的背景やニーズを考慮することが不可欠であるという**多文化主義**の考え方が，この半世紀のあいだにアメリカ社会に

広まっていったのです。この多文化主義のもとで，多人種・多民族国家に必要な教育のあり方として**多文化教育**（multicultural education）が提唱され，多くの移民国家で支持を得ています。

この章ではアメリカ社会の統合理念の変遷をたどり，**同化主義**から**多文化主義**への移行のなかで多文化教育が登場したことをみていきましょう。そして，アメリカにおける移民生徒の適応問題をふまえ，多文化教育が必要となる背景およびその目的と展開，課題について考えていきます。

2　統合理念の変遷

アメリカ社会には18世紀末の建国当初から**同化主義**の風潮がありました。20世紀初頭に移民が急増すると，アメリカ社会は「人種のメルティング・ポット（るつぼ）」であるという比喩が使われ，さまざまな人種や民族が集まって新しいアメリカ文化が生まれるというユートピア的な発想が社会に浸透していきました。しかし，その思想の背景には，アングロ・サクソン系の文化が唯一正統なアメリカ文化であるという考え方があり，そうしたマジョリティ文化と相容れない文化をもつ黒人や移民などのマイノリティに対する差別が依然としてつづいていました。移民は母文化を捨ててマジョリティ文化に同化するべきだとする社会的な圧力が強く存在していたのです。

この同化主義に対抗する考え方としてあらわれたのが**文化多元主義**です。各エスニック集団が個性を保ったままゆるやかにつながってアメリカという国をつくるという新しい社会イメージが打ち出され，アメリカ社会はサラダボウルやモザイクやオーケストラであると表現されるようになりました。文化多元主義では，差異の価値が積極的に認められ，母文化の尊重は基本的人権の一つとして保障されるべきだと考えられます。この主張は，黒人をはじめとするマイノリティの権利意識を高め，1960年代には人種差別撤廃を訴えて全米に広がった**公民権運動**を牽引しました。1980年代以降も，社会に存在する人種的不平等の撤廃と社会的公正の実現に焦点化した運動が引き続き活性化し，そのなかで文化多元主義に代わって**多文化主義**という言葉が台頭しました（明石・飯野，2011；南川，2016）。

2008年にはアメリカの歴史上初めてとなる黒人の大統領が選出されました。マイノリティ集団が地位向上運動を展開し，多文化主義を社会に浸透させてきた成果

ともいえます。一方、その反動として**排外主義**や同化圧力が高まる機運もみられます。アメリカ社会で同化主義を乗り越えることは容易ではなく、多文化主義とのあいだのせめぎ合いが今日もつづいているのです。

3 「平等（equality）」から「公正（justice/equity）」へ

　文化多元主義が活性化するなか、学校教育は大きく変化していきました。公民権運動以前は、「分離すれども平等」の原則のもとで白人生徒と黒人生徒を別々の学校に通わせることを慣例とする州もありました。しかし、1964年の**公民権法**制定後は、**機会の平等**が推進され、すべての子どもが同じスタートラインに立って学力を向上する機会をもつことがめざされます。ところが、「コールマン・レポート」と呼ばれる調査報告書によって、学校環境を同じ条件にするだけではマイノリティ生徒の学力は向上しないことが明らかにされます。主流社会のなかで周縁化され、さまざまな困難を抱えているマイノリティ生徒には教育機会の平等を保障するだけでは不十分で、**結果の平等**をめざして特別な支援をおこなう必要が提起されたのです。

　公民権法の制定以降、アメリカでは黒人や移民生徒に対する**補償教育**が進められました。貧困家庭の生徒に小学校入学以前からさまざまな教育機会を与える**ヘッド・スタートプログラム**や、英語を母語としない移民生徒を通常学級から取り出して特別に英語教育の機会を与える ESL（English as a Second Language）**プログラム**が開始されました。また、**バイリンガル教育法**が制定され、過渡的に母語を使うことで英語を効率的に学習させるプログラムが公立学校でも実践されていきました（☞コラム16（p.203））。

図11-1　「エスニシティ、ジェンダー、人種、宗教、性的志向にかかわらずだれもが安心できる場所」を掲げている学校内の掲示物。アメリカの学校には互いを尊重することの大切さを伝える掲示物が多く壁に貼られています

しかし，こうした教育プログラムも，必ずしもマイノリティ生徒の多様な文化的背景を尊重したものではなく，結果の平等をもたらすものではありませんでした。そこにはマイノリティ生徒はマジョリティ文化の獲得に失敗しているという**文化剥奪論**に立つ見方が強くみられ，マジョリティ集団への同化が望ましいという考え方が根底にあったといえます（ラヴィッチ，2011）。

そうしたなか，多文化主義を背景に，生徒の人種的・民族的背景を考慮した特別措置を与えることが必要であるという声が大きくなっていきました。1960年代半ばには**アファーマティブ・アクション**（積極的差別是正措置）政策が始動し，人種や宗教，性別，出身国によって雇用機会や教育機会が制限されてはならないことがアメリカ社会で強く求められるようになります。それは過去から現在に至る社会的差別を考慮し，就職や昇進，入試の際にマイノリティには特別枠や加点措置を講じて優先的に採用する慣行として，企業や大学に広がっていきます。

「機会の平等」から「結果の平等」を追求する社会の変化のなかで，「**平等**（equality）」ではなく「**公正**（equity/justice）」という言葉が積極的に使用されるようになります。公正な教育は，画一化された教育資源の分配ではなく，社会的な不利益を被っているマイノリティにはその文化的背景やニーズを考慮してより多くの教育資源を与え，結果として学力の不平等を最小限にすることを目標とします（ハウ，2004）。このように，**形式的平等**ではなく**実質的平等**の必要性がアメリカ社会で訴えられるなか，多文化教育が登場します。

4　移民の子どもの適応過程

多文化教育の内容に入る前に，アメリカに住む移民の子どもの現状をみてみましょう。2010年の国勢調査によれば，アメリカに住む18歳以下の子どもの四人に一人は，少なくとも片方の親が外国生まれの，「移民第二世代」といえる子どもたちです。従来アメリカにやってくる移民の多くはヨーロッパ出身でしたが，1965年の移民法改正以降は，アジアや南米からの移民が急増し，アメリカ社会の人種・民族構成はいっそう多様になりました。

さて，この子どもたちはアメリカ社会にどのように適応しているのでしょうか。ここでは J. W. ベリーによる**適応モデル**で説明します（Berry, 2005）。図11-2の左側の円を見てください。ベリーは横軸を「移民が母文化を維持する程度」，縦軸を「受

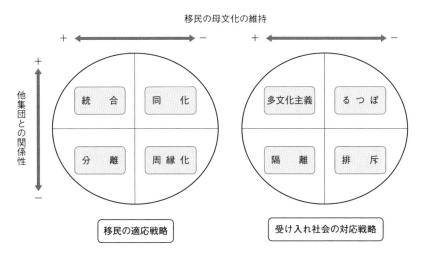

図11-2 移民の適応戦略と受け入れ社会の対応戦略の4類型（Berry, 2005）

け入れ社会において移民が他集団と関係をもつ程度」として，移民の適応戦略を四つに分類しています。**同化**は，移民が母文化を捨て，ホスト社会の言語や文化を獲得して自分のエスニック集団以外の集団（特にマジョリティ集団）と関係を強くもつパターンです。それとは対照的に，**分離**は移民が母文化を維持して自分のエスニック集団に強い帰属意識をもち，ほかの集団との関係構築を避けるパターンです。**統合**は，移民が母文化を維持すると同時にほかの集団との関係性も構築するパターンです。この場合，移民は二つの言語に堪能な**バイリンガル**になることが見込まれます。一方，**周縁化**は，移民が母文化を失ってエスニック集団に帰属することができず，またほかの集団との関係性も構築できないパターンです。この場合，移民は母国の言語も主流社会の言語も中途半端にしか獲得できない，**セミリンガル**の状態になりやすいとされます。

　どの適応戦略が高い学力や社会的地位に結びつくと思いますか。従来は同化が社会での成功に結びつくと考えられ，実際，ヨーロッパ出身の白人移民の子どもたちはアメリカ社会に同化していく傾向がみられました（ゴードン，2000）。しかし，近年増加した南米やアジアからの移民の子どものあいだには，同化とは違う適応パターンがみられるようになっています。ポルテスとルンバウト（2014）は**分節的同化理論**（☞第2章）を提示して，移民第二世代の子どもたちの適応と学力が三つのパターンに分岐していることを示しました。そのなかの一つとして，マジョリティ文化

も獲得しながら母文化も維持するという「統合」を果たす子どもたちが多く存在し，しかもそれが高い学力につながっているということが明らかにされています。

　なぜ母文化の維持が高い学力に結びつくのでしょうか。まず，幼少期に親の言語である母語の力を確立しておくことが，第二言語やさまざまな認知的スキルの習得に役立つことが明らかにされています（カミンズ, 2011）。また，家庭のなかで母語や母国の価値観が維持されることによって，親子関係のコミュニケーションが円滑になり，親が子どもの教育やしつけに関与しつづけることができます（☞第5章）。さらに，母文化を通じてエスニック・コミュニティや母国とつながりつづけることも，移民の子どもにとってさまざまな利点があります。コミュニティや母国からもたらされる物資，情報や人間関係が，親の教育関与や子どもの学習意欲を高めることに寄与するからです（Zhou & Bankston III, 1998）。

　しかし，移民の適応戦略は移民自身が自由に選択できるものではありません。それは受け入れ社会が移民をどのように受け入れているかという**移民の編入様式**によって制約を受けるからです。編入様式は，受け入れ社会の移民政策，移民に対する差別や偏見の程度，エスニック・コミュニティのあり方などを指します（ポルテス＆ルンバウト, 2014）。社会のなかに移民を歓迎する態度が浸透していて，移民の適応を支えるエスニック・コミュニティが確立されている場合，移民は「統合」の適応戦略をとりやすくなるのです。

　ここであらためて，図11-2の右側の円を見てみましょう。こちらは受け入れ社会が移民にどのような対応をしているかを四つに類型化したもので，左の移民の適応戦略パターンに対応しています。すなわち，移民が「統合」戦略をとることができるのは，受け入れ社会で多文化主義が採用されている場合です。社会が移民の文化を積極的に承認しない場合，移民の子どもたちは母文化に劣等感をもち，それを放棄していってしまうでしょう。近年の移民第二世代の子どもたちのなかにバイリンガル・バイカルチュラルな生徒が増えてきたことの背景には，アメリカ社会における多文化主義の高まりと多文化教育の浸透があると考えられます。

5　多文化教育の発展と定着

▶ 5-1　多文化教育の定義

多文化教育の定義については研究者や実践家の立場によって多様な見解がありま

すが，一定の合意も形成されています。すなわち多文化教育は，「多様性の尊重」と「社会的公正」を軸に，多民族国家において社会的弱者に位置づくマイノリティ生徒の母文化やアイデンティティの承認，学力や進路形成を保障する教育理念とその実践と考えることができます（小林・江淵, 1997；バンクス, 1999；ニエト, 2009；松尾, 2013）。

多文化教育は学校のなかにとどまるものではありません。生徒の基本的人権を尊重し，あらゆる差別に対抗する学校空間をつくり出すことで，社会的公正を実現していく社会改革運動ととらえられるべきです。多文化教育を通じてすべての生徒が不平等是正のための問題解決能力や政治的行動能力を伸ばす機会を与えられ，多様な文化的背景の人びととの自由と平等が等しく保障される民主主義社会の構築に寄与することが目標とされます（バンクスほか, 2006）。

▶ 5-2 多文化教育の展開

多文化教育は，アメリカ社会の文化多元主義と公民権運動を背景に 1970 年代頃に提唱され，その後 1970 年代後半から 1980 年代にかけて全米の教員養成コースに多文化教育が位置づけられるなど，制度化が進みました。

多文化教育の第一人者の一人であるバンクス（1999）は，多文化教育が五つの段階で進んでいったことを論じています。まず多文化教育として実践されたのは，生徒が所属するエスニック集団の歴史や文化の学習でした。そこでは，生徒が自分のルーツに対する自尊心を高め，社会の差別や偏見に抵抗する力を身につけて地位向上することがめざされました（**単一民族学習**）。次の段階では，アメリカ社会を構成する多様な集団についての歴史や文化を学習するコースが設置されます。生徒が多様なエスニック集団についての理解を深め，偏見を軽減し，集団間で友好な関係を育むための知識や態度を身につける機会が提供されます（**多民族学習**）。その発展段階として，多様な民族的・文化的視点を反映した学校のカリキュラムをつくり，包摂的な学校文化への変革を通じて平等な教育機会を実現していくこと

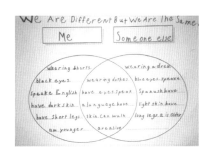

図 11-3 小学 1 年生の「わたしたちはみんな違ってみんな同じ」プロジェクト。互いの共通性と同時に，文化的・人種的な違いへの理解を深めることを目的とした授業です

がめざされます（**多民族教育**）。さらにそのあとは，人種や民族に限らず，ジェンダー，セクシュアリティ，障害，貧困など，さまざまなマイノリティの視点から公正な教育が志向される**多文化教育**の段階に達し，最終段階として多文化教育の理念にもとづく職員構成，教材，カリキュラム，教授法，評価法，教員養成プログラムの開発と運用といった**制度化**が進んでいくとされます。

▶ 5-3　多文化教育の諸次元

多文化教育では具体的にどのような実践がめざされるのでしょうか。バンクス（1999）によれば，多文化教育は相互に関連し合う次の五つの要素から構成されます。

1）教育内容の統合

教師は授業のなかで多様なエスニック集団の事例や情報を参照しながら学習を進めていくことが重要です。特に社会科，英語，芸術などの教科では，多様なマイノリティ集団の事例を用いながらテーマや概念，理論を説明する機会が豊富にあります。

2）知識の構築

学校で教えられる知識の背後にある文化的前提やバイアスについて，生徒が批判的に探究し，知識の構築過程に関する理解を深めていくことが大切です。そのために，教師は知識がどのように人種，エスニシティ，ジェンダー，階級の影響を受けているかを生徒が考えられるように支援する必要があります。一例として，アメリカの歴史をマジョリティ集団であるアングロ・サクソン系の視点からだけみるのではなく，マイノリティ集団の視点から再解釈していく学習があります。

3）偏見の軽減

自分とは異なる人種やエスニック集団に対して生徒が理解を深め，ステレオタイプを排して異集団間のよりよい関係づくりを促進することも目標の一つです。教科書のなかにさまざまな人種やエスニシティを登場させたり，異なる文化的背景をもつ生徒同士で協働学習を進めたりすることが奨励されます（オルポート，1968）。

4）公正な教育方法

生徒はエスニック背景に応じてそれぞれ固有の学習スタイルをもっていることが

明らかにされています。たとえば，アメリカの学校では個別指導が中心ですが，非白人移民の生徒の場合は小グループでの協働学習のほうが高い学習効果をあげられるという調査結果もあります。教師は生徒のエスニック背景に配慮し，文化的に適切な指導スタイルで生徒の学びを支援していくことが求められます（Ladson-Billings, 1994）。

5）エンパワーする学校文化と学校構造

　学校の文化や構造を多様な生徒を包摂するものに変化させていくことが大事です。人種の分断につながりやすい能力別クラス編成（トラッキング）や人種間の不平等が反映される公式カリキュラムおよび「かくれたカリキュラム」（☞第6章）の弊害を再検討し，教師がすべての生徒に対して高い期待をもち，人種・エスニシティの違いを越えて教師と生徒が友好的に交流する学校空間を創出していくことが必要とされます。

　以上の要素を含む多文化教育には，文化的多様性と人権に対する鋭い感性と豊富な知識をもった教師の存在が欠かせません。こうした教師を育てる教員養成プログラムを開発し，制度化していくことも重要です（☞第13章）。

6　おわりに：多文化教育の課題と展望

　多文化教育はマイノリティの子どもの自尊心や学力の向上に貢献してきましたが，その崇高な理念と学校現場の実践のあいだにはギャップがあることが大きな課題になっています。

　学校における多文化教育の実践では，多様性の尊重という目標が，マイノリティ集団の「3F」——Food（食べ物），Festival（祭り），Fashion（衣服）——のような表層的な文化学習に矮小化されがちになることが問題となってきました。このとき，各集団の**ライフスタイル**の多様性ばかりが追求され，社会の不平等構造のなかでマイノリティの**ライフチャンス**が制限されているということへの理解はおざなりになる傾向があります。また，「黒人文化は○○」「アジア系の文化は△△」といったような，集団間の文化的差異を固定的に理解する**本質主義**を促しやすく，マイノリティ集団に対するステレオタイプを助長しがちなことも問題です（平沢, 1994）。

173

学校現場で実践される多文化教育は常に社会の影響を受けていることも考慮する必要があります。2000年に制定された「落ちこぼれを作らないための初等中等教育法（No Child Left Behind Act）」は，標準テストの成績を各学校に公表させてその説明責任をとることをきびしく求め，結果として学校間の競争を激化させました。こうした競争原理と自己責任を軸とする**新自由主義的な教育政策**は，教師がマイノリティ生徒の文化的背景を考慮しながら授業を進めていくことを難しくしています。生徒がテストで高い点数をとれるように学習の標準化と効率化が進められ，多様性に対する寛容さを育む余裕が学校現場から失われているのです（額賀, 2011；松尾, 2017）。

こうした課題に対してあらためて強調されるべきは，多文化教育が社会の不平等是正のための教育であり，マジョリティとマイノリティのあいだの非対称的な権力関係を変えていく不断の教育プロセスであるということです。学校で教えられる教科書の知識や「かくれたカリキュラム」，教授法，評価方法，教師の教育意識にはマジョリティの権力（＝「**白人性**」）が見えない形で反映されています（松尾, 2013）。現在の多文化教育は，こうした社会における権力のあり方に対して強い批判的な視点を向け，マジョリティの意識とそれを支える不平等な社会構造を変えることをめざしています。

そして，多文化教育を**市民性教育**（**シティズンシップ教育**）のなかに位置づけ，すべての生徒が民主主義的な市民として成長するために，「多様性」と「統合」のあいだの複雑な関係を学んでいくことが提起されています（バンクス, 2006）。多様性か統合か，個性か共通性かという二項対立的な考え方ではなく，人種，階層，エスニシティ，宗教，ジェンダー，セクシュアリティ，障害にもとづく社会的不平等に対する批判的視点をもち，自由，平等，人権といった民主主義的価値を共通基盤として連帯していける**市民**を育てていくことが，多文化教育のめざすところです。

次章以降でみていくように，日本では2000年以降，移民生徒の増加とともに「多文化共生」をスローガンとした教育が学校現場に広がりをみせています。アメリカ社会で展開してきた多文化教育の先進的な取り組みや，議論されてきた問題点や課題を参照しながら，日本の学校現場の実情に合った多文化教育をつくっていくことが求められているといえるでしょう。

考えてみよう

①アメリカで多文化教育が発展した背景にはどのような統合理念の変化やマイノリティの問題があったのでしょうか。

②多文化教育はどのような理念や方法をとおしてマイノリティ生徒の自尊心や学力を高めようとしているのでしょうか。

③多文化教育はどのように国民国家における「多様性の統合」の問題に取り組もうとしているでしょうか。その際にどのような難しさがあるでしょうか。

読書案内

①バンクス, J. A. ／平沢安政 [訳] (1999). 『入門多文化教育——新しい時代の学校づくり』明石書店

多文化教育の第一人者が多文化教育の理念, 方法, 実践について詳しく記した基本的な概説書です。公正な教育を保障するためのカリキュラム, 学校文化, 授業方法の改革についてさまざまな提案がなされ, 民主主義的な多民族国家の形成に教育が果たす役割について平易な文章で説明しています。

②アップル, M. W.・ビーン, J. A. [編] ／澤田稔 [訳] (2013). 『デモクラティック・スクール——力のある学校教育とは何か』上智大学出版

アメリカの七つの学校の実践例をもとに, 文化的多様性と社会的公正に配慮した教育のあり方がいきいきと紹介されています。新自由主義的な教育政策に抗い, 教師, 生徒, 地域社会が力を合わせて民主主義的な学校をつくっていく可能性について, さまざまなヒントを与えてくれます。

③松尾知明 (2017). 『多文化教育の国際比較——世界10か国の教育政策と移民政策』明石書店

世界10か国において多文化教育がどのように展開されているのか, 国家の統合理念や歴史をふまえて国際比較しています。多文化教育の国際的動向とともに各国に固有の政策をつかむことができ, 日本における多文化共生教育を国際比較の視点から検討するうえでも役立ちます。

▶参考文献

明石紀雄・飯野正子（2011）．『エスニック・アメリカ——多文化社会における共生の模索　第3版』有斐閣

オルポート，G. W. ／原谷達夫・野村昭［訳］（1968）．『偏見の心理』培風館

カミンズ，J. ／中島和子［訳］（2011）．『言語マイノリティを支える教育』慶應義塾大学出版会

ゴードン，M. M. ／倉田和四生・山本剛郎［訳編］（2000）．『アメリカンライフにおける同化理論の諸相——人種・宗教および出身国の役割』晃洋書房

小林哲也・江淵一公［編］（1997）．『多文化教育の比較研究——教育における文化的同化と多様化　第3版』九州大学出版会

ニエト，S. ／フォンス智江子・高藤三千代［訳］（2009）．『アメリカ多文化教育の理論と実践——多様性の肯定へ』明石書店

額賀美紗子（2011）．「「公正さ」をめぐる教育現場の混迷——NCLB法下で「容赦なき形式的平等」が進むアメリカの学校」『異文化間教育』34, 22-36.

ハウ，K. R. ／大桃敏行・中村雅子・後藤武俊［訳］（2004）．『教育の平等と正義』東信堂

バンクス，J. A. ／平沢安政［訳］（1999）．『入門多文化教育——新しい時代の学校づくり』明石書店

バンクス，J. A. ほか／平沢安政［訳］（2006）．『民主主義と多文化教育——グローバル化時代における市民性教育のための原則と概念』明石書店

平沢安政（1994）．『アメリカの多文化教育に学ぶ』明治図書出版

ポルテス，A.・ルンバウト，R. ／村井忠政［訳］（2014）．『現代アメリカ移民第二世代の研究——移民排斥と同化主義に代わる「第三の道」』明石書店

松尾知明［編著］（2013）．『多文化教育をデザインする——移民時代のモデル構築』勁草書房

松尾知明（2017）．『多文化教育の国際比較——世界10カ国の教育政策と移民政策』明石書店

南川文里（2016）．『アメリカ多文化社会論——「多からなる一」の系譜と現在』法律文化社

ラヴィッチ，D. ／末藤美津子［訳］（2011）．『教育による社会的正義の実現——アメリカの挑戦（1945～1980)』東信堂

Berry, J. W. (2005). Acculturation: Living successfully in two cultures. *International Journal of Intercultural Relations, 29*(6), 697–712.

Ladson-Billings, G. (1994). *The dreamkeepers: Successful teachers of African American children*. San Francisco: Jossey-Bass.

Zhou, M., & Bankston III, C. L. (1998). *Growing up American: How Vietnamese children adapt to life in the United States*. New York: Russell Sage Foundation Press.

コラム **14**　移民の教育に関する国際比較

　海外では移民やエスニックマイノリティの教育について，どのような課題があり，どのような取り組みがなされているのでしょうか。移民の教育に関する国際比較の学習の材料としては，下記のような国際比較指数が参考になります。

　移民統合政策指数（Migrant Integration Policy Index：MIPEX）や，多文化主義政策指数（Multiculturalism Policy Index：MPI）などのウェブサイトでは，さまざまな国の移民統合政策および多文化主義政策に関する報告書をダウンロードできます。

　たとえば，EU がおこなっている MIPEX は，労働市場の流動性，家族結合，教育，健康，政治参加，永住，帰化（国籍取得），反差別の 8 項目について，世界 56 か国の移民に関する政策状況を評価しています。日本については 100 点満点中 47 点というスコアで，参加国の平均以下という 38 か国中 27 位という評価がなされています。なかでも教育については，教員や移民の生徒および保護者が，ニーズにあったサポートを受ける機会，異文化間教育（intercultural education）を受ける機会が限られているとコメントされています（MIPEX ウェブサイト 2019 年調査結果）。

　また，移民の子どもたちの学力については，経済開発協力機構（Organization for Economic Co-operation and Development：OECD）の学習到達度調査（Program for International Student Assessment：PISA）の報告書が参考になります。現時点では，日本のデータは国籍などの項目が不明で，移民生徒の分析が充分にできません（ただし 2005 年に父親の出身国が日本以外である家庭がごくわずか含まれていることがわかっています）。諸外国の移民とネイティブの子どもの学力についての分析などを見ながら，各国で移民の子どもたちの教育にはどのような課題があるのか，調べてみましょう。同じエスニックグループでも，ホスト社会の政策や社会的状況によっては，教育達成の度合いに違いがみられるかもしれません。これまでに学んだ日本の移民に関する政策や教育の現状と，諸外国のそれとの違いはどのようなところにあるのでしょうか。日本語訳の報告書も出版されていますから（OECD 2017, 2018 など），調べたことをもとに意見交換してみましょう。

（髙橋史子）

●参考文献

OECD［編著］／布川あゆみ・木下江美・斉藤里美［監訳］三浦綾希子・大西公恵・藤浪海［訳］（2017）.『移民の子どもと学校——統合を支える教育政策』明石書店

OECD［編著］／木下江美・布川あゆみ・斎藤里美［訳］（2018）.『移民の子どもと世代間社会移動——連鎖する社会的不利の克服に向けて』明石書店

Migrant Integration Policy Index〈http://www.mipex.eu/（最終閲覧日：2019年3月18日）〉

Multiculturalism Policy Index〈https://www.queensu.ca/mcp/（最終閲覧日：2019年3月18日）〉

OECD, Programme for International Student Assessment〈http://www.oecd.org/pisa/（最終閲覧日：2019年3月18日）〉

Chapter 12 多文化共生と日本の学校教育（施策編）

公正な社会をめざす学校教育のあり方とは

山野上麻衣

> キーワード
>
> 多文化共生／国際理解教育／外国人児童生徒教育／学力保障・進路保障／入試における外国人特別枠

1 はじめに：自分のこととして考えてみよう

「「**多文化共生**」，または「外国人との共生」は必要だと思いますか」——このように問われて，あなたはどのように考えますか。なんとなくのイメージをもつ人もいるかもしれませんが，具体的には多文化共生とは何をめざすことなのでしょうか。本章では，まずは多文化共生という概念について学んだうえで，多文化共生と日本の学校教育について施策の観点から考えます。

2 多文化共生とは何か

▶ 2-1 概念のルーツと公的定義

「多文化共生」は，諸外国の多文化主義や移民の統合をめぐる議論を参照することなく定着した，日本独自の概念だとされています（樋口, 2010 ; 宮島, 2014）。川崎における在日朝鮮人を中心とした反差別運動（崔・加藤, 2008）や，1995年の阪神淡路大震災後の市民活動で使われ始め，その後広がったとされています（近藤, 2011）。「多文化共生」という語はマイノリティの権利を支えようとする市民活動を主導する理念として，草の根から出てきたものであることをまずはおさえておきましょう。

この語が広がり始めた1990年代は，製造業のさかんな地域にブラジル人を中心とする日系南米人が急激に増え始めた時期でもありました。言語や文化の異なる住

民を前にして，地方自治体は通訳・翻訳などの多言語サービスを中心に対応を進めました。2000年代に入ると，集住地域の自治体も積極的に「多文化共生」という語を使い始めます。2006年には総務省により「地域における多文化共生推進プラン」が策定されるとともに「多文化共生の推進に関する研究会報告書」が出され，多文化共生は「国籍や民族などの異なる人々が，互いの文化的ちがいを認め合い，対等な関係を築こうとしながら，地域社会の構成員として共に生きていくこと」と定義されます（総務省, 2006a）。これを受けて，現在は多くの自治体において多文化共生推進指針が策定されています。法学の立場からは，総務省の定義を積極的に受け止めながら，差別禁止法の制定や外国籍住民の地方参政権の保障などの議論へとつなげようとする解釈もあります（近藤, 2011）。

▶ 2-2 「多文化共生」に向けた取り組みの現状と課題

それでは，多文化共生に向けて，具体的にどのような取り組みがおこなわれているのでしょうか。日系南米人が急増した地域では，行政主導で目前の問題に対処していくなかで，この語が使われるようになりました（渡戸, 2010）。この場合の行政による多文化共生策は，ゴミ分別ポスターの多言語化や日本語教室の実施など，移民の日本社会への適応支援策が中心になります。また，地域社会のマジョリティ住民向け施策としては，交流イベントの実施が広くみられます。ここにはどのような課題があるでしょうか。

まず，適応支援策は，善意であっても同化主義や文化の剥奪につながりかねないことに注意が必要です。言語・文化的な適応の負担をマイノリティ側に一方的に求める状態は「共生」とはいえないでしょう。さらには，総務省の定義のように人びとが対等な関係を築こうとしながら個人レベルで共に生きることを推奨するだけでは，社会構造上の不平等の隠蔽につながるとの指摘もあります（樋口, 2010）。移民が使い捨ての労働力として不安定な生を余儀なくされる不公正な社会を放置しながら，個々人で仲良くしましょうと呼びかけて済ませる対応への批判です。多文化共生の理念は，いまある社会にマイノリティを適応させることではなく，多様な人びとが公正な条件下に生きられる社会を新たに構想するためにあるのです。

▶ 2-3 多文化共生と学校教育

次に，多文化共生の理念は学校教育とどのように結びついているのでしょうか。学校教育における移民の子どもを取り巻く対応は，行政用語では「**外国人児童生徒**

教育」と呼ばれています。これは後でみるように，外国人児童生徒を日本の学校に適応させるという性格が強いものです。日本では多文化教育という用語が浸透しておらず，しかし一方で同和教育，在日朝鮮人教育（☞第1章）の実践のなかに，学校の機能や文化を批判しつくり変えていく動きがみられてきたとも指摘されます（中島, 1998）。多様な背景をもつ人びとのあいだで公正な社会をつくるために，学校教育はどうあるべきなのでしょうか。この大きな問いを念頭に，施策の現状と課題をみていきましょう。

3　異文化の理解をめぐる施策

▶ 3-1　国際理解教育の始まりと展開

　国際理解教育は国際化やグローバル化が進んだために必要になったと考えている人もいるかもしれません。しかし，出発点は70年以上も昔，世界を巻き込んで国民国家が敵対し合い，他国民や劣等扱いされた民族に属する人びとの大量殺戮が起きた，悲惨な戦争への反省にあります。終戦後の1948年には国際連合（以下，国連）「世界人権宣言」が採択されます。日本の文部省（当時）も国連の専門機関の一つであるユネスコの方針を重視し，国際理解教育の基本目標として「基本的人権の尊重」を掲げて，それを基盤とした異文化の理解と尊重，世界連帯意識の形成がめざされました。たとえば川崎市では「朝鮮人に対する偏見除去の研究」など地域社会の現実との関連もふまえた取り組みがなされました。

　1966年には国際人権規約が採択され，具体的な人権教育の重要性が国際的に強調されます（1974年ユネスコ国際教育勧告）。しかし同時期の日本はまだ規約を批准しておらず（1979年に批准），むしろ高度経済成長を受け，世界で活躍する日本人の育成をめざす「ナショナリズムとしての国際理解教育」（佐藤, 2001）が展開され，力点は異文化理解へと移っていきます（佐藤, 2010；藤原・野崎, 2013）。この時期に，国際理解教育をめぐる施策を講じるうえで，人権や公正など普遍的な理念への関心が薄まったともいえるでしょう。また同時期には，グローバル化に伴う海外帰国生の教育が課題となります（☞第3章）。日本語指導を含め，帰国生の学校適応に向けた「救済」策は，今日の外国人児童生徒教育の源流となっていきます。

▶ 3-2 異文化理解アプローチの限界

現在も国際理解教育は「グローバル人材の育成に向けた教育の充実」の下位項目として位置づけられています（文部科学省, 2018）。ともすると，このような異文化理解や「グローバル○○」などをもって「多文化共生の教育」がおこなわれていると誤解されがちです。国益追求のための人材育成は国際理解教育の本来の目的とは異なるものです。また，普遍的な理念に根ざしていたとしても，主流の文化に属す子どもの異文化理解に焦点化するアプローチには次のような限界があります。

第一に，マジョリティの子どもたちが異文化を理解することと，主流の文化に属さない子どもたちが自らのアイデンティティを育むための資源を得ることは別の話です。マジョリティを対象とする施策は比較的賛同を得やすいですが，他方で外国人学校，民族学級，母語・継承語教育などはどのように考えたらよいのでしょうか。「だってここは日本だから」と反射的に思った読者もいることでしょう。そう考える人が多いと，このような内容を施策として実施・支援するための合意形成は難しくなります。たしかに社会を統合する観点からは，最低限どのような価値を共有すべきかという視点は重要です。しかしながら，何を共有の価値とすべきかという議論を回避し，「ここは日本だから」と現状への適応を要求することは，不公正な社会の維持につながります。

第二に，文化のみに焦点化すると，社会経済的平等の観点を取りこぼすことにつながります。移民・難民は家庭の経済的・文化的な資源が限られていることが多く，世界的にみても子どもが学校で成功しにくいことが指摘されています（OECD, 2018）。構造的に不利な状況にある集団の子どもたちが学力をつけて自分の進路を選びとるために学校は何をすべきかとの議論は，日本においても歴史があります。**学力保障**や**進路保障**は，被差別部落の子どもたちへの同和教育実践の核として鍛えあげられてきた概念です（平沢・外川, 2013）。被差別部落を取り巻く運動は，教科書無償化や，マイノリティ児童生徒が多い学校への教員の**加配**（法令で定められた定数に加えて教員を配置すること）など制度的な裏づけへとつながってきました。進路保障という理念は，限られた選択肢に子どもたちを適応させることをめざすのではなく，就職差別との闘いを通じ機会を切り開いていく運動をも導きました。学力保障や進路保障という理念は，外国人児童生徒教育の実践にも受け継がれています。このことを念頭に，次節では外国人児童生徒教育施策の動向をみていきます。

12 多文化共生と日本の学校教育（施策編）

4 外国人児童生徒を取り巻く教育施策

▶4-1 教育機会の平等

教育の平等を考える際には，出自や家庭環境に関わらず教育機会にアクセスできることが出発点となります。外国籍の子どもの場合，就学義務の対象としないという行政解釈により，就学の権利は保障されていません（☞第1,2,6章）。なかでも在留資格のない子どもは弱い立場にあります。文部科学省は，本人および保護者が希望する場合には無償で公立学校に受け入れるようにとの立場です。しかし，地方自治体が子どもを学校に受け入れない場合，「義務教育の対象ではない」という解釈を前提とし，その状況の是正には踏み込んでいません。子どもの教育への権利という基本的人権を保障していないことにつき，日本政府は国際的に批判を受けています。

外国籍でも家庭の所得が一定水準に満たない場合には，給食費などにあてる就学援助金の受給が可能です。就学年齢，授業料・教科書が無償であること，就学援助などの重要な情報について，文部科学省は「外国人児童生徒のための就学ガイドブック」（文部科学省，2015）を多言語で作成し，公開しています。なぜ「多文化共生」の話の流れで就学援助の話題が出てくるのか，不思議に思った読者もいるかもしれません。多文化共生を文化の問題として考えていると，経済的な問題には目が向きません。しかしながら，2008年の経済危機を受けて，文部科学省が全国的な外国人の子どもの不就学対策事業をおこなうほどに，日本で暮らす移民，とりわけ南米系の人びとの日々の生活は追い詰められました（山野上，2015）。景気の調整弁として働くということは，不況時には子どもが学校に通えなくなるほどに生活の根底を揺るがされるということです（☞第8章）。機会の平等を考える際には，制度だけではなく，構造的な不平等や貧困にも目を向ける必要があります。

▶4-2 日本語指導を取り巻く施策の概要

さて，想像してみてください。学校に入るための手続きが済み，教室に机といすが用意されたことで，日本語がわからない子どもにとって実質的に教育が保障されているといえるでしょうか。形式的な就学機会の保障だけでは実質的な学力保障にはつながりません。バイリンガル教育という方法もありますが（☞第11章，コラム16（☞p.203）），日本では施策として積極的に位置づけられることはほぼなく，学習に参加する条件として日本語を身につけることが要請され，それに向けた支援が

183

おこなわれます。政府の施策としては，①指導体制の整備・充実，②教員などの養成・確保，③指導内容の改善・充実，④就学・進学・就職の促進という4点を基本的な柱としつつ，制度づくり，予算の確保やカリキュラムの整備，教員研修など具体的な方策に取り組んでいます。

　日本語指導などのための教員の加配については1992年度から実施されており，対象となる児童生徒の多い学校においては，この制度を用いて，子どもが在籍し，ふだん授業を受けている学級（在籍学級）から日本語のわからない子どもを「取り出し」て，別室で日本語指導をおこなう特別学級（「国際教室」「日本語学級」など名称は多様）が設置されてきました。日本では各学年で指導すべき内容が学習指導要領で細かく定められており，全国どこでも同様の教育を受けられることが平等な機会の保障だと考えられています。「取り出し」による日本語指導は学習指導要領に準拠しないため，じつは制度的にはグレーなまま必要に迫られておこなわれていました。2014年度からは，日本語がわからない児童生徒について「**特別の教育課程**」の編成が認められ，推奨されるようになりました。必要な手続きを踏めば学習指導要領と異なる内容を指導してよいという，障害児教育の文脈ですでにあった制度に準じる形で導入されたものです。さらには，2020年度から用いられている学習指導要領においては，日本語の習得に困難のある児童生徒に対する日本語指導が初めて盛り込まれました（文部科学省, 2017 : 25）。

　教育課程編成上の問題がクリアされたとしても，実施に際してはさまざまな障壁があります。集住地域においては，1990年代以降，外国人児童生徒教育の経験を積み，県や市の独自予算で配置された通訳や外国人相談員などを含む多くのスタッフを擁し，体系的な支援をおこなう学校もあります。他方で非集住地域においては，予算や人材の面から特別な人的配置は難しいことが多く，理念や方法論の蓄積もないなかで，子どもたちは十分な教育機会を与えられず，子どもたちも学校も格闘しています。

▶ 4-3　日本語指導と学力保障

　加配教員は，「日本語指導が必要な児童生徒の受入状況等に関する調査」（☞第2章）のカウントをもとに配置されます。日本語指導が必要な子どもたちを判別するのは各教員・各学校ですが，2006（平成18）年度調査以降は，日常会話に不自由する児童生徒だけではなく，「学年相当の学習言語が不足」している児童生徒も指導を必要とする対象として含むことが明示されています。日本語指導は学校生活への適応を目的とした一時的なものではなく，学力保障の一環をなすものと想定されてい

ることがわかります。

　しかし現実には，小学校6年生で来日した子どもに1年生の国語ドリルを与えて延々とひらがなを書かせつづけるような実践がおこなわれがちです。個人差はありますが，学齢期の途中で来日した子どもの場合，これでは子どもの意欲を失わせるか，やる気がつづいたとしてもいつまでも「遅れ」は取り戻せないことのほうが多いでしょう。学力を保障するためには，どのような実践が必要なのでしょうか。

　日本語指導のカリキュラム開発は1990年代から進められており，初期指導に用いる教材につづき，**JSL**（Japanese as a Second Language）**カリキュラム**が文部科学省主導で開発されました。これは，教師自身が柔軟にカリキュラムを組み立て，日本語指導と教科指導を統合することを意図したものです。授業のなかで日本語の文型を意識的に導入するほか，絵や写真など視覚情報を増やす，新規概念の提示方法を工夫するなど，教え方を変えることで，日本語がわからない子どもだけではなく，すべての子どもが参加しやすい授業をめざせるとされています。ただし，これには教師としての高い力量が必要とされるため，JSLカリキュラムの理念や実践は簡単には普及していません。しかし，授業を変えることにより年齢相応の認知的な学習活動に参加させながら日本語も同時に伸ばすことをめざすこの理念には，学力保障の概念も織り込まれており，非常に重要な視点であるといえるでしょう。

　なお，2019年4月には，中央教育審議会への諮問のなかで，外国人児童生徒教育が初めて大きく取り上げられました。今後の政策動向が注目されます。

5　教育における公正を考える：高校入試の特別枠をめぐって ───

▶5-1　外国人生徒の高校進学状況と入試特別枠

　小中学校を中心にいろいろな施策が展開されるなかでも，外国籍の子どもたちの高校進学率は依然として全体よりも低い状態にあります（☞第2章）。この背景は複雑なのですが，小中学校において十分な支援を受けられず学習に困難を抱え，進学をあきらめた人たちが一定数いるとみてまちがいありません。日本社会で生きていくうえで，高校を卒業していないことは深刻な不利益につながります。日本人の両親のもとで日本に生まれ育った子どもたちと同じ条件で勝ち抜かなければ高校に合格できず，高校に行けなければその後の人生が大きく左右されてしまう状況は，公正であるといえるでしょうか。不利な条件下にある人びとの実質的平等をめざすた

めのアファーマティブ・アクションの考え方について前章で学びました。本節では日本におけるその一例として，高校進学のための**外国人特別枠**について考えます。

文部科学省は日本国籍を有する海外帰国生については特別に配慮し積極的に受け入れるよう高校の設置者である都道府県などに通知を出して要請しており，入試における「**海外帰国生特別枠**」は各地に存在します（☞第3章）。しかしながら，同じように本人の選択ではなく，学齢期に言語・文化や学校教育システムの異なる国から渡日した外国人生徒の高校進学問題について，文部科学省は問題であると認識しながらも，今のところ具体的な施策には結びついていません[1]。

そのなかでも特別枠や特別措置を設けている都道府県もあり，特に先進的な取り組みとして言及されることが多いのが大阪府（志水, 2008）と神奈川県（宮島, 2014）です。この大阪，神奈川に共通することとして，学校教員による特別枠設置の運動の歴史があることが指摘できます。大阪においては，外国人特別枠での受験の際に母語による作文を採用している点が注目されます。また，神奈川においては，枠の数の多さや，枠の設置に伴う入学後の支援体制の整備が着目されてきました。

▶ 5-2　特別枠の整備をめぐる課題

現在のところ，外国人特別枠の整備状況には大きな地域間格差があります。特に非集住地域においては，外国人生徒が高校に進学できないのは個人的な不運か，子どもを日本に連れてきた親の責任とみなされることさえあります。「若干名」という曖昧な形で形式的に枠があっても，結局は試験の点数によって落とされてしまい，特別枠が機能していない地域もあります。この点に関し，大阪や神奈川では定員内不合格者を出すことが認められておらず，たとえば特別枠定員が10名の学校では，受験生が10名以内なら不合格者を出さないという原則が徹底されていることが重要です。大阪や神奈川は，外国人特別枠をめぐる議論とは別途，障害児が高校で学ぶ権利の観点からも運動の蓄積がある土地です。根本には，大阪，神奈川のように，希望するすべての子どもが高校で学ぶ権利の保障を重視する考え方と，高校で学ぶための学力・日本語力を入試の時点で，また一律の基準で証明できなければ入学さ

1）海外帰国生枠，ニューカマー生徒のための外国人特別枠のほか，中国帰国者の多い自治体では中国帰国生などのための特別枠が設置されてきた経緯もあります。実態としてはこの三つが併存する自治体もあれば，中国帰国生を海外帰国生や外国人生徒として扱う自治体もあります（安場, 2003）。

せないという適格者主義の対立があります。

　対象範囲をめぐる議論もあります。外国人特別枠の受験には「外国籍」であることが基本的な要件になります。しかし，日本人父とフィリピン人母のあいだに生まれ，日本国籍を有しているがフィリピンで育てられたというような事例は，決して珍しくありません。高校進学にあたって抱える困難は外国籍の子どもと同じですが，現状ではこのような子どもたちは外国人特別枠が利用できません。さらには，外国籍でも日本育ちの子どもをどうとらえるかとの問題もあります。日本育ちの子どもたちが増えるなか，「滞日3年未満」などの特別枠の要件を緩和すべきとの議論があります。留意が必要なのは，枠が増えないなかで期間を延ばすと，日本で長く暮らしている子どもが有利になり，当初の趣旨であった来日間もない子どもの不利を和らげるという意図が達成できなくなる点です。要件を緩和するならば，同時に枠の拡充が必要であるともいえます。しかし，日本育ちの子どもの低学力を高校入試で対応するのが筋なのかという問題もあり，特別枠の拡充の際にはこの点の議論も不可欠になるでしょう。

　最後に，特別枠で高校に入学できたとしても，支援のない環境では高校の授業についていくのは当然大きな困難を伴います。入り口での特別枠の議論と同時に，在学時の支援体制の検討も必要になります。

6　おわりに：多文化共生の教育に向けて

　ある日本育ちのブラジル人の若者が，子ども時代を振り返り「学校は日本人のための場所だった」と語りました。彼が語っていたのは，日常的な教師や級友との関係性のなかで，自分の文化が無視され，または否定され排除されるという経験でした。これは個人的な問題というよりも，制度的なカリキュラムや教授言語において異文化が扱われない，または明示的に否定されることにより，日常的な関係性においても差異が抑圧される傾向を導いているといえます。日本における学力保障の概念は，受験対応の必要に迫られるなかで，現状のカリキュラムをいかに効率的に教えるかという点に収斂しがちです。しかし，日本国籍をもつ子どものルーツも多様化しているなかで，「いかに「日本人」と肩を並べるよう育てるか」という視点での支援は限界を迎えています。学校教育における多文化共生を本気で構想するならば，適応支援の方策だけではなく，実質的な平等／公正な教育をめざす観点から，カリ

キュラムや入試形態のあり方についての議論も同時に必要となるはずです。

　施策は行政官に任せておけばよい，自分とは縁遠いことだと考える人もいるかもしれません。しかし，何かしたいと思ったときに支援活動の現場に直接参加することはさまざまな条件から難しいことも多いでしょう。それに比べれば，施策について考え，議論することは誰にとっても可能であり身近なことであるはずです。立法・行政府に声を届ける方法もいろいろあります。多文化共生は誰かが与えてくれるものではなく，自らで実現していくものなのです。

考えてみよう

①外国籍住民が多い都道府県を調べてみましょう（「在留外国人統計」）。そのなかで「多文化共生推進指針」を制定しているところがあるか，調べてみましょう。あなたの暮らす地域（都道府県または市区町村）でも同様の指針があれば，内容を比較してみましょう。

②高校入試の外国人特別枠について，賛成・反対ともにどのような理由があるか，移民の生徒やその保護者，日本人生徒やその保護者，中学校の担任・進路指導担当，高校の教師，教育委員会，地域住民など，多様な立場からできるだけ多くあげてみましょう。

③②であげた理由を周囲の人と共有しながら，リストをつくってみましょう。リストを見ながら，外国人特別枠の設置について社会としてどのように考えていけばよいのか，話し合ってみましょう。

読書案内

①渡戸一郎・井沢泰樹［編著］（2010）．『多民族化社会・日本──〈多文化共生〉の社会的リアリティを問い直す』明石書店
大学生・大学院生向けの入門書として編まれており，日本における移民問題の歴史やキー概念を多様な側面から学び，深めることができます。移民から日本社会の側を問うためのヒントもたくさん得られることでしょう。

②宮島喬（2014）．『外国人の子どもの教育──就学の現状と教育を受ける権利』東京大学出版会
外国人の子どもの教育の保障を一貫した主題としながらも，社会学の視点から家

庭の置かれた貧困や剥奪，国籍と子どもの権利をめぐる問題系にも切り込む論考を含んだ論集です。教育の保障は学校教育内部にとどまる問題ではないことに深く気づかされます。

③文部科学省（2011）．『外国人児童生徒受入れの手引き』〈http://www.mext.go.jp/a_menu/shotou/clarinet/002/1304668.htm（最終閲覧日：2019年5月29日）〉

学校教育現場／教育行政において外国人児童生徒に関わる人に向けて，文部科学省がまとめた手引きです。外国人児童生徒の受け入れに際して何が問題になり，教師・学校・教育委員会としてどのように対応していけばよいのかをカラーで読みやすくまとめてあります。

▶参考文献

上杉孝實・平沢安政・松波めぐみ［編著］（2013）．『人権教育総合年表──同和教育，国際理解教育から生涯学習まで』明石書店

外国人生徒・中国帰国生徒等の高校入試を応援する有志の会（2018）．「都道府県立高校（市立高校の一部を含む）における外国人生徒・中国帰国生徒等に対する2018年高校入試の概要」〈https://www.kikokusha-center.or.jp/shien_joho/shingaku/kokonyushi/other/2017/2017matome%20.pdf（最終閲覧日：2019年5月29日）〉

学校における外国人児童生徒等に対する教育支援に関する有識者会議（2016）．「学校における外国人児童生徒等に対する教育支援の充実方策について（報告）」〈http://www.mext.go.jp/b_menu/houdou/28/06/1373387.htm（最終閲覧日：2019年5月29日）〉

近藤敦（2011）．「多文化共生政策とは何か」近藤敦［編著］『多文化共生政策へのアプローチ』明石書店，pp.3-14.

佐藤郡衛（2001）．『国際理解教育──多文化共生社会の学校づくり』明石書店

佐藤郡衛（2010）．『異文化間教育──文化間移動と子どもの教育』明石書店

志水宏吉［編著］（2008）．『高校を生きるニューカマー──大阪府立高校にみる教育支援』明石書店

総務省（2006a）．「多文化共生の推進に関する研究会報告書──地域における多文化共生の推進に向けて」〈http://www.soumu.go.jp/kokusai/pdf/sonota_b5.pdf（最終閲覧日：2019年5月29日）〉

総務省（2006b）．「地域における多文化共生推進プラン」〈http://www.soumu.go.jp/menu_seisaku/chiho/02gyosei05_03000060.html（最終閲覧日：2019年5月29日）〉

崔勝久・加藤千香子［編］（2008）．『日本における多文化共生とは何か──在日の経験か

ら』新曜社

中島智子［編著］(1998).『多文化教育——多様性のための教育学』明石書店

樋口直人 (2010).「「多文化共生」再考——ポスト共生に向けた試論」『大阪経済法科大学アジア太平洋研究センター年報』7, 3–10.

平沢安政・外川正明 (2013).「同和教育」上杉孝實・平沢安政・松波めぐみ［編著］『人権教育総合年表——同和教育，国際理解教育から生涯学習まで』明石書店，pp.10–43.

藤原孝章・野崎志帆 (2013).「国際理解教育・開発教育」上杉孝實・平沢安政・松波めぐみ［編著］『人権教育総合年表——同和教育，国際理解教育から生涯学習まで』明石書店，pp.114–140.

宮島喬 (2014).『外国人の子どもの教育——就学の現状と教育を受ける権利』東京大学出版会

文部科学省 (2011).「外国人児童生徒受入れの手引き」〈http://www.mext.go.jp/a_menu/shotou/clarinet/002/1304668.htm（最終閲覧日：2019 年 5 月 29 日）〉

文部科学省 (2015).「外国人児童生徒のための就学ガイドブック」〈http://www.mext.go.jp/a_menu/shotou/clarinet/003/1320860.htm（最終閲覧日：2019 年 5 月 29 日）〉

文部科学省 (2017).「学習指導要領（平成 29 年告示）　小学校」〈http://www.mext.go.jp/component/a_menu/education/micro_detail/__icsFiles/afieldfile/2019/03/18/1413522_001.pdf（最終閲覧日：2019 年 5 月 29 日）〉

文部科学省 (2018).「平成 29 年度版　文部科学白書」〈http://www.mext.go.jp/b_menu/hakusho/html/hpab201801/1407992.htm（最終閲覧日：2019 年 5 月 29 日）〉

安場淳 (2003).「各都道府県による“中国帰国生徒・外国人生徒”の進学保障の現状——公立高校の入試特別措置の設置状況についての調査報告」『中国帰国者定着促進センター紀要』10, 1–30.

山野上麻衣 (2015).「ニューカマー外国人の子どもたちをめぐる環境の変遷——経済危機後の変動期に焦点化して」『多言語多文化——実践と研究』7, 116–141.

渡戸一郎 (2010).「外国人政策から移民政策へ——新たな社会ビジョンとしての「多民族社会・日本」」渡戸一郎・井沢泰樹［編著］『多民族化社会・日本——〈多文化共生〉の社会的リアリティを問い直す』明石書店，pp.257–276.

渡戸一郎・井沢泰樹［編著］(2010).『多民族化社会・日本——〈多文化共生〉の社会的リアリティを問い直す』明石書店

OECD［編著］／木下江美・布川あゆみ・斎藤里美［訳］(2018).『移民の子どもと世代間社会移動——連鎖する社会的不利の克服に向けて』明石書店

12 多文化共生と日本の学校教育（施策編）

コラム **15** 公立学校で働く外国籍教員

　　グローバリゼーションの進展や外国にルーツをもつ子どもたちの増加に伴い，公立学校の多文化化が課題となっていますが，多国籍化・多文化化しているのは決して児童生徒ばかりではありません。1970–80年代には公立学校で働く外国籍教員の国籍は，韓国，朝鮮，中国などオールドカマーがほとんどでしたが，近年では，ブラジル，ベトナム，ネパール，バングラデシュなど，多様化してきています。

　そもそも外国籍者が公立学校の教員になれること自体，あまり知られていません。現在では教員採用試験に国籍要件はありません。2012年におこなわれた全国都道府県および政令指定都市教育委員会を対象とした調査（回収率91%）では，全国に257人の外国籍教員がいることが明らかになりました（中島, 2017）。公表・回答しない旨の回答があった長野県と愛知県，無回収の千葉県，東京都，福井県，鳥取県，山口県，名古屋市を含めると，300人近いのではないかと推察されます。

　このように，外国籍者も公立学校の教員になれるのですが，採用時の職は，一般的な「教諭」ではなく，「任用の期限を附さない常勤講師」となります。つまり外国籍者は日本国籍者と同じ職にはなれないのです。なぜでしょうか。

　一部の公務員を除き，国家公務員法および地方公務員法には，就任要件に国籍が定められていません。しかし国は，「公権力の行使および国家意思の形成への参画にたずさわる公務員となるためには，日本国籍を必要とするものと解すべき」（1953年内閣法制局）であるとの見解を示しています。これは，法の明文規定はないけれども当然の解釈であるとするもので，「当然の法理」と呼ばれます。そして1982年，政府は，国公立大学の教員に外国籍者の任用を認める一方，国公立の小，中，高等学校の教諭は，公権力の行使および公の意思形成への参画に関わる業務をおこなう職であるため，当然の法理が適用される，すなわち外国籍者を教諭として任用することは認められないとの立場を示します。この政府見解の影響を受けて，教員採用試験に国籍要件を明記する自治体が現れ，他方，国籍要件がなく外国籍者を教諭として採用していた自治体でも，採用を凍結するようになりました。

　事態が大きく転換するのは1991年のことです。韓国と日本の外相のあいだで取り交わされた覚書で，韓国籍者の公立学校教員への採用の途をひらくことが明記されました。これを受け，文部省は外国籍者の教員採用試験の受

験を認めること，合格した者の職は「任用の期限を附さない常勤講師」とすることを，各教育委員会に通知します。こうして外国籍者の教員採用への門戸は開かれましたが，その職は，公権力の行使および公の意思形成への参画に携わらない講師となったのです（ただし東京都と川崎市のみ教諭として採用しています）。

　給与は教諭と同等ですが，外国籍者は教諭になれないため，管理職試験を受けることもできません。また管理職や主幹教諭，指導教諭に適用される教員免許更新の免除措置も適用されません。普段は教諭と名乗り，名刺の職名も教諭と記すことをすすめる学校もあります。こうした状況を知らない同僚教員も少なくなく，「そろそろ管理職を狙わなあかん」と校長に言われた外国籍教員もいます。

　日本国籍であろうが外国籍であろうが，教員の仕事に違いはありません。国籍による職の違いは，はたして合理的であるといえるのでしょうか。

（呉永鎬）

●参考文献

　中島智子（2017）．「公立学校における「任用の期限を附さない常勤講師」という〈問題〉」『エトランデュテ』1, 89–116.

Chapter 13 多文化共生と日本の学校教育（学校実践編）

多文化社会における学校の役割と課題

髙橋史子

> **キーワード**
> 日本語指導が必要な児童生徒／日本語教育／多文化教育／エンパワメント／日本人性

1 はじめに：多文化共生に向けた学校内の先進的な教育実践

　前章では，多文化共生に関わる日本の学校教育の施策に関して，その内容と今後の課題について学びました。本章では，より具体的に学校，なかでも公立学校[1]において，移民の子どもに関わる教育としてどのような取り組みがおこなわれているかをみていきましょう。

　移民の子どもに対して，日本の公立学校が「特別扱い」せず，同化を迫る傾向をもつことや（☞第6章），教育機会や学力を充分に保障できていないこと（☞第12章）はすでに述べました。しかしながら，移民の子どもが比較的多く通う一部の学校では，先進的な取り組みをおこなっていることもあります。本章では，多文化共生に向けた学校内の取り組みの例として，日本語学習（第2節），民族学級や**多文化教育**の実践（第3節）を紹介します。それぞれの教育実践において，移民の生徒たちはどのようなことを学んでいるのでしょうか。また，そのような教育実践はどのような役割を担っているのでしょうか。カリキュラムや教員という観点から，多文化社会における公正の実現に向けて学校がもつ役割や課題について考えていきましょう。

---

[1] 外国人学校や夜間中学，NPOなどの教育的取り組みについては，それぞれ第14, 15章を参照してください。

2 日本語学習

　小学校や中学校において**日本語指導**が必要であると認定された子どもは，**日本語学級**や**国際教室**と呼ばれる教室で，日本語の取り出し指導を受けたり，子どもが在籍し，ふだん授業を受けている学級（以下，在籍学級）への入り込み指導を受けたりして，学習に必要な日本語を身につけていくことになります（☞第6, 12章）。教室には子どもたちとつながりのある国の国旗，地図，食べ物や民族衣装の写真などが飾られていたり，本棚には日本語学習用の教材やゲーム，かるたなどが置かれていたりしています。生徒の在籍数にもよりますが，個別指導または少人数指導の形式をとることが多く，学年や日本語能力に応じてグループ分けをして学習がおこなわれています。ひらがなや漢字の書き取りプリントを進める子どもがいたり，在籍学級での学習の補習を進める子どもがいたり，内容や進め方はさまざまです。また，同じ国出身の友だちと母語で話をしたり，在籍学級とは異なる友だちと，ここぞとばかりに溜まった話をしたりするなど，在籍学級とは違った一面が生徒たちのあいだにみられることが多くあります。

　それでは，このような日本語学級という場は移民の子どもたちにとってどのような意味をもっているのでしょうか。学校や担当教員によっても異なりますが，学習内容とその場で共有される価値観や行動様式という観点で整理してみました（表13-1）。

表 13-1　日本語学級と在籍学級

	日本語学級	在籍学級
教室内文化 （価値観や行動様式）	さまざまな国の国旗や地図などが貼られたり，子どもたちが母語で話したりするなど，文化的多様性が一定程度尊重される。	在籍学級では移民の子どもに対する「特別扱い」がなく，共同性や協調性が重視されるため，文化的差異が見えづらくなる傾向。
学習内容と形式	・在籍学級での学習のための日本語学習（母語学習や母文化学習ではない）（補償教育） ・学校や日本社会のルールや慣習も学ぶ（同化教育） ・少人数・習熟度別の学習形式	・在籍学級での学習内容は学習指導要領にもとづき，文化的多様性は反映されにくい ・入り込み指導を除き，マジョリティ生徒と一緒に学ぶ

まず，先に述べたように，在籍学級では共同性や協調性を重んじる雰囲気のなか（恒吉, 1996），移民の子どもたちが「特別扱い」されることはなく，多様な文化的背景は「見えにくく」なっていますが（志水・清水, 2001），日本語学級では一定程度，文化的多様性を尊重する雰囲気があります。日常的にマジョリティ文化への適応を求められることにプレッシャーを感じている移民の子どもたちにとっては，のびのびと過ごせる居場所となっている場合もあります。

　学習内容については，日本語という資源の獲得を目標とすることから，それは在籍学級での学習についていくための**補償教育**であると同時に，学校のルールや慣習を身につける**同化教育**でもあるといえます（表13-1）。

　日本語学級の課題として，今後は日本語担当教員とほかの教員とが連携して，子どもたちの文化的多様性が日本語学級だけでなく，学校全体の文化や指導に反映されるような仕組みを整えていくことが重要でしょう。また，母語教育のできる教員を増やしたり，移民児童生徒に対する教員の理解を深めたりすることで，子どもたちが自らの文化的背景を肯定的に受け止められるよう**エンパワメント**の役割を拡充することも重要です。ただし，日本語担当教員には，正規採用の教員，常勤講師，非常勤講師などさまざまな立場の者がおり，異動や担当変更なども多く，ほかの教員との連携が難しいことが指摘されています（高松, 2013；「モデルプログラム開発事業」調査研究本部, 2018）。日本語担当教員の労働環境を整えることも含め，日本語学級から学校全体へ子どもたちの文化的多様性を反映した学校づくりの議論が必要です。

3　多文化共生と社会的公正に向けた先進的取り組み

　多文化共生と**社会的公正**に向けた教育的取り組みの例として，ここでは二つの学校での実践を紹介します。

▶ 3-1　大阪市 A 小学校の民族学級

日本の多文化共生に関する教育において，オールドカマー，とりわけ朝鮮半島にルーツをもつ児童生徒の教育はとても重要な意味をもちます（☞第 1 章）。なぜなら，戦後の日本社会におけるかれらへの差別が，移民児童生徒の教育が充分に保障されない今日の状況にまで影響を与えているといえるからです（佐久間, 2006）。

　大阪市の A 小学校が位置する地域は，1960 年代以降の部落解放運動の高まり，

Part III　多様性の包摂に向けた教育

　さらに 1970 年代からの同和教育推進研究指定校における人権教育の実施を背景に，学力補充や部落解放の運動を積極的におこなってきた地域です（梁, 2013）。同地域には，在日朝鮮人の人びとも多く住み，かれらへの差別に対抗する民族運動と部落解放運動とが連動して発展してきた経緯があります。

　A 小学校は，全校児童のうち約 3 割の子どもが朝鮮半島につながりがあり，そのほかにもフィリピン，中国，台湾，タイ，インドネシア，アメリカ，ブラジルなどにつながりのある子どもが在籍しています。朝や給食のとき，帰りの挨拶では，日本語，朝鮮語，タガログ語，中国語，タイ語など，在籍する子どもに合わせて，複数の言語による挨拶をおこなっています。

　また，A 小学校には市内で最も古い**民族学級**があります。これは朝鮮の子どもたちの「自分たちの国の言葉や歴史を知りたい」，親世代たちの「自分の国の言葉や文化，歴史を子どもたちに知ってほしい」という声を受けてつくられたものです[2]。民族学級が開設された当時，在日朝鮮人教育は人権教育の一領域として位置づけられており，民族学級はやがて市内の同和教育推進研究指定校に広がってゆきました（梁, 2013）。民族学級は，民族講師（ソンセンニム）1 名と学年担任 1 名が担当し，1–6 年生を複数の学級に分けて，週に 1 回，5, 6 時間目を使い，課外活動としておこなっています。A 小学校では，民族教育を「民族につながりのある子どもたちが集まり（結集），自分たち（朝鮮）の国や言葉・文化を学んでいくこと（場所）。朝鮮[3] につながりのある子どもたちだけが集まることで，仲間意識や安心感が生まれ，その中だからこそ発言できること，感じ取れることがある」（2016 年 A 小学校資料）ととらえ，朝鮮について調べ，発表するなどの活動をおこなっています。民族学級への子どもたちの参加は任意ですが，継続するにつれ参加したいという在日朝鮮人の子どもが増えてきたといいます。また，校内全体で，本名を使用することや自分とつながりのある朝鮮のことを話すことが自然にできるような雰囲気をつくることをめざし，1 年に 1 度，全校児童に向けて活動内容を発表しています。

　筆者が訪問した日は，1 年生と 4, 5 年生の民族学級がおこなわれていました。い

2）A 小学校の民族学級は 1972 年に始まりました。1948 年の阪神教育闘争をきっかけに当時の朝鮮人団体代表と府知事とのあいだの覚書によって設立した民族学級もありますが，子どもたちの声を受けて自主的に設置したという点で，それまでの民族学級とは性質が異なるといわれています（金, 2006；梁, 2013）。

3）A 小学校では，「朝鮮」や「朝鮮人」という言葉については，国名を示すものではなく，朝鮮半島全体・民族を総称するものとして使用しています（2016 年 A 小学校資料より）。

13　多文化共生と日本の学校教育（学校実践編）

図13-1　大阪市立A小学校の民族学級の様子（2019年1月）
（左は4, 5年生の様子。右は1年生の学級に貼られていた윷놀이の様子を描いた絵。
子どもの着ている服の袖は，朝鮮半島の伝統的な柄であるセットン柄）

　ずれも，ウリマル（朝鮮の言葉）での挨拶に始まり，1年生の民族学級では윷놀이（ユンノリ）（図13-1）と呼ばれる朝鮮半島の伝統的な遊びやセットン柄（図13-1）に関する学習，4, 5年生の民族学級では百済から日本に漢字などを伝えたとされる王仁博士（ワンインバッサ）についての学習が進められていました。教室の黒板や壁には，朝鮮の言葉や文化に関する説明や子どもたちが調べたものをまとめた成果が貼り出されています。子どもたちの使う机には一人ずつのイルム（朝鮮名）が貼られています，名札に日本名が書かれている子どもも，民族学級ではイルムで呼ばれていました。
　A小学校で長くおこなわれてきた民族学級の実践は，マジョリティ言語とその文化が中心となりがちな学校生活において，在日朝鮮人の子どもたちが朝鮮の言語や文化，歴史を学ぶ機会を保障する意味をもっています。特に，普段あまり焦点化して学ぶことのない朝鮮の歴史を学び，朝鮮の人がいかに日本の歴史や文化に影響を与えたかという観点を身につけることは，日本社会に根強く残る民族差別に対抗して，子どもたちが民族的・文化的背景を肯定的にとらえ，アイデンティティを確立していくうえで重要な役割を担っています。同時に，同じ民族的・文化的背景をもつ大人や子どもとのつながりは，文化継承やアイデンティティ形成，教育達成や社会参加に関するさまざまな**ロールモデル**を提供する意味ももちます。民族講師の金先生が，「ダブルのルーツがある子ども[4]は普段，日本の言葉と文化のなかで暮らしているから，もっともっと朝鮮の言葉や文化を学んで，やっと両方を大事にできる，

立っていられる」と話すように，民族学級への参加は民族的・文化的背景を肯定的にとらえ，自立を促す一つの重要な機会になっていると考えられます。民族講師とほかの教員が連携して，学校全体で差別を許さず，子どもたちが自らの民族的・文化的背景を肯定的にとらえられるような雰囲気をつくるよう働きかけることは，子どもたちが民族学級にとどまらず学校全体，さらには学校外の社会で活躍するためのエンパワメントにつながっているといえるでしょう。

▶ 3-2　神奈川県 S 中学校の選択科目「国際」[5]

　神奈川県の S 中学校には，インドシナ難民の児童生徒をはじめとする多くの移民や難民生徒が通っています。この学校では，選択科目のなかに「選択国際」という授業を設け，難民生徒のための授業を正規のカリキュラムに位置づけました。

　この「選択国際」の授業は，開始当初，インドシナ難民として日本に来ることになった生徒が，「私たちは，どのようにして日本にきたのか」「私たちはなぜ日本に来ることになったのか」という問いをもとに，ベトナム，ラオス，カンボジアから日本周辺の地理，そして生徒自身または親の出身国の歴史について学ぶものとして始まりました（清水・児島，2006）。生徒自身が調べたり，親やゲストスピーカーから話を聞いたりして学習は進められました。

　「選択国際」にはしだいに南米系の生徒や日本人生徒も参加するようになり，学校内における日本人と外国人との力関係，外国人生徒同士での序列関係を問いなおす契機として，権力の非対称性を意識した授業展開がおこなわれるようになりました。通常の授業において，教員はカリキュラムによって決められた知識を生徒に提供する立場です。しかし，「選択国際」の授業で学ばれる地理や歴史の知識は，カリキュラムによって決められた知識ではなく，生徒たち自身が自分自身のルーツや背景をよりよく知るための知識です。日本人教員の立場は生徒たちに知識を与える立場ではなく，ともに学ぶ立場，または教員自身が生徒たちから学ぶ立場になります。また，学校生活や日常生活において，いかに難民や移民の背景をもつ生徒たちが**マイノリティ**として適応を迫られているかということや，既存の教育システムにおいて

---

4) 2019 年 1 月時点で，A 小学校民族学級には両親ともに在日朝鮮人の子どもは通級していませんでした。他校の民族学級には両親ともに在日朝鮮人の子どもが通級している可能性はあります。
5) この授業実践については，清水・児島（2006）に記録されています。詳しくはそちらを参考にしてください。

いかに不利な立場に立たされているかということについて，教員は**マジョリティ**である日本人として罪悪感を感じながら聞く立場になることもありました。

S中学校の「選択国際」の事例が浮き彫りにするのは，日本の学校がいかに**日本人性**（**日本人の特権性**）を基盤に成り立っているかという問題です。ここでいう日本人性とは，教育に限らずさまざまな領域において，価値観や行動様式がマジョリティとしての日本人中心に成り立っているということです。さらに，そのマジョリティ中心主義について自覚がないために，移民や外国人に対してもそれを当たり前のものとして押しつける強い強制力をもつ社会の規範となっていることを意味します（松尾，2013）。たとえば，日本のカリキュラムにおける歴史の知識とは，ほとんどがマジョリティとしての日本人にとっての「歴史」であり，インドシナ難民にとっての「歴史」とはいえません。歴史には異なる視点や見方がありますが，マジョリティの「歴史」が正当化された「知識」としてカリキュラムがつくられ，それが評価・選抜の基準として用いられています。「選択国際」の授業実践は，こうした日本人と外国人の権力の非対称性にもとづく学校教育に挑戦する取り組みといえるでしょう。S中学校の実践は，学校で教えられる「知識」，教員と生徒との関係，日本人と外国人の関係，いずれも不均衡な力関係のうえに成り立っていることに気づき，それらを乗り越えることをめざした先進的な取り組みであるといえます。

4　おわりに：多文化社会における学校役割の課題と展望

本章では，多文化共生に関わる学校内の教育的取り組みについて，具体的な実践例をみてきました。日本語学習は，ホスト社会での教育達成・社会参加の資源である日本語を獲得する過程であると同時に，マジョリティ文化への同化の過程でもあることがわかりました。一方で，A小学校の民族学級やS中学校の「選択国際」の教育実践は，移民の生徒たちが学校や社会で日常的にさらされている同化圧力や差別に対抗し，移民の子どもたちのルーツである国の文化，言語，歴史などを学びながら肯定的なアイデンティティを確立し，ホスト社会に参加することをめざすエンパワメントの取り組みと位置づけられるでしょう。これらの実践は，日本の学校教育全体がいかにマジョリティ中心におこなわれているかということへの気づきを促し，日本社会や学校教育に埋め込まれた日本人性を問いなおす必要性を示唆しています。

今後，学校教育がすべての子どもにとって公正で平等な仕組みへと変わっていくためには，たとえば，カリキュラム内容をマジョリティ中心のものから多民族・多文化を反映した内容に再構成し，**多民族教育・多文化教育**（☞第11章）を実践していくことが必要でしょう。

また，日本人教員が学校内のさまざまな日本人性に気づくことも重要でしょう。たとえば，児童生徒が同じものをもち，同じ行動をし，協調と共感が重要視される学校内の価値観や行動様式は，移民の子どもたちにとってはしばしば戸惑うものです。しかし，日本の学校では，これらのことがマジョリティの文化や慣習として認識されることなく，「ルール」としてとらえられ，「当たり前」のこととして認識されています。「ルール」として中立的に語られる価値観それ自体のなかにも，マジョリティ中心につくられているものがあり（髙橋, 2016），それがその場にいる多様な人びとの合意によってつくりなおされる機会はほとんどありません。

先進諸国では多文化教育に関する教員養成プログラムや指導法が確立されてきました。日本でも，文化的多様性に対応するための教員養成・研修プログラムの研究・開発が現在進められています（松尾, 2013；「モデルプログラム開発事業」調査研究本部, 2018）。今後，多文化社会における学校・教員の役割に関する議論をさらに深めていくことが期待されます。

さらに，教員も社会の多文化状況を反映して**外国籍教員**（☞コラム15（p.191））や**移民背景をもつ教員**を増やすことが重要です。教員採用試験の受験は，国籍に関わらずすべての人に開かれていますが，外国籍の教員と日本国籍の教員とは職務上の違いはないものの，手続きなどの煩雑さや管理職・同僚教員からの無理解などの不平等な処遇が指摘されています（中島, 2017）。外国籍教員の雇用拡大は労働条件や環境の平等化とあわせて急務の課題といえるでしょう。

カリキュラムや教員に社会の多様性が反映されることは，差別を許さず誰もが安心して過ごせる学校全体の雰囲気づくりや，すべての子どもにとって過ごしやすい新しいルールづくりへの一助となるでしょう。そうすることで，学校は家庭や地域と連携しながら，多様性を包摂する社会を形づくる役割を果たしていくと考えられます。

13　多文化共生と日本の学校教育（学校実践編）

考えてみよう

①日本各地でおこなわれている多文化共生に関わる教育的取り組みについて調べて
　みましょう。どのような目的で，どのような活動をおこなっているのでしょうか。
②「どの子どもも「特別扱い」しない」という考え方の取り組みと，「それぞれの
　子どもがもつ違いに対応する」という考え方の取り組みでは，教育の目標はどの
　ように異なるでしょうか。第 11 章で触れた「平等」や「公正」の意味の違いも
　あわせて考えてみましょう。
③学校教育のなかに埋め込まれている「日本人性（マジョリティとしての日本人の
　特権性）」を探し，グループで意見交換をしてみましょう。

読書案内

①「外国につながる子どもたちの物語」編集委員会［編］／みなみななみ［まん
　　が］（2009）．『クラスメイトは外国人——多文化共生 20 の物語』明石書店
　「外国につながる子どもたちの物語」編集委員会［編］／みなみななみ［ま
　　んが］（2013）．『クラスメイトは外国人　入門編——はじめて学ぶ多文
　　化共生』明石書店
外国につながる子どもたちの背景や家庭・学校生活を描いたまんが。地域で外国
につながりのある子どもたちの教育相談や交流などに携わる中学校・高校・大学
の教員が編集委員となり，制作しています。このテーマについて具体的に知り，詳
しく学んでいくための入り口として手にとってほしい 1 冊です。

②清水睦美・児島明［編著］（2006）．『外国人生徒のためのカリキュラム——
　　学校文化の変革の可能性を探る』嵯峨野書院
第 3 節で取り上げた「選択国際」に関する記録を，関わった教員，研究者，ボラン
ティアなどさまざまな立場から記した書籍です。既存のカリキュラムにもとづく
教科学習と何がどのように異なるのか考えながら読んでみてください。

③有田佳代子・志賀玲子・渋谷実希［編著］（2018）．『多文化社会で多様性を
　　考えるワークブック』研究社
日本語教育や言語教育を専門とする著者により書かれたテキスト。異文化，差別，
言語と権力関係などのテーマにもとづいて，異文化コミュニケーションに必要な
考え方や態度について具体的に考えていくためのワークブックとなっています。

201

▶参考文献

金兒恩（2006）.「公立学校における在日韓国・朝鮮人教育の位置に関する社会学的考察──大阪と京都における「民族学級」の事例から」『京都社会学年報』*14*, 21-41.

佐久間孝正（2006）.『外国人の子どもの不就学──異文化に開かれた教育とは』勁草書房

志水宏吉・清水睦美［編著］（2001）.『ニューカマーと教育──学校文化とエスニシティの葛藤をめぐって』明石書店

清水睦美・児島明（2006）.『外国人生徒のためのカリキュラム──学校文化の変革の可能性を探る』嵯峨野書院

髙橋史子（2016）.「「文化」の適応と維持から見る日本型多文化共生社会──ニューカマー児童・生徒を教える教師へのインタビュー調査」『異文化間教育』*44*, 33-46.

髙橋史子（2019）.「日本における移民・難民の子どもたちに対する教育保障」東京大学教育学部教育ガバナンス研究会［編］『グローバル化時代の教育改革──教育の質保証とガバナンス』東京大学出版会, pp.65-81.

高松美紀（2013）.「定時制高校における「取り出し指導」の現状分析──日本語指導体制の変革に向けての課題」『異文化間教育』*37*, 84-100.

恒吉僚子（1996）.「多文化共存時代の日本の学校文化」堀尾輝久・奥平康照・田中孝彦・佐貫浩・汐見稔幸・太田政男・横湯園子・須藤敏昭・久冨善之・浦野東洋一［編］『学校文化という磁場』柏書房, pp.215-240.

中島智子（2017）.「公立学校における「任用の期限を附さない常勤講師」という〈問題〉」『エトランデュテ』*1*, 89-116.

「モデルプログラム開発事業」調査研究本部［編］（2018）.『外国人児童生徒等教育を担う教員の養成・研修モデルプログラム開発事業 報告書』日本語教育学会

松尾知明［編著］（2013）.『多文化教育をデザインする──移民時代のモデル構築』勁草書房

梁陽日（2013）.「大阪市公立学校における在日韓国・朝鮮人教育の課題と展望──民族学級の教育運動を手がかりに」『Core ethics』*9*, 245-256.

13　多文化共生と日本の学校教育（学校実践編）

コラム 16　アメリカのバイリンガル教育

　アメリカの公立学校では英語を学ぶことが目標になっていますが，英語ともう一つの言語を併用しながら授業を進めるバイリンガル教育を実施している学校も多くあります。1968 年にバイリンガル教育法が制定され，移民生徒がアメリカの公教育のなかで母語を用いながら英語を学習していく権利が認められました。バイリンガル教育には賛否両論があるものの，その実践は全米各地に広がりをみせています。

　歴史的に移民が多いサンフランシスコ市もバイリンガル教育がさかんな地域です。市内には 20 世紀初頭に移住した日本人移民がつくったジャパンタウンがありますが，その近くにある公立のローザパークス小学校では JBBP（Japanese Bilingual-Bicultural Program）という教育プログラムを実施しています。校舎は一般のアメリカの学校と変わりませんが，教室に入ると英語の掲示物のなかに日本語の「あいうえお」の表や「そうじとうばん」と書かれた掲示物，生徒たちが書いた日本語の作文や習字が目にとまります。この学校では毎日 45 分間，日本語を母語とする教師と担任教師がチームを組んで日本語を教えているのです。日本の季節行事を多く取り入れ，学芸会では日本でもおなじみの『桃太郎』や『笠地蔵』といった劇を生徒たちが日本語で上演するそうです。ローザパークス小学校では日本語だけではなく，その土台となる日本文化を学んでいくことがめざされています。

　日英バイリンガル教育がサンフランシスコ市で発足したのは 1973 年です

ローザパークス小学校の教室風景。オバマ大統領の肖像画や英語で書かれた掲示物に交じって，よく使う日本語のフレーズが掲示されています

が，当時の目的は日本人移民の子どもたちに日本語を継承することでした。しかし，現在のローザパークス小学校に通う子どもの大半は日本にルーツをもたない子どもたちです。市内では学校選択制が導入され，家庭は子どもを通わせる学校を選べるなか，ローザパークス小学校は日本文化に興味のあるアメリカ人の親たちからたいへん人気があります。また，校長先生は日英バイリンガル教育が「すべての子どもたちを世界に開いていくための扉」になることを期待していると語りました。

このように，バイリンガル教育は移民生徒の母語継承のためだけではなく，すべての子どもたちが二つ（以上）の言語を身につけ，異なる他者と友好的な関係をつくっていくための教育プログラムとして位置づけられるようになっています。「アメリカ第一主義」を掲げて移民の排斥を進めるトランプ大統領の就任以降，アメリカでは異質な他者に対する寛容性が損なわれていることが危惧されています。しかし，さまざまな国から移民が集まるサンフランシスコ市ではそうした風潮に抗い，子どもたちが多様な価値観と言語を学べるよう，近年特にバイリンガル教育に力を入れており，民主主義の灯火を確認することができます。

（額賀美紗子）

Chapter 14 外国人学校

多様な教育を創造する

薮田直子

> **キーワード**
> 各種学校／一条校／母語継承語／エスニック・アイデンティティ／国際移動

1 はじめに：「外国人学校」という用語の複雑性

あなたはどのような教育を受けてきて，今後どのような教育を望みますか。またそれはどんな場所でですか。グローバル時代の国際移動と教育を考えるうえで，本章で扱うテーマは学校，なかでも**外国人学校**と呼ばれている学校です。本章ではひと口に外国人学校とくくっても多種多様な学校があるということ，そしてその教育実践の可能性について述べていきます。またそれらを深く探っていくには，同時に日本の外国人学校が置かれている状況や課題についても考えなくてはならないでしょう。

もちろん今この本を手に取っているあなたが外国人学校で学んだ経験をもっているということもありうるでしょう。そうではないという人もいるでしょうが，周りに外国人学校で学んだ人がいるということは，決して珍しいことではありません。外国人学校での教育は，今も昔も欠かすことのできない選択肢の一つとなっています。

とはいえこの章は，日本の外国人学校についてこれまであまり知る機会がなかったという人でも読み進めやすいように「外国人学校とはどのような学校か？」（第2節）という問いかけからスタートします。つづく第3節と第4節では日本の外国人学校が置かれている現状や，学校内部の多様化や変化についても扱っていきます。日本にはどのような外国人学校があり，どんな人が，どんな想いで通っているのか，まずはここから考えていきましょう。

2 外国人学校とはどのような学校か

　まず外国人学校がどのような学校であるかについては，「主に外国籍の子どもを対象に独自のカリキュラムを編んで運営している学校」（月刊『イオ』編集部, 2006：5）という説明が最も一般的です。しかしここでは「主に」という箇所に注意してください。つまり，「外国籍の子どもだけではない」というところに，外国人学校という名称がもつ複雑性が表れています。これについては第3節で詳しく述べます。

　さて「外国人学校」という用語は，法令などで使われるような正式名称ではありません。そのため，ぴったり合う英語の訳語もありません。定義をもたない言葉なのです。外国人学校という呼び方は，特定の学校を指す名称というよりも，日本の教育制度のあり方に応じてつくられた暫定的なカテゴリーだと考えたほうがよいでしょう（志水ほか, 2014）。

　このような理由から，残念なことに外国人学校に特化した詳しい統計やデータはありません。しかしこれまでの調査研究にもとづけば，外国人学校の数は，2007年時点では221校（朴, 2008），2010年時点では214校（田中, 2011）あり，平均すると200校程度であると考えられています（志水ほか, 2014）。

▶ 2-1　外国人学校の二つの系統

　これまでの研究のなかで，外国人学校は大きく二つの系統に分けて説明されてきました。まず一つにそれぞれの国や地域，民族などの教育を中心にした学校群があります。いくつか日本語訳で五十音順に紹介すると，アメリカ人学校，イギリス人学校，インドネシア人学校，韓国学校，中華学校，朝鮮学校，ドイツ人学校，フランス人学校，ブラジル人学校などがあります。これらは同じ民族的出自の人が学んでいるという意味で「民族学校」と呼ばれる場合もあります。

　そしてもう一つは，特定の国や地域，民族にとらわれない「インターナショナル・スクール」と呼ばれる学校群です。これは「国際学校」という日本語訳があてられます。主に英語を教授言語とした学校で，なかには宗教的な背景を教育理念としてもつ学校もあります。たとえば1872年にカトリック系の女子修道会により設立された「サンモール・インターナショナルスクール」（神奈川県）は，日本で最も古い外国人学校となります。

近年これら二つの系統のほかに「インディア・インターナショナルスクール」（東京都），「コリア国際学園」（大阪府）や，ネパールルーツの子どもが多く通う「エベレスト・インターナショナルスクール」（東京都）など，特定の国の文化や言語を一部教育のよりどころとしながらも「民族学校」と「国際学校」の二つの系統のちょうど中間に位置するような学校も出てきました。

加えて民族学校と呼ばれていた学校のなかにも近年，英語教育の充実や，国際社会で活躍できる人材の育成を学校の特徴として掲げている学校もあり，外国人学校の内実はますます多様化しています。

ところで，外国人学校の日本社会での位置づけはどのようになっているでしょうか。以下で詳しく説明してきましょう。

▶ 2-2　外国人学校の法的位置づけ

日本にある学校のなかで，文部科学省の学習指導要領に則り，教育活動をおこなっている学校を「**一条校**」と呼んでいます。これは学校教育法第1条に定める学校のことで，条文には「この法律で，学校とは，幼稚園，小学校，中学校，義務教育学校，高等学校，中等教育学校，特別支援学校，大学及び高等専門学校とする」と書かれています。ここには公立学校や私立学校が含まれています。

一方で，外国人学校の多くは一条校ではなく，「**各種学校**」という法的位置づけになっています。各種学校については先の学校教育法の第134条に「第一条に掲げるもの以外のもので，学校教育に類する教育を行うもの（当該教育を行うにつき他の法律に特別な規定のあるもの及び第百二十四条に規定する専修学校の教育を行うものを除く。）は，各種学校とする」と定められています。各種学校には一部の外国人学校をはじめ自動車教習所などが入り，学校教育法では日本の「正規の」学校としては認められないということになっています。

外国人学校の多くが各種学校という法的位置づけにあるのは，学校で使用されている言語が日本語以外であることや，独自の教育カリキュラムを実施していることが関連しています。先に「民族学校」に分類した朝鮮学校や，一部の中華学校，ブラジル人学校の多くは各種学校という位置づけで運営されています。また「国際学校」であるインターナショナル・スクールもその多くが各種学校という位置づけになっています。法的位置づけでみると，先の分類がまた違った形になることがわかります。

さてじつは，法的な位置づけ上「日本の正規の学校」として運営されている外国

人学校もあります。つまり一条校の外国人学校です。韓国学校の「京都国際学園」（京都府）や「金剛学園」（大阪府），「白頭学院建国学校」（大阪府）などがあります。一条校では，日本の検定教科書を使用することや，日本の教員免許状をもった教員が教える必要があるため，一条校の枠内で外国人学校らしい教育実践を組み立てるためにさまざまな工夫がなされています。

　以上のような学校以外にも，学校の認可を取得していない民間の教育施設もあります。たとえば教会の集会室で授業をおこなっている「国際子ども学校」（愛知県）には多くのフィリピンルーツの子どもが通っています。またアメリカ人とアジア人の親をもつ子どもたちを意味する**アメラジアン**の学校である「アメラジアンスクール・イン・オキナワ」（沖縄県）は，NPO法人が運営する民間の教育施設です。

　繰り返しますが，私たちが外国人学校と呼んでいる学校には，さまざまな種類の学校が含まれています。また外国人学校といっても，そこで学んでいるのは「外国人」の子どもだけではありません。次の第3節ではどのような人が，なぜ外国人学校を選択しているか，その**教育戦略**（☞第5章）をみていきましょう。

3　なぜ外国人学校に通うのか

　外国人学校にはオールドカマー（☞第1章）やニューカマー（☞第2章）の子どもたちが多く通っていますが，その国籍はじつにさまざまで，なかには日本国籍の子どももいます。日本国籍で外国人学校に通っている子どもといえば，たとえば「帰化」と呼ばれる手続きで日本国籍を取得した外国にルーツをもつ子どもや，国際結婚家庭の子ども（☞第5章），海外帰国生（☞第3章）などが考えられます。しかしなかにはそのどれにも該当しないような日本国籍の子どもも学んでいるのです（芝野，2013）。子どもたちの国籍やルーツの多様化は，いまやどの外国人学校にもあてはまる現代的な傾向であるといえるでしょう。

　さて，外国人学校の特色の一つは何といっても言語教育です。**バイリンガル**や，日本語・母語（継承語）・英語の**トリリンガル**教育を掲げている外国人学校も多く存在しています。

　外国人学校の卒業生たちのなかには，自分の**母語継承語**の能力を維持したり，新たに別の言語を習得したりと，多言語の運用能力を備えた人材として育っていく人がたくさんいます。ただし言語を学ぶ理由は，個人によってさまざまです。帰国に

備えた言語教育を求める人もいれば，多言語運用能力，**マルチリンガル**をめざす人
もいます。また家庭内のコミュニケーション手段の獲得・保持や，自らの民族的な
ルーツや**アイデンティティ**を確認するために言語を学ぶ人もいます。

　外国人学校は，各校によって教育の体系が異なっています。たとえば朝鮮学校
は，日本の学校でいうところの幼稚園から大学までの一貫した教育課程を備えてい
ます。中華学校や韓国学校も幼稚園から高等学校までを備えている学校もあり，ブ
ラジル人学校やペルー人学校では，託児所的な役割をもつ保育施設が併設されてい
るところもあります。来日して間もない**ニューカマー**の子どもやその保護者にとっ
ては，**母語**が通じる外国人学校は，安心して子どもを預けられる場所であり，気軽
に立ち寄れる場所となりうるでしょう。

　外国人学校の選択の理由を考えるとき，さまざまなものからの「回避」という側
面でも語ることができます。海外帰国生や国際結婚家庭のなかには，頻繁に**国際移
動**を経験している人も少なくありません。たとえばインターナショナル・スクール
の多くは，どの国にいてもインターナショナル・スクールに共通のカリキュラムで
学ぶことを可能にしてくれるので，移動による教育の断絶を回避する意味で学校選
択をする人もいます。

　もう1点考えられるのは，いじめの回避です。「出る杭は打たれる」などのことわ
ざがあるように，同化圧力が強く，違うことに敏感な日本の学校では，国籍やルー
ツ，外国風の容姿がいじめの標的になることがあります。外国にルーツをもつ者へ
の差別や偏見・ステレオタイプにさらされることを考えると，外国人学校は，同じ
ような境遇の者が集う，もしくは違うことが当たり前の場所として，安心できる居
場所だと感じている人もいます。

　またときに民族文化や言語の教育，本国の教育との接続などの利点だけではなく，
宗教的な理由から外国人学校を選ぶというケースもあります。たとえば給食，プー
ルや体育での更衣，異性の教員の存在などが理由となり，日本の学校での教育が選
択されない場合です。このようなケースは宗教施設が開催している土曜学校や勉強
会なども子どもの居場所となっています。

　しかし外国人学校は，外国人住民の集住地など限定された地域に位置している学
校がほとんどです。学校に通うために引っ越しを選択する家庭もありますが，教育
費の負担は少なくありません。

　また帰国展望のある人のなかには，校舎のない学校，つまり通信教育などで国境
を越えて出身国の教育を継続するという選択肢をとる人もいます。外国人学校のな

Part III　多様性の包摂に向けた教育

かには，日本の学校としての法的位置づけのほかに，本国の学校修了資格を取得できるよう工夫し，移動する子どもたちが受ける不利益を回避している学校もあります。通信教育の増加には，通いたい外国人学校が身近にない，もしくは閉校してしまったという背景もあります。このことは外国人学校の不安定な法的位置づけがもたらす経営難と無関係ではありません。

　世界には，外国人学校に正規の私立学校としての法的な位置づけを与え，それぞれの学校を公教育の制度内に組み込んでいる事例もあります（福田・末藤，2005）。外国人学校の扱われ方やイメージ，学校が置かれている地位はその国の社会あり方によって大きく異なっています。では，日本はどのような状況にあるでしょうか。

4　外国人学校はどこへ向かうのか

　外国人学校の法的な位置づけが重要になってくるのは，たとえば進学，学校施設の整備，通学などに際して「学校」としての基準が適応されるかどうか，という問題があるからです。もちろん日本の「正規の」学校として認められれば，学校の教育活動や設備に対しての支援と助成が受けられることになります。たとえば私立学校助成という経済的な支援は，学校経営を安定的なものにしていくためには欠かせません。しかし各種学校や法的位置づけをもたない民間の教育施設には，一条校でないという理由で学校保険や奨学金制度の適応が認められないという場合もあります。また保健室の設置や，給食の提供がなされることもありません。外国人学校のなかには教育を支える工夫として，本国とのつながりを活かし，教員の交流や派遣などの人的支援や，経済的な支援を受けている学校もあります。

　一方日常の学校生活の話でいえば，通学定期券の割引率を適応できるかという問題や部活動の公式試合への出場ができるかといった問題もありました。これらの課題に対しては1994年4月にJR各社が一条校と専修学校，各種学校間の割引率格差を解消し，部活動の公式戦に関しては，1991年に全国高等学校野球連盟が朝鮮学校の試合参加を承認，その後の1994年3月には全国高等学校体育連盟が外国人学校のインターハイ出場を認めています。

　そして学校が法的な位置づけを重視する最も大きな要因の一つは，卒業後の進路，大学受験資格に関する問題です。これらは，外国人学校で学ぶ児童生徒の進路選択に直接影響を与える重大な事柄です。

14 外国人学校

▶ 4-1 外国人学校の卒業生の進路

　2003年，文部科学省は外国人学校の卒業生に，日本の大学入学試験の受験資格を与えると発表しました。ただし，「①欧米系の学校評価機関の認定を受けた外国人学校卒業生（インターナショナルスクール）」「②外国の正規の課程と同等と位置付けられていることが「公的に確認できる」外国人学校卒業生（韓国学校・中華学校・ブラジル人学校など）」「③大学の個別審査によって高等学校卒業者と同等以上の学力があると認められる者（朝鮮学校）」という三つの詳細な条件が定められていました。じつは同じ2003年の3月時点で文部科学省が示していた案は，上記の①にあたる人たちにのみ，受験資格を与えるというものでした。外国人学校の卒業生のなかにはその言語能力を活かして，海外の大学へ進学するという人もいます。しかし，これでは日本の大学進学にあたっては差が生まれてしまいます。この文部科学省の方針は，外国人学校のなかに不平等を生じさせました。月刊『イオ』編集部（2006：155）は「2003年の大学受験資格問題は，日本政府の外国人学校政策の矛盾を露呈させた」と指摘しています。日本の大学進学において有利な学校と不利な学校という序列化を生み出したと考えることもできるのです。

　ちなみに2003年の発表以前の外国人学校の卒業生たちは，日本の「高等学校卒業程度認定試験」，当時の「大学入学資格検定試験」，いわゆる「大検」と呼ばれていたものに合格しなければなりませんでした。このような状況を考えると，2003年の発表によって外国人学校卒業生の大検合格というハードルは取り払われたようにみえます。とはいえそもそも，**国際バカロレア**（International Baccalaureate：IB）や仏バカロレア，独アビトゥアといったディプロマ（認定資格）をもっているインターナショナル・スクール卒業生たちには，大検なしで日本の大学受験資格を認めていたことから，それぞれの外国人学校によって扱われ方が異なっているということが確認できます。他方，2010年にスタートしたいわゆる「高校無償化制度」においても朝鮮学校のみがこの制度外に置かれるという状態がつづいています（☞コラム18（p.217））。私たちは，外国人学校のなかで起こっている不平等をどのように是正すればいいのでしょうか。

▶ 4-2　外国人学校が向かう未来

　さて，運営上さまざまな困難や工夫を余儀なくされている外国人学校ですが，1995年1月に発生した阪神淡路大震災をきっかけに，外国人学校同士のネットワークが生まれています。兵庫県や大阪府，京都府などを中心として各地の外国人学

校も震災の大きな被害を受けましたが，一条校でない学校は，自前で施設の修繕活動，学校の復興をおこなわなければなりませんでした。そのときに兵庫県で発足したのが「外国人学校協議会」です。それぞれに異なる外国人学校が互いに協力しながら被災した学校の姿を伝え，自治体の復興支援を受けるための話し合いをおこない，国際連合（国連）での現状説明などをおこないました（月刊『イオ』編集部，2006）。その後，こうした協議会結成の動きは各地に広がっています。外国人学校はそれぞれに教授言語や教育理念が違っても，グローバル社会で活躍できる次世代を育成しているという意味で共通点をもっています。外国人学校は，日本社会のなかの**トランスナショナル**な教育の場となっているのです。

　しかし，楽観的ではいられない事態も近年生じています。最後に，教育の場である学校が**差別や偏見，ヘイトクライム**（憎悪犯罪）の標的にされているということについて，考えなければなりません。2009 年 12 月 4 日の午後に起きた京都朝鮮第一初級学校（京都府）へのヘイトクライムは，朝鮮学校に関わる関係者，そこで学ぶ子どもたちにはもちろんのこと，日本社会にもこれまでにない大きな衝撃を与えました。事件の詳細については中村（2014）やコラム 17（☞ p.216）を参照してください。

　外国人学校の多くは，国家間の政治的な問題の影響を受けたり，政治的な対立のたびに嫌がらせを受けるなど緊張状態にさらされたりすることがあります。まるで，外国人学校がその国を代表するような場所ととらえられているかのようです。たとえば，2007 年，中国製の冷凍餃子に農薬の成分が含まれていたという事件に際して，事件とはまったく無関係の中華学校が嫌がらせを受けたこともありました。登下校中に子どもたちが心無い言葉を浴びせられ，暴力を受けるといった事件もあります。実際に事件をあげていけば，きりがありません。学校という教育の場やそこに通う子どもたちがこうしたヘイトクライムの標的にされているというのも，悲しいことに日本社会の現実です。これらの問題は，外国人学校「の」問題なのでしょうか。そうではありません。日本社会が抱える重大な課題なのです。私たちは，現実を直視することから始める必要があります。

5　おわりに：外国人学校の可能性

　本章のテーマは「外国人学校」でした。外国人学校とひと口にいっても，そこには多様な子どもたちの姿，教育戦略，実践のあり方が混在しているということがわ

14　外国人学校

かったと思います。

　国際移動がますます活発になるグローバル社会のなかで，外国人学校が創造する
多様な教育実践は重要な意味をもっています。また外国人学校の存在は，ほかの日
本の学校を否定するものでもありません。近年では，地域交流や国際理解教育の一
環として，近隣の外国人学校との交流を活発化させる公立学校も増えています。外
国人学校のなかには，一条校として運営する学校，「日本人」の入学，日本で世代を
重ねた人たちのアイデンティティ形成など，多様な教育ニーズに応えようと多様な
教育が生み出されています。これまでの学校像が変化していくなかで，日本の外国
人学校を「外国人学校」という特別な言葉に閉じ込めているのは，研究者自身なの
かもしれません。

　外国人学校の法的な位置づけを考えるにしても，どのような学校が望ましいのか
という理想を語るにしても，まずはそれらの学校のリアルな姿を知ることから始め
なければいけないでしょう。読者のみなさんにはぜひ外国人学校と実際に出会って
いただきたいと思います。読書案内であげられている本を読むのもよいですし，実
際に学校に赴いてみるのもよいかもしれません。とはいえ，外国人学校は子どもの
教育を担う重要な場であるので，興味本位で押し寄せるのは避けるべきですが，百
聞は一見にしかず。外国人学校のなかには，保護者のための参観日とは別に，誰で
も参加できる学校主催のお祭りや，オープンスクールを実施している学校もありま
す。外国人学校という日本社会のなかの大切な教育機関について，いま日本社会で
学んでいるあなたと一緒に考えたいと思います。

考えてみよう

①「一条校」とは，どのような学校のことでしょうか。文章のなかから整理してみ
　ましょう。また，外国人学校の法的地位にはどのようなものがあるか，いくつか
　あげてみましょう。
②外国人学校の分布図を作成し，自分の身近にある外国人学校について調べてみ
　ましょう。また，各外国人学校の特徴的な教育実践についても情報を集めてみ
　ましょう。
③外国人学校に関する新聞記事やニュースを探し，外国人学校が抱える課題につ
　いて学びを深めてみましょう。

Part III 多様性の包摂に向けた教育

> **読書案内**
>
> ①月刊『イオ』編集部［編］（2006）．『日本の中の外国人学校』明石書店
> 外国人学校の入門書。前半部分はルポルタージュで，タイプの違う 13 の外国人学
> 校がいきいきとした写真付きで紹介されています。後半部分は外国人学校をめぐ
> る日本社会の課題や歴史，法制度がトピックごとにまとめられています。巻末に
> は 2007 年 1 月現在での日本の外国人学校リストも付いています。
>
> ②朴三石（2008）．『外国人学校──インターナショナル・スクールから民族
> 　　学校まで』中央公論新社
> 新書サイズで手に取りやすい 1 冊です。日本の外国人学校の歴史から，教育の特
> 色，多様なカリキュラム，そして日本社会での法的位置づけについても詳しく書か
> れています。アジア系，欧米系，南米系など多様な外国人学校の姿がコンパクトに
> まとめられています。
>
> ③志水宏吉・中島智子・鍛治致［編著］（2014）．『日本の外国人学校──トラ
> 　　ンスナショナリティをめぐる教育政策の課題』明石書店
> 日本の外国人学校をテーマとした教育社会学の研究書です。執筆者は総勢 18 名で，
> フィールドワーク調査をもとにした 17 校の教育実践の観察記録が並んでいます。
> コリア系学校 6 校，中華学校 3 校，ブラジル人学校 4 校，インターナショナル・ス
> クール 4 校が取り上げられています。

▶**参考文献**

加賀美常美代・徳井厚子・松尾知明［編］（2016）．『文化接触における場としてのダイナ
　　ミズム』明石書店
金南咲季（2018）．「外国人学校に通う日本人生徒の語る学校選択──新興コリア系外国
　　人学校の事例から」『異文化間研究』*47*, 85-99.
月刊『イオ』編集部［編］（2006）．『日本の中の外国人学校』明石書店
芝野淳一（2013）「中華学校を選択した日本人保護者の教育戦略」志水宏吉・山本ベバリ
　　ーアン・鍛治致・ハヤシザキカズヒコ［編著］『「往還する人々」の教育戦略──グ
　　ローバル社会を生きる家族と公教育の課題』明石書店，pp.85-96.
志水宏吉・中島智子・鍛治致［編著］（2014）．『日本の外国人学校──トランスナショナ
　　リティをめぐる教育政策の課題』明石書店
宋基燦（2012）．『「語られないもの」としての朝鮮学校──在日民族教育とアイデンティ

ティ・ポリティクス』岩波書店

田中宏（2008）.「外国人学校の抱える現状と日本社会の課題」『解放教育』*38*(12), 24-31.

田中宏（2011）.「外国人の教育への権利——外国人学校の現状を中心に」アジア・太平洋人権情報センター［編］『外国にルーツをもつ子どもたち——思い・制度・展望』現代人文社, pp.77-84.

張玉玲（2008）.『華僑文化の創出とアイデンティティ——中華学校・獅子舞・関帝廟・歴史博物館』ユニテ

中島智子［編著］（1998）.『多文化教育——多様性のための教育学』明石書店

中村一成（2014）.『ルポ京都朝鮮学校襲撃事件——〈ヘイトクライム〉に抗して』岩波書店

拝野寿美子（2010）.『ブラジル人学校の子どもたち——「日本かブラジルか」を超えて』ナカニシヤ出版

朴三石（2008）.『外国人学校——インターナショナル・スクールから民族学校まで』中央公論新社

朴三石（2011）.『教育を受ける権利と朝鮮学校——高校無償化問題から見えてきたこと』日本評論社

韓東賢（2006）.『チマ・チョゴリ制服の民族誌^{エスノグラフィー}——その誕生と朝鮮学校の女性たち』双風舎

福田誠治・末藤美津子［編］（2005）.『世界の外国人学校』東信堂

マーフィー重松, S.／坂井純子［訳］（2002）.『アメラジアンの子供たち——知られざるマイノリティ問題』集英社

山野上麻衣（2016）.「学びたい場で学ぶ自由をいかに支えるか——外国人の子どもの公立学校・外国人学校の選択をめぐって」『〈教育と社会〉研究』*26*, 49-61.

Part III　多様性の包摂に向けた教育

コラム 17　ヘイトスピーチ

　「朝鮮人を東京湾に叩き込め！」「いつまでも調子に乗っとったら，南京大虐殺じゃなくて，鶴橋大虐殺を実行しますよ！」「良い韓国人も，悪い韓国人もどちらも殺せ」……。東京や大阪，川崎などの在日朝鮮人が多く暮らす街で，白昼堂々，耳を疑う言葉をまき散らしながらデモがおこなわれるようになったのは，2000年代後半以降のことです。

　特定の民族や国籍，また性的指向や障害などの属性を理由におこなわれる言葉による差別表現のことをヘイトスピーチ（hate speech）といいます。ヘイトクライムとともに1980年代のアメリカでつくられたこの言葉は，2013年の新語・流行語大賞の候補に選ばれたことにも象徴されるように，近年日本でも広く知られるようになってきました。それはこの問題への社会的関心の高まりを示すとともに，今なお収束の兆しをみせない事態の深刻さを表してもいます。

　ヘイトスピーチは，対象者の存在を否定・侮辱し，かれらの日常的な安心と安全を脅かすのみならず，私たちが暮らすこの社会に亀裂を生じさせるきわめて卑劣な行為であるといえます。事態の深刻さに鑑み，2016年には「ヘイトスピーチ解消法（「本邦外出身者に対する不当な差別的言動の解消に向けた取組の推進に関する法律」）」がつくられました。また大阪市や川崎市，東京都などいくつかの地方自治体においても公的施設やインターネット上でヘイトスピーチをおこなわせないための条例がつくられました。しかし，その発生を食い止める十分な効果を発揮できていないのが現状です。

　近年では，ヘイトスピーチの参加者たちはどういったイデオロギーをもっているのか（政治学），かれらの歴史理解のどこが誤っているのか（歴史学），法的に取り締まることはできるのか（法学），ヘイトスピーチはどこで，どのように取り上げられているのか（メディア論），といった各学問領域ならではの問いを立て，ヘイトスピーチ問題を解決しようとする研究も登場しています。

　それらの研究は，ヘイトスピーチをたんなる個人の問題としてとらえることはできないということを，共通して指摘しています。たとえば，なぜ生じるのかという問いに対しても，個人的な憂さ晴らしや弱い者いじめなどといった，個人の問題に帰責させる回答は十分ではありません。むしろそうした

216

14 外国人学校

個人の排外主義的な行動を生じさせる「上からの排外主義」にこそ注目することが求められます。

2010年，石原慎太郎元東京都知事は，同性愛者について「どこかやっぱり足りない感じがする。遺伝とかのせいでしょう。マイノリティは気の毒ですよ」と記者会見の場で述べています。2010年から施行された高校無償化制度では，外国人学校のうち朝鮮学校のみが適用除外となっています。政府や政治家はメガホンをもって「殺せ」とは言いません。しかしこうした公的な発言や政策が，ヘイトスピーチを生んでしまう社会の風潮をつくっていることと無関係であるといえるでしょうか。

ヘイトスピーチという現象を，歴史的・社会的な問題としてとらえたときにこそ，その解決の糸口が初めてみえてくるはずです。ぜひ，あなた自身の問題として考えてみてください。

(呉永鎬)

コラム 18　高校無償化制度と朝鮮学校

教育機会の均等を目的に，国が高校の授業料を支援する高校無償化制度（高等学校等就学支援金支給制度）は2010年から始まりました。一定所得以下の世帯において，公立に通う場合は授業料が無料になり，私立に通う場合は同額の補助金が支給されます。この制度は当初日本の学校だけでなく，外国人学校に通う生徒にも適用されるという点でとても画期的な試みでした。実際，インターナショナルスクールや中華学校などに通う生徒たちは高校無償化制度の適用を受けて学校に通っています。しかしながら，この制度から唯一除外された学校があります。それが朝鮮学校です。

民主党政権時代に高校無償化法案が出された当初，政府は本国政府の確認がとれないなどの理由で，朝鮮学校をほかの外国人学校と区別し，個別審査の対象にしました。その後，専門家による検討会議がおこなわれ，結果的に無償化制度の適用は「外交上の配慮などにより判断するべきものではなく，教育上の観点から客観的に判断するべき」という政府統一見解が発表され

ることになります。これを受けて，10 校の朝鮮高校が申請手続きをおこないました。しかし，2010 年 11 月に韓国延 坪島で軍事衝突事件が起きると，「外交上の配慮」によって政府は朝鮮学校の審査を凍結します。さらにその後，自民党政権になるとすぐに朝鮮学校を無償化の対象から除外する方針が出され，朝鮮学校を審査する根拠となっていた規程も削除されました。

　この朝鮮学校の高校無償化制度単独除外について，国際社会からは批判の声があがっています。国際連合（国連）の社会権規約委員会，人種差別撤廃委員会，子どもの権利委員会などは朝鮮学校に無償化が適用されていないことは差別にあたるとし，朝鮮学校にも無償化制度を適用するよう，日本政府に対して再三にわたり勧告をおこなっています。しかし，これらのことがメディアで報道されることはほとんどありません。

　2019 年現在，五つの地域で朝鮮学園や卒業生が無償化適用を求めて裁判を起こしており，朝鮮学校の生徒たちは勉強や部活の時間を犠牲にして，街頭宣伝や裁判傍聴などをおこなっています。無償化適用を求めて声を上げ，チラシを配る朝鮮学校生を見たことがある人もいるのではないでしょうか。これらのことは本来，子どもたちがおこなわなくてもよいことのはずです。しかし，それを強いているのが私たちの暮らす日本社会です。高校無償化問題のみならず，朝鮮学校への差別が幾度にわたっておこなわれてきたことは第 1 章や第 14 章でみてきたとおりです。マイノリティが民族教育を受ける権利は子どもの権利条約などでも保障されています。民族教育を受けるために朝鮮学校に通っている子どもたちがその権利を侵害されるということはあってはなりません。この問題は朝鮮学校「の」問題ではなく，教育権の保障という点で日本社会全体の問題であることを再度ここで強調しておきます。

（三浦綾希子）

Chapter 15 ノンフォーマルな教育と居場所

夜間中学校・NPO・エスニック組織・メディア

徳永智子・住野満稲子

> キーワード
> アイデンティティ／ホーム／居場所／文化的権利／エンパワメント／ノンフォーマルな教育

1 はじめに：多様な学びの場に目を向けて

　日本社会を生きる子どもたちの多くは，認可された公立学校などに通い，文部科学省の規定に沿った教育カリキュラムにもとづき，一元的な教育を受けます。しかし，現状の日本の教育では，外国籍の子どもは就学義務の対象ではありません。そして，このような法的な枠組みとも関連して，移民の子どもに対する教育・生活支援の整備は各学校の裁量に委ねられています。すると，移民の子どもは，日本語がわからないこと，母国との文化が大きく異なることなどを理由に，学校に行かない／行けなくなってしまうことがあります（文部科学省, 2007）。

　このような問題は，就学年齢の子どもに限ったことではありません。近年，より多くの移民の子どもが高校に入学できるようになっていますが，中退率は依然高いのが現状です。特に，年齢が高くなるにつれて，言語習得や，将来の進路，そしてアイデンティティをめぐる問題は複雑化していきますが，そうした課題への支援が学校制度のなかで整っているとはいえません。加えて，就学年齢を過ぎてしまうと，社会においてその実態がますます把握されない存在となってしまうために，こうした層は教育的議論において置き去りにされがちであるということも指摘されてきました（小島, 2011）。

　公教育の枠組みのみでは解決が難しい問題が顕在化するなかで，日本人の多くの子どもが通う「学校」とは異なった学びの場が移民の子どもの教育において重要な役割を果たしてきました。本章では，これらの多様な場を「ノンフォーマル」な教育ととらえ，公教育でありながら，さまざまな工夫に富む実践をおこなう「**夜間中**

学校」，移民の子どもの抱える固有の課題に特化した活動をおこなう「**NPO**（Non-profit Organization：非営利組織)」，エスニック・コミュニティの拠点となる「**エスニック組織**」，そして人びとの日常生活の経験を構成するうえで重要な場としての「**メディア**」の四つを対象として取り上げます。それぞれの場を取り巻く社会的期待や実態，そしてその意義について考えていきたいと思います。

2 ノンフォーマルな教育と居場所

「ノンフォーマル」な教育とは何でしょうか。「ノンフォーマル教育」は，途上国における国際開発援助の文脈で用いられることが多い概念です。国際機関のユネスコでは，正規の教育の補足・代替・補完として機能するものであり，年齢に関わらず，人びとの基礎的教育を保障するために，学校制度外で組織化された教育活動としてノンフォーマル教育をとらえられています（UNESCO Institute for Statistics, 2011）。このような活動は，途上国などにおいて，特定の人びとが公教育の機会から排除されていることへの問題意識から生まれたもので，NGO（Non-governmental Organization：非政府組織）や NPO が主な担い手として想定されています。しかし，ノンフォーマル教育は，その後生涯学習に関する関心を背景に，より幅広い文脈のなかで用いられるようになっています。日本では，1998 年に特定非営利活動促進法（NPO 法）が施行され，国内の教育の文脈でも，正規の教育外でおこなわれる，ノンフォーマル教育への関心が高まる土壌が生まれたといえるでしょう。

こうした流れを受け，ノンフォーマル教育をより幅広い枠組みでとらえる見方も生まれています。たとえば，近年の研究では，学校制度のもとで公的に組織されている／いないという枠組みでのとらえ方にとどまらず，カリキュラムの編成や，教育対象との関係のあり方など，教育の仕方の多様性も視野に入れたとらえ方も提示されています（丸山・太田, 2013 など）。このような見方にもとづけば，きわめて幅広い組織や活動が，「ノンフォーマル」の枠組みのもとでとらえることができます。

正規の教育として公的に位置づけられている教育でも，対象のニーズや，機関の掲げる目的に応じて大

図 11-1 支援団体のフリースクールで学ぶ移民の子ども。学校や家族に限らない，さまざまな場のなかで移民の子どもは育っています

きく異なる教育実践がおこなわれています。たとえば，夜間中学校は，日本の公立中学校の夜間部の学級として位置づけられていますが，生徒の背景に応じ，クラス編成・教育内容・その実践において，昼間のカリキュラムとは大きく異なる特徴がみられます。他方で，NPOなどは，公的な教育制度には属しません。市民によって担われる，特定の目的に即した教育の場としてとらえることができます。そこでは，学校教育のなかでは必ずしも取り上げられないような，日常生活に密接な課題や，言語やアイデンティティなどの固有の課題に対し，きめ細やかな実践がおこなわれています。

　ここまでは，一定程度「教育」としての定型性を備えた教育実践について述べてきました。他方で，必ずしも「教育」実践としてはくくられないものの，私たちを取り巻くさまざまな日常生活の経験も，人びとの学びをとらえるうえでとても重要な側面を占めています。特に，情報化社会の急速な進展は，私たちの帰属のあり方や人や場所とのつながり方に大きな変化をもたらしています。たとえば，インターネットの発達によって，私たちは国境を越えて，遠い国の人びととつながり，同じ世界観を共有したりすることができるようになりました。こうしたメディアの発達によってもたらされた空間も，私たちの日常生活の経験を構成する重要な一要素であり，「ノンフォーマル」な教育や場を考えるうえでの重要な手がかりにもなると考えられます。

　こうした場は，「**居場所**」という視点でとらえることもできるでしょう。みなさんのなかにも「居場所がない」という言葉を聞いたり，自ら感じたりしたことがある人がいるかもしれません。このように，「居場所」という言葉は，人びとのあいだでも一般的に共有される感覚として使われています。しかし，とりわけ移民の子どもたちにとっては，マジョリティである日本人にとっては「居場所」となりうる空間でも，「居場所」にはなりえない場合が多いということも指摘されてきました（異文化間教育学会，2014；矢野，2007）。新谷（2012）によれば，居場所には，「居場所がない」という当事者から発せられた言葉の訴えとしての意味と，当事者に対して

図11-2　移民の親子の居場所づくりをすすめる活動も広がっています。写真は「ピナット～外国人支援友達ネット」主催の多言語読み聞かせのイベント

社会や大人の意図が直接的には向けられない空間という二つの側面があるといいます。一見何の変哲もないようにみえる空間でも，支配的価値にもとづく意図が目に見えない形で働いていると，子どもたちがそれを敏感に感じ取り，その空間は「居場所」にはなりえないのかもしれません。その点で，公教育の枠組みから外れたノンフォーマルな教育の場は，**マイノリティ**の移民の子どもたちが自己表現し，**アイデンティティ**を形成するうえでの「居場所」となりうる可能性を有しているといえます。

3 夜間中学校

　日本の公立中学校のうち，夜間学級を設けている学校が全国に 31 校あります（2018 年時点）。これらの学校は，いわゆる，夜間中学校という名前で知られていて，15 歳以上の年齢で，中学校を卒業していない人や，実質的には学校に通えなかった人が入学することができる学校です。「夜間」という名のとおり，夕方の 5 時以降に始まり，9 時近くに終わります。なぜ夜に始まるのかというと，夜間中学校は，第二次世界大戦後の時期に，生活困窮下の子どもたちが家庭を支えるために学校に行くことができなかったことから，そのような子どもへの教育機会の保障を課題として，夜の時間帯に編成された学校として始まったためです。その後，夜間中学校は義務教育未修了の学齢超過者を対象とする機関へと変わっていき，具体的には，在日コリアンや引揚者，不登校生徒，難民やニューカマー生徒など，そのときどきの時代の課題によって生じた層を引き受ける学校として存在してきました。

　文部科学省が 2017 年に実施した全国調査によれば，夜間中学校に通っている生徒は現在 1,687 名おり，そのうち 8 割が外国籍の生徒です。これらの生徒の国を多い順にみると，中国（41.9%），ネパール（16.6%），韓国・朝鮮（14.9%），ベトナム（9.0%），フィリピン（8.0%）など，さまざまな国の生徒が通っていることがわかります（文部科学省，2017）。このように，外国籍の生徒が多い割合を占める夜間中学校では，通訳や日本語指導を専門とする職員を配置したり，通常学級とは別に，日本語学級を設けたりする学校が多くあります。そこでは，日本語の基本的な読み書きから学ぶことができますが，それだけではなく，数学・社会・音楽・技術・美術など，中学校の教科の学習もおこないます。遠足や修学旅行などの課外活動もありますし，文化祭や運動会などの学校行事も，昼間の中学校と同じようにおこなわれます。

　昼間の中学校は原則 15 歳以下の生徒しか在籍できませんが，自治体の判断で就

学年齢を超えていても昼間の中学校への通学を許可される場合があります。しかし，移民の子どもの中には，昼間の学校での支援が十分ではないために夜間中学校を選ぶ者もいます。筆者（住野）が調査をおこなっている夜間中学校では，昼間の中学校から，夜間中学校に編入する生徒が毎年何人かみられます。たとえば，16歳のネパール人男性のアミットさん（仮名）は，来日後，昼間の中学校に入学しました。しかし，当然ながらすべて日本語でおこなわれる授業に，アミットさんはまったくついていくことができなかったのです。授業の内容について，「何一つ理解することができなかった」と彼は振り返ります。するとその学校の先生が，夜間中学校のことについて教えてくれました。そこでアミットさんは夜間中学校に連絡をし，編入することになったのです。入学してみると，その学校には，彼と同じ国の生徒がたくさん通っており，また授業も，日本語の基礎から教えてくれました。彼は昼間の中学校よりも夜間中学校のほうが，「ずっと居心地がよい」と話します。

　この学校では，秋になると，毎年文化祭がありますが，生徒たちが母国の料理や文化的背景にもとづく演目などを披露する場があります。このように，母国の文化について披露する場があることも，生徒たちにとっては，日本社会での生活において自尊心を育むうえでかけがえのない経験となります。生徒たちは，ネパール，タイ，中国，フィリピンの料理を振る舞い，自文化のダンスなどを披露しました。アミットさんも，仲間たちと一緒に毎日ネパールダンスの練習に取り組み，大勢の前で披露しました。

　生徒が夜間中学校に入学する経緯はきわめて多様ですが，生徒の8割が外国籍である理由の一つは，アミットさんの事例にもみられます。すなわち，一般的な昼間の公立学校では外国籍生徒を就学義務の対象外にしているという枠組みのもと，十分な配慮がおこなわれていません。そのことが，夜間中学校における外国籍者の割合の高さに部分的に影響を及ぼしていると考えられます。

　このように，夜間中学校は，日本語能力別の学級編成や，文化祭などの行事でそれぞれの生徒の国の文化を生かした試みをおこなうなど，教育現場の次元で，さまざまな創意工夫をおこなっています。そして，公的機関であるがゆえに，無償で教育機会を提供し，中学校での卒業資格を付与します。夜間中学校に通う移民の生徒の多くは，将来に対する不確かさを抱えながらも，夜間中学校での毎日を通じて，少しずつ，日本社会で高校や大学に進学する意欲を高め，働くことを見据えていくようになっていきます。

　就学年齢の移民の子どもは不就学に陥りやすく，さらに，**就学年齢超過者**に対

しては，具体的な施策が乏しく教育機会にアクセスしにくいという現状があります。そのなかで，夜間中学校は，公教育のなかでのセーフティネットとして重要な役割を果たしているといえます。

しかし，夜間中学校は，何らかの事情により中学校で実質的には学べなかった人や修了できなかった人を対象として受け入れる公教育機関である以上，移民の生徒は，元不登校生徒や，高齢者など，さまざまに異なる背景的事情を抱える人たちと共に，「十分に学べなかった人たち」というカテゴリーにおいて支援の対象となります。それゆえ，移民であるからこそ抱える固有の課題については政策的俎上に載せにくい現状があるといえます。たとえば，移民の子どもの文化的権利の保障という側面は，各学校や教師によって対応がさまざまです。このような移民固有の課題については，NPOやエスニック組織が先進的に取り組んできました。次節以降ではその活動について詳しくみていきたいと思います。

4 NPO

移民の子どもや若者が直面する固有の課題に対しては，NPOや地域学習支援室が先駆的に重要な役割を果たしてきました。特に，移民の子どもに固有のニーズに対応し，学校では得られないさまざまな資源やネットワークを提供したり，子どもの居場所をつくったりしています（地域学習支援室の詳細は第7章を参照）。その中身は，生活・学習・進路への支援，日本語教育，地域交流など多岐にわたりますが，そうしたさまざまな試みのなかに埋め込まれているのは，**文化的権利の保護**と**エンパワメント**の役割です。

日本社会に生きる日本人は，学校教育を受けるなかで，知らず知らずのうちに，**文化的権利の保護**を受けているといえます。たとえば，国語の授業では日本語や日本の文学に触れ，社会の授業では日本の歴史について学びます。こうした一つひとつのカリキュラムを通じて，自らの日本人としてのアイデンティティを養う環境が整備されているのです。ところが，移民の子どもの場合，日本人と同じような言葉や振る舞いを身につけていくなかで，自分のルーツや家族の文化とどのように折り合いをつけてよいのかに悩むようになることがあります。学校では，自らの文化的背景や言語を隠し，同化を強いられることも多々あります（☞第6章）。特に，外国の人びとに対する**偏見**や**差別**を煽るようなマスメディア表現に日常的に接したり，

あるいは警察官に頻繁に呼び止められたりするなかで，日本社会では自分が否定的なまなざしを受ける存在であることを突きつけられることがあります。

NPOでは，こうした子どもや若者が置かれている状況に対応することで，子どもの文化や言語を保障し，エスニシティを是認するなど，自尊心を育む実践に力を入れています。たとえば，神戸のNPO「たかとりコミュニティセンター（TCC）」での活動の一つである「Re:C」では，移民の子どもによる映像作品の制作やラジオ番組の制作など，自己表現活動の支援をおこなっています。子どもたちは，ボランティアなど周囲の人びととの対話・交流をとおして居場所を見つけ，表現するための知識や方法を学び，ホスト社会に自らの意見や思いを発信しています（落合, 2012）。移民の子どもの声が抑圧されがちな日本社会のなかで，NPOが子どもの声を尊重し，社会に届けるサポートをしているのです。これらの活動は，**エンパワメント**という言葉でも説明することができるでしょう。つまり，子どもが本来もつ力を引き出し，そして肯定的な自己理解を育むことに焦点をあてる実践でもあるということです。

しかし，こうした国内のNPOの活動では，支援者が日本人で，支援される側が外国人という構図のもとでおこなわれることが多いのも事実です。そのため，このような非対称な関係を前にして，NPOがどのような姿勢で関わっていくのかということも議論されてきました。たとえば，NPO支援の現場では，支援者の側に存在する「支援する日本人」というイメージの自明性を問わないことが，日本人の優位性や特権性をよりいっそう強固なものにしてしまうというジレンマが指摘されています（中島, 2007）。つまり，日本人であることが圧倒的に強い影響力をもつ社会構造のもとで，支援に携わる人びとが，自らの社会的位置を反省的にとらえつつ，支援を必要とする人びととの関係を結んでいくことの重要性が問われ始めているのです。

最後に，NPOの活動は，個々の人びとを支援し，居場所を提供することにとどまるものではありません。ときには，社会のさまざまな法律や指針などの制度を整備するにあたり，NPOが積極的に課題を発信することもあります。社会的弱者のための権利擁護の活動は**アドボカシー**と呼ばれ，関係するさまざまなアクターが連携しながら，社会に問題提起し，現実を動かしていく側面ももっています。

5　エスニック組織

ここまでみてきた教育の場は，日本人によって組織される場合が多いものです。

しかし，第14章でみた外国人学校のように，移民たち自身でつくり出すノンフォーマルな場も存在します。ここではそのような場をつくり出す主体を**エスニック組織**と呼びたいと思います。こうした組織活動には，同じエスニシティの者たちがつながり合い，お互いに助け合ったり，日本社会における社会的差別の撤廃や権利獲得に向けて政治的活動をおこなったりするものがあります。あるいは，宗教組織など，特定のテーマにもとづく活動に重きを置くものも存在します。宗教信仰というと，礼拝でのお祈りや宗教的知識の勉強などを思い浮かべる人が多いかもしれませんが，エスニック系の宗教組織では，こうした宗教実践に加えて，人びとの生活上の困難を助け合うためのさまざまな実践が一体となっている場合があります。すでに確認したように，移民の子どもや若者たちは，日本社会で生きるなかで，自らのアイデンティティに関して悩みを抱える場合が多く，そのため，学校外での場が重要な意味をもってきます。

　たとえば，フィリピン系ニューカマーが集まる教会では，信仰活動のほかに，ユースグループという場が組織されていました。そこでは，同じ境遇の子ども／若者たちが母国の言葉で話したり，一緒に表現活動をしたりする場がありました。こうした活動は，学校教育では得られない，子どもや若者の自尊感情を育むうえでの重要な資源獲得の場として働いているといえます（三浦, 2015）。

6　メディア

　ここからは，少し異なる角度から子どもたちの生活世界について考えてみたいと思います。これまでの節でみてきた教育は，大人が子どもや若者の現在の生活や将来のことを思って組織した場において実践されることが多いものであるといえます。それに対し，先ほど言及した教会のユースグループは，当事者が居場所をつくり出しうることを示すものでした。ですが，子どもや若者がつくり出す居場所は，必ずしも物理的な場所での対面的な仲間との接触であるとは限りません。それは，電子メディアなどを媒介してつくり出されることもあるのです。このとき，「**想像力**」の働きが重要な意味をもっていきます。

　文化人類学者の A. アパデュライは，情報産業が発展し，電子メディアが広範に広まるなかで，人びとが日常生活のなかで想像力を働かせるようになったと指摘します。想像力は，たんに一時の避難場所ではなく，行為の足場としての可能性をも

つのだといいます（アパデュライ, 2004）。

　みなさんのなかには、大学やアルバイトから家に帰ったときに、お気に入りの歌手の音楽を聴いたり、小説やマンガを読んだりする人も多いのではないかと思います。こうした時間は、日常のさまざまなストレスを一時的に忘れさせてくれるだけではなく、それらが発する言葉や世界観が、つらい状況を乗り越えるための大きな救いになったと感じた経験のある人もいるかもしれません。

　こういった活動は、大人の視点からは、たんなる遊びとして軽く扱われることがあります。しかし、移民の子どもや若者は、日本社会での差別に直面したり、将来が不確かであると感じたりするなど、さまざまな葛藤を抱えやすい環境下にあります。それだからこそ、メディアをとおして想像する世界に自分を重ね合わせたり、オンライン上の仲間と共にその世界に浸ったりすることが、よりいっそう切実なものとして経験されていると考えられます。

　筆者（徳永）がこれまでおこなってきた、アメリカの東海岸の都市におけるフィールド調査では、フィリピンやベトナム、中国、インド出身のアジア系アメリカ人の10代の女性たちが、アジアの**ポップカルチャー**を消費しつつ、想像力を通じて「ホーム」を形成する過程について注目してきました（徳永, 2014；Tokunaga, 2018）。一般的に、「ホーム」というと、生まれた場所など、実体をともなった唯一のものを思い浮かべることが多いと思いますが、人びとのトランスナショナルな移動経験や、情報技術の発展という環境が、複数かつ多次元的な「ホーム」を生み出しているといえます。また、アジア系アメリカ人女性というと、アメリカ社会においては少数派であり、差別や排除に直面することの多い立場にあります。自分はどこに帰属する人間なのだろう、と悩む人も多いと考えられます。そうした背景的文脈が、想像する世界においてつくられる「ホーム」を重要な概念として浮かび上がらせるのです。

　ここでは、タンさん（仮名）という高校生の事例を紹介したいと思います。彼女はベトナムで生まれ、13歳のときに渡米しました。彼女は、故郷であるベトナムに対して強い愛着をもっています。というのも、ベトナムでは家族と過ごす時間がたくさんあったからです。それに比べて今のアメリカでの生活では、その家族の時間がほとんどなくなりました。また、彼女は英語を十分に話すことができず、なかなか友達もできなかったため、学校生活でも孤独感を抱いていたのです。そんなとき、タンさんの抱える喪失感やストレスを和らげてくれたのが、日本のアイドル・グループの「嵐」でした。とはいえ、彼女は日本を訪れたことがあるわけではありません。インターネットで、嵐のメンバーが出演しているドラマを見たことがきっかけ

で嵐のことが大好きになり，嵐の音楽を聴いたり，メンバーが出演する番組を鑑賞
したりすることで，彼女は何度も勇気づけられたそうです。嵐のメンバーが，仲の
よい兄弟のように，お互いを支え合っていることに，特に惹きつけられたといいま
す。このように，タンさんが日本のアイドルに憧れをもつことを不思議に思うかも
しれません。ですが，彼女の場合，アメリカ社会におけるマイノリティとして暮ら
すなかで，文化的親和性を感じる日本のポップ・カルチャーを，自らのアイデンティ
ティを確認する手がかりとして位置づけたのだと考えられます。さらに驚くこと
に，彼女は，インターネット上でつながった嵐ファンのベトナム系女性たちととも
に，100名規模の大きなコミュニティをつくりあげました。

　タンさんの事例からみえてくるのは，アメリカ社会において「アジア系」として
さまざまな日常的な困難に直面しながらも，同じ「アジア」である日本のアイドル
に憧れを抱き，国境を越えた人びととのつながりながら「想像上のホーム」をつく
り出していたということです。タンさんは，さまざまな困難を経験するなかで，想
像力を働かせ，外部環境に規定されない自由な世界を，想像力という日常的実践を
通じて紡いでいたといえます。

　ただし，もちろん，彼女が日本のアイドルとつながったのは，まったくの偶然と
いうわけではありません。グローバルな資本関係において日本が優位な立場にあり，
そういった文脈のなかで日本のポップカルチャーが世界中の若者に消費されている
という力学があり，そのなかでタンさんは日本のアイドルと出会ったともいえるで
しょう。加えて，当然ながら，こうした想像力の働きによって，タンさんの置かれ
ている困難な社会的条件が変わるわけではありません。つまり，このような日常的
な想像力の実践は，日常におけるさまざまな困難な経験と，メディア環境のもたら
す想像の働きが接し合うなかで生まれる「ホーム」としてとらえられるのかもしれ
ません。それは，移民の子どもたちが困難な条件を抱え，引きずりつつも，そのな
かで自分自身をエンパワーし，新しいアイデンティティへと変容させていく過程と
してとらえることができるでしょう。

7　おわりに：ノンフォーマルな場からみえてくる世界

　本章では，みなさんが教育と聞いて一般的に思い浮かべる学校とは異なる多様な
学びの場の意義について考えてきました。日本社会で特に差別・排除の対象となり

15　ノンフォーマルな教育と居場所

やすい移民の子どもが自分自身に対して肯定感をもてるのは，こうしたノンフォーマルな場だからこそ可能なのかもしれません。移民の子どもや若者の日常的経験や想像力の働きに注目することの意義の一つは，それを通じて，かれらの制約状況や，それへの対処のあり方を浮き彫りにできることだといえます。また，かれらが想像し，紡いだ世界に目を向けることで，既存の教育のあり方を相対化してとらえ，新しいものへと再構成していくうえでのヒントが得られるかもしれません。より広くいえば，マイノリティをめぐるノンフォーマルな教育の場の意義を一つひとつ確認していくことによって，多様性を包摂した公正な公教育のあり方を考えることにもつながるでしょう。

考えてみよう

①この章で扱ったノンフォーマルな教育にはどのような意義がありますか。
②なぜノンフォーマルな教育が移民の子どもにとって重要だといえるのでしょうか。具体例をあげながら説明してみましょう。
③Ａさんは，ノンフォーマルな教育を設けることは，移民の子どもをマジョリティの空間から「隔離」することにつながり，社会の分断を促進する可能性があると懸念します。他方，Ｂさんは，移民の子どものニーズに応じた「ノンフォーマル教育」の意義を主張します。みなさんはどのように考えますか。

読書案内

①異文化間教育学会（2014）．『異文化間教育』40（特集：越境する若者と複数の「居場所」）
本特集号では，移民の若者，留学生，アメリカのアジア系女性，ミックスルーツの人など，越境する人びとが国や文化を越えて多様な「ホーム」／居場所をつくる様子を描いています。なぜ移民の若者にとって「ホーム」や居場所が重要なのかを考えるうえでも多くのヒントがあるでしょう。

②三浦綾希子（2015）．『ニューカマーの子どもと移民コミュニティ──第二世代のエスニックアイデンティティ』勁草書房

本書は，長期のフィールドワークをもとに，フィリピン系の子どもが学校以外の育ちの場でどのような資源を獲得し，どのようにエスニック・アイデンティティを形成しているのかを論じています。エスニック教会や地域学習支援教室など，ノンフォーマルな教育の意義を理解するうえでも示唆に富んでいます。

③宮崎幸江 [編]（2014）．『日本に住む多文化の子どもと教育——ことばと文化のはざまで生きる』上智大学出版

本書は，日本で育つ移民の子どもが複数の文化や言語のはざまを生きつつアイデンティティを形成する様子，また子どもがもつ能力を活かす教育や社会のあり方について論じています。「日本人」と「外国人」という枠組みを超えて，複数の国や文化にまたがって育つ子どもたちの強みを考えるうえでも参考になる図書です。

▶参考文献

アパデュライ, A. ／門田健一 [訳]（2004）．『さまよえる近代——グローバル化の文化研究』平凡社

新谷周平（2012）．「居場所を生み出す「社会」の構築」田中治彦・萩原建次郎 [編著]『若者の居場所と参加——ユースワークが築く新たな社会』東洋館出版社，pp.231–247.

異文化間教育学会（2014）．『異文化間教育』40（特集：越境する若者と複数の「居場所」）

落合知子（2012）．『外国人市民がもたらす異文化間リテラシー——NPO と学校，子どもたちの育ちゆく現場から』現代人文社

小島祥美（2011）．「学齢を超過した義務教育未修了の外国人住民の学習権保障」『ボランティア学研究』11, 21–33.

徳永智子（2014）．「国境を越える想像上の「ホーム」——アジア系アメリカ人の女子生徒によるメディア／ポピュラーカルチャーの消費に着目して」『異文化間教育』40, 70–84.

中島葉子（2007）．「ニューカマー教育支援のパラドックス」『教育社会学研究』80, 247–267.

丸山英樹・太田美幸 [編]（2013）．『ノンフォーマル教育の可能性——リアルな生活に根ざす教育へ』新評論

三浦綾希子（2015）．『ニューカマーの子どもと移民コミュニティ——第二世代のエスニックアイデンティティ』勁草書房

文部科学省（2007）．「外国人の子どもの不就学実態調査の結果について」〈http://www.mext.go.jp/a_menu/shotou/clarinet/003/001/012.htm（最終閲覧日：2018 年 12 月 1 日）〉

文部科学省（2017）．「平成 29 年度夜間中学等に関する実態調査」〈http://www.mext.go.jp/component/a_menu/education/detail/__icsFiles/afieldfile/2017/11/07/135798

2_03.pdf（最終閲覧日：2018 年 12 月 1 日）〉
矢野泉（2007）．「エスニック・マイノリティの子ども・若者の居場所をめぐる考察」『横浜国立大学教育人間科学部紀要 1——教育科学』9, 169–177.
Tokunaga, T.（2018）. *Learning to belong in the world: An ethnography of Asian American girls*. Singapore: Springer.
UNESCO Institute for Statistics（2011）. Non-formal education. 〈http://uis.unesco.org/node/334726（最終閲覧日：2018 年 12 月 1 日）〉

コラム 19　ベトナム語の継承語教室

　土曜日の朝のコミュニティセンター，子どもたちのベトナム語の発音練習が外の駐車場にまで響いている。大阪府に位置する八尾市には多くのベトナム人住民が暮らしています。2018 年 12 月現在，日本には約 29 万 1,400 人のベトナム国籍者が暮らしていて，国籍・地域別では第 3 位の多さとなりますが，ベトナムの文化や言語を学べる外国人学校はまだ日本にはありません。ここでは NPO 法人「トッカビ」が運営するベトナム語教室を紹介しましょう。
　「トッカビ」という名前は韓国朝鮮の「トケビ」というお化けの名前からとったものです。いたずら好きでちょっぴりおっちょこちょい，だけれど情に厚いトケビ。そんなトケビのように多くの人から親しまれる存在になれるように，というのが団体の名前の由来です。長らく地域に住む在日コリアンの

ベトナム語の継承語教室の様子

Part III　多様性の包摂に向けた教育

支援をおこない，社会運動の第一線を走ってきました。その「トッカビ」がベトナム語教室を始めたのは 2004 年。その頃すでに多くのベトナム人住民が八尾市に暮らしていました。日本語のサポートや生活相談，子どもたちの学習支援に取り組むなかで，ベトナム人保護者から「トッカビ」の職員にこんな声が寄せられました。

「子どもがベトナム語を忘れている」「私の言っていることが，自分の子に伝わっていない……」。

そんな地域の要望に応える形で，学習者 6 人のベトナム語教室がスタートしました。今では毎年 40 人を超える登録があり，9：00 から 12：00 までの時間で計 7 クラスを開催しています。これまでの実践や教室運営の記録は，『あらたな「コミュニティ」を紡ぐ──ルーツ語教室 10 年の実践から』（鄭ほか，2016）にまとめられていますので，ぜひ参照してみてください。

いま「トッカビ」のベトナム語教室は新しい取り組みを始めています。かつて教室で学んだベトナムにルーツをもつ青年たちが今度は先生として教室を支えるというサイクルへの挑戦です。これまで 8 名の青年たちが講師やアシスタントとして，教室運営をサポートしてくれています。

ここでは外国人学校という教育の選択肢をもたないベトナムルーツの人びとの教育という意味で，「トッカビ」の教室を取り上げてみました。もちろん実践に課題がないわけではありませんが，「トッカビ」のベトナム語教室はベトナムにルーツをもつ当事者だけでなく，地域の在日コリアンや日本人も一緒になって取り組んでいる教室です。ご協力，応援をしてくださっているみなさん，Xin cảm ón！（ありがとうございます！）

（薮田直子）

●参考文献

鄭栄鎮・薮田直子・高橋佳代子・トラン ティ キム ユン（2016）．『あらたな「コミュニティ」を紡ぐ──ルーツ語教室 10 年の実践から』NPO 法人トッカビ

| Concluding Chapter 終章 | 移民から教育を考える |

三浦綾希子・芝野淳一

> **キーワード**
>
> 越境する子ども・若者／日本人の優位性／教育の問い直し／想像力／社会変革

　いよいよ最後になりました。この章では，ここまで学んできたことを振り返り，みなさんが本書で得た知見を発展させるためのヒントを示したいと思います。具体的には，移民を想定してこなかった日本の教育や社会を問いなおし，多民族化・多文化化が進む日本社会において，どのような教育が必要なのかを考えるための方向性を述べます。

1　本書で学んだこと

　まず，各章の内容を簡潔に振り返り，本書で学んだことを整理しましょう。
　第Ⅰ部では，グローバル化のもとで進展する日本社会の多文化化について学びました。ポイントは二点です。第一に，日本社会の多文化化や移民の教育問題は，今に始まったわけではなく，昔からあったということです。在日朝鮮人の教育史を通じてみた日本の歴史的・社会的不正義と，受け入れ体制の不整備によってニューカマーの子どもが直面する教育格差は，切り離して考えることのできない問題なのです。第二に，同じ移動する人びとであっても，社会での受け入れられ方はさまざまだということです。海外帰国生や留学生については，日本社会にとって有用なグローバル人材と位置づけられていることや，日本政府や高等教育機関においてさまざまな教育施策が設けられていることから，移動経験がキャリア形成にプラスに働く傾向にあるといえます。その一方で，ニューカマーの子どもの現状や在日朝鮮人の歴史をみると，かれらの移動経験はむしろ社会的排除の要因となっていることがわ

かったと思います。

　第Ⅱ部では，移動する子ども・若者が生きる生活世界として，家庭，学校，地域，労働市場，およびトランスナショナル空間に注目しました。ここでは三つの点を強調しておきたいと思います。第一に，移民の子どもの教育というと，家庭や学校に注目されることが多いですが，かれらの教育には地域や労働市場も密接に関わっているということです。家庭や学校のみに注目してみてしまうと，地域の教育支援が果たす重要な役割や親の労働状況が子どもにもたらす影響などを見逃してしまうことになります。第二に，移民の移動形態や家族の教育戦略は多様であるにもかかわらず，日本の学校ではそのような多様性は考慮されず，同化主義的な教育がおこなわれやすいということです。こうした学校のなかで育つ移民の子どもたちは生きづらさを抱えていくことになります。最後に，移民や移動する子どもたちの生活世界はトランスナショナルに開かれており，そのなかで格差が生じているということも強調しておきましょう。グローバルな教育戦略を打ち立てることのできるエリート層もいれば，トランスナショナルな移動を繰り返すなかで進路形成が難しくなり，将来展望を描けない若者たちもいることを，本書では具体的な事例をとおして学びました。

　第Ⅲ部では，多様な人びとを包摂する教育を構想するために必要な考え方や取り組みに焦点をあてました。ここでおさえてほしいことは次の２点です。第一に，アメリカを中心に多文化主義，多文化教育という考え方が発展してきており，日本でも多文化共生という言葉のもとでさまざまな取り組みがおこなわれているということです。日本の学校は同化主義的な教育をおこなっているところが多いですが，多文化共生をスローガンに先進的な取り組みをおこなっているところも多々あります。ただし，社会的公正や人権保障という点が多文化主義や多文化教育では重視されてきた一方で，多文化共生ではこうした側面が薄いことが課題です。多文化主義，多文化教育，多文化共生という言葉をキーワードに，それぞれの違いを整理するとともに，こうした考え方や取り組みがもつ可能性と課題について今一度確認してみてください。第二には，子どもの教育を支えるのは日本の学校だけではないということです。外国人学校や夜間中学校，NPO，エスニック組織，メディアなど，移民の子どもが学び育つための資源を提供するアクターは多岐にわたっています。このような居場所が移民の子どもたちを支えていることに目を向けながら，多様な人びとを包摂する教育や社会を構想するためには何が必要か，考えていく必要があるでしょう。

2 日本の教育がこれまで想定してこなかったこと，これから想定すべきこと

　これまでの日本の教育は日本に定住する日本人のためにおこなわれてきました。日本に生まれ育ち，日本で働き暮らしていく日本人の子どもたちがその対象として想定されてきたのです。しかしながら，本書をとおしてみてきたように，昔から日本には「日本人」以外の人びとが多く暮らしています。また，日本以外で生まれ育つ「日本人」もたくさんいますし，日本以外の国で働き暮らしていく人びとも多くいます。ですが残念ながら，こうした人びとが教育の中心に据えられることはこれまでありませんでした。第12章の最後に取り上げた「学校は日本人のための場所だった」というブラジル人の若者の言葉はまさにこのことを示すものでしょう。

　そもそも学校というのは基本的にその国の国民をつくるためにつくられたものです。日本では，明治以降，現在の学校教育制度が整えられました。複数の藩に分かれていた江戸時代の名残がまだ残るこの時代において，日本人という意識をもっていた人びとはわずかであったといわれています。そうしたなか，学校教育は日本人をつくるための装置として機能しました（小熊，1998；小国，2007）。共通の言葉や歴史を教えることによって，日本人という意識を人びとのなかに植えつけていったのです。このような教育は独自の言葉や文化をもっていたアイヌ民族，沖縄の人びと，在日朝鮮人や台湾人に対してもおこなわれました。出自や文化的背景の違いは無視され，日本語や日本文化を身につけることが重視されたのです。そして，同化主義的な教育は，帰国生やニューカマーの子どもの問題が注目された後も継続していきました。第6章で指摘されていたように，学校に日本人以外の子どもがいたとしても，日本以外で暮らす可能性がある子どもがいたとしても，その存在はあくまで「例外」であり，本書でみてきたようなかれら固有の教育課題は見過ごされてきたのです。

　みなさんのなかには「ここは日本なのだから，そして日本に住んでいる大多数は日本人なのだから，日本人のための教育をするのは当然だ」と思う人もいるでしょう。ですが，「自分の民族の言葉や文化を学びたい」「○○人としてのアイデンティティを否定されない教育を受けたい」という声はたんにここは日本だからという理由で，あるいは日本人より移民の数が少ないからという理由で無視してよいものなのでしょうか。

　移民に日本への適応を求めるときによく使われる言葉として，「郷に入れば郷に従え」という言葉があります。「日本社会で生きているのであれば，日本のやり方に

ならったほうがよい」という意味をもって善意でこの言葉を使ったことがある人もいるかもしれません。しかし，この言葉は**日本人の優位性**を前提に，移民に自分たちのやり方を押しつけることを正当化する言葉としてとらえることもできます（塩原, 2012）。多文化共生が叫ばれる現在においてもなお，日本のルールは日本人によって決められるべきで，移民はたとえ何年日本に住もうともそれに従うべきだという考えを無意識のうちにもっている人は多いように思います。学校で移民の子どもたちに同化主義的な教育をおこなうのも郷のルールを教えるためであるといえるでしょう。たしかに，人と人とが共に住むためには一定の社会的ルールはなくてはなりません。しかし，そのルールは一方的に数が多い者たちによって決められてよいものなのでしょうか。「郷に従え」と言う前に，その郷がどのような歴史のなかでつくられてきたのかを考えてみる必要があるでしょうし，日本人と移民が共に郷におけるルールを変化させていく可能性を模索していくことが今後は求められるのではないでしょうか。そのためには，教育のありようも変わっていく必要があるでしょう。

　それでは，今後，教育や社会のありようを変えていくために必要なことは何でしょうか。序章でも問題提起しましたが，本書を読み終えてあらためて考えてほしいのが「日本人」とは誰かという問いです。日本の教育システムが日本人のためにあり，学校は日本人をつくる装置であることはすでに述べたとおりです。では，ここでいう「日本人」とは，はたしてどのような人を指しているのでしょうか。国籍が日本であれば日本人でしょうか，両親ともに日本人であれば日本人でしょうか。ハーフや移民の人びとに対峙する形で「純粋な日本人」という言葉がしばしば使われますが，「純粋な日本人」とは誰を指すのでしょうか。日本国籍であっても一度も日本に住んだことがなく，日本語を流暢に話せない人もいます。反対に日本にしか住んだことがなく，日本語しか話せないけれども，日本国籍ではない人たちもいます。「日本人」「〇〇人」というのは，国籍や出身地，血統，使用言語などを根拠に規定されることが多いですが，その内実は非常に曖昧なものです（岩渕, 2014；下地, 2018）。しかし，これまでの日本の教育においては，この曖昧性は意識されてきませんでした。日本人と移民は二項対立的にとらえられるようなものではありません。その境界は非常に曖昧です。国籍や親の出身地をみて「あの子は〇〇人だからこうだ」と決めつけるのではなく，それぞれの子どもがどのような状況に置かれ，どのような問題を抱えているのか丁寧にみていくと同時に，それが文化的背景の違いに起因する問題なのかどうかを考慮しながら，教育支援をおこなっていくことが重要

となってくるでしょう。

　また，移民や移動を前提としてこなかった教育や社会システムを見直す必要もあります。本書では，学校や家庭，地域，労働市場などさまざまな領域において移民が抱える課題をみてきました。これらの課題は移民自身に問題があるというよりは，むしろ移民や移動を前提としてこなかった教育や社会システムに問題があるといえます。特にここ30年ほどで急速に多文化化が進行しており，同質性を前提としたシステムは機能不全に陥っています。今後は同質性や定住が前提とされてきた日本の教育・社会システムを再度見直す必要があります。その際に気をつけるべきは日本社会における移動や移民の問題は，近年になって起こったことでは決してないということです。たしかに近年，グローバル化が加速するなかで人の移動は活発になり，移民と呼ばれる人びとは増加しています。しかし，アイヌ民族や沖縄の人びと，朝鮮人や台湾人など出自や文化的背景が異なる人びとはもっと昔から日本社会のなかで暮らしていました。また反対に，日本から外に出て，日本以外で暮らしてきた日系人の人びとにも長い歴史があります。その歴史性に目を向けず，現在のことだけをみてしまうと，「日本はもともと単一民族国家だったけど，最近は外国人が増え，多文化化が進んでいる」という誤った見方をしてしまうことになります。そして，日本の社会や教育に継続してある問題を見過ごしてしまうことになるのです。これまでの日本社会や教育のあり方を批判的に検討したうえで，これからの日本社会，教育には何が必要か，本書で学んできたことをもとに，みなさんも一度考えてみてください。

3　移民から教育を考えるために

　本書の内容は，みなさんが期待していたものと少し違っていたかもしれません。もしかすると，流行りの異文化理解や国際交流の方法，グローバル社会で活躍するための英語力やコミュニケーション力といった内容を思い浮かべていた読者もいたのではないでしょうか。しかし，読み始めてすぐに，そのような趣旨の本ではないことに気がついたと思います。

　本書で主に取り上げたのは，私たちと同じ日本で生活する移民の子どもやその家族の姿，そして，かれらの学びや育ちを支える多様な教育現場の存在でした。各章では，決してワクワクするような楽しい内容とはいえない，リアルでシビアな問題

に切り込みました。読者によっては目を背けたくなったり考えるのが辛くなったりするようなテーマもあったかもしれません。また，理解するのが難しい内容に出くわすこともあったでしょう。

　このような内容になった理由は，移民の子どもの教育問題を私たちの身近な問題として引き受け，その解決策をみなさんと一緒に考えていくためでした。すなわち，グローバルな問題は遠く離れたところにあるのではなく，すぐそばに広がっているのだということを，みなさんに知ってほしかったのです。国境を越えて生きる移民の子どもやその家族の姿を通じて，かれらの置かれている現実に対する**想像力**をもってもらうことが，本書の目標だったと言い換えることができます。

　グローバル化の進展により，ますます国際移動する人びとに対する想像力が求められるようになっています。社会学者の塩原は，想像力を「個人が知識を活用しながら自らの共感の限界や制限を押し広げて他者／社会を理解しようとする努力」（塩原, 2017：28-29）と定義しています。つまり，学ぶことこそが，共生社会を実現するための第一歩だといえます。

　近年，グローバル人材の育成が叫ばれるなかで，高い英語力とコミュニケーション力を兼ね備え，世界を自分の庭のように駆け巡りながら生活する（ビジネス）エリートを想像する機会が多くなっています。その一方で，本書でみたようなマイノリティの立場にある移民については，安価な労働力やヘイトスピーチの対象として，他者を管理・排除しようとする剥き出しの欲望とともに想像されるか，想像すらされないというのが現実です。しかし，本書で学んできたように，私たちは移民と直接的・間接的に関与しながら生きています。また，自らも移動可能性を秘めた存在であり，いつ移民になってもおかしくありません。現代に生きるすべての人びとは顕在的・潜在的に移民であるといっても過言ではないのです（伊豫谷, 2007）。このように考えると，移民は決して自分と無関係な存在なのではなく，私たち自身の問題でもあることが容易に想像できると思います。

　無論，私たちの想像力は，同時代を生きる人びとだけに向けられるべきではありません。たとえば，第1章で主張したように，在日朝鮮人の教育史を通じてかれらが経験してきた不安や悔しさを想像することは，誰もが等しく尊重される公正な社会を構築する契機となるはずです。また，他者への想像力を通じて，自らが置かれている立場を自覚し，それまで疑いもなく信じてきた常識や価値観を問いなおしていくことも重要です。すなわち，日本に暮らす移民の子どものリアリティと向き合いながら，「自分を変えていく勇気」（塩原, 2012）をもつことが，社会変革へとつな

がっていくのです。これは、自己（私たち）と他者（あなたたち）の違いを強調することによって成り立つ異文化理解や国際交流のスタンスとは一線を画しています。

さらに、自己と他者が共に生きる「社会」を想像することも必要です。本書では、移民の子どもが直面する教育格差の背景に乗り越え難い社会構造の問題が横たわっていること、また、移動経験が教育・地位達成へと結びつく者と社会的排除へと結びついてしまう者を同時に生み出す社会システムがあることをみてきました。しかし、そうした現実がある一方で、多様な背景をもつ子どもたちを包摂するさまざまなアクターが確かに存在していることも学びました。こうした知識の数々は、個々人の経験を社会との関係から読み解くきっかけを提供してくれます。

想像力をもつことは、目的ではなく手段です。したがって、本書で学んだ知識をたんなる教養として頭のなかに留めておくのではなく、日常をとらえなおす実践へと結びつけていかなくてはなりません。重要なのは、想像力を通じて身近な他者や社会と出会いなおしていくことなのです（塩原, 2017）。たとえば、第7章では、学んだ知識をふまえ、何気なく過ごす日常において見過ごしてきた、地域に埋もれている歴史や人びとの声に意識を向け、「見慣れた風景と出会いなおす」ことを提案しています。なぜなら、そうすることによって、「誰もが対等な社会の構成員として包摂される教育環境や、多文化共生の地域づくりを実現していく可能性」が開かれてくるからです。また、私たちの身近な世界で生じている移民問題は、第11章でみたアメリカの事例をはじめ、先進諸国が共有するグローバルな問題でもあります。想像力をさらに押し広げ、複数の国の社会制度や文化を視野に入れる認識枠組みをもちながら、日本の教育や社会のあり方を考えていくことも大切です。

2019年度より新しい出入国管理及び難民認定法（以下、改正入管法）が施行されました。しかし、現在の日本において、移民を市民として受け入れる社会的・制度的基盤が十分に整備されていないのはいうまでもありません。それどころか、今回の改正入管法でも移民の定住化を阻止する方向性は継続され、かれらを異質な他者として監視・管理しようとする側面が強調されています（髙谷, 2019）。マジョリティとしての政治家たちが、どれほどの想像力を働かせ、この法律を成立させたのか疑問が残ります。しかし、始まってしまったものをすぐに止めることはできません。私たちにできることは、学ぶことによって培った想像力を駆使しながら、多様な背景をもつ子どもたちが共に学び、共に育つ教育や社会のあり方を模索してくことです。その過程において、本書がみなさんの「役に立つ」ものになればと願うばかりです。

▶参考文献

伊豫谷登士翁（2007）.「方法としての移民——移動から場をとらえる」伊豫谷登士翁
　　［編］『移動から場所を問う——現代移民研究の課題』有信堂高文社，pp.3-23.

岩渕功一［編著］（2014）.『〈ハーフ〉とは誰か——人種混淆・メディア表象・交渉実践』
　　青弓社

小熊英二（1998）.『〈日本人〉の境界——沖縄・アイヌ・台湾・朝鮮　植民地支配から復
　　帰運動まで』新曜社

小国喜弘（2007）.『戦後教育のなかの〈国民〉——乱反射するナショナリズム』吉川弘
　　文館

塩原良和（2012）.『共に生きる——多民族・多文化社会における対話』弘文堂

塩原良和（2017）.「越境的想像力に向けて」塩原良和・稲津秀樹［編著］『社会的分断を
　　越境する——他者と出会いなおす想像力』青弓社，pp.25-49.

下地ローレンス吉孝（2018）.『「混血」と「日本人」——ハーフ・ダブル・ミックスの社
　　会史』青土社

髙谷幸（2019）.「移民社会の現実を踏まえて」髙谷幸［編］『移民政策とは何か——日本
　　の現実から考える』人文書院，pp.7-22.

事項索引

ESL（English as a Second Language）プログラム　167
JSL（Japanese as a Second Language）カリキュラム　185
NGO　3
NPO　220

あ行

アイデンティティ　38, 109, 127, 209, 222
　　対抗的――　97
アドボカシー　225
アファーマティブ・アクション　51, 168
アメラジアン　208

移住システム　129
一時的回帰の物語　138
一条校　207
移動の女性化　151
意図せざる結果　128
居場所　97, 108, 221
異文化間葛藤　85
移民
　　――の家族　77
　　――の編入様式　170
　　結婚――　35
　　日系――　135
　　連鎖――　4
移民産業　4
移民システム論　4
移民政策　4
移民背景をもつ教員　200
インターナショナルスクール　153
インドシナ難民　35

内なる国際化　63
宇宙飛行士家族　151

英語帝国主義　154

衛星キッズ　151
エスニシティ　4
エスニック・コミュニティ　109
エスニック集団　4, 5
エスニック組織　220, 226
エスノセントリズム（自民族中心主義）　9
エンターテイナー　35
エンパワーする学校文化と学校構造　173
エンパワメント　195, 224, 225
エンプロイアビリティ　68

往還型　79
　　――の移動　155
往還する人びと　124
オールドカマー　6, 17
親子の役割逆転　83, 124
恩恵　93

か行

海外帰国生　47
　　――特別枠　186
外国人学校　81, 205
外国人児童生徒教育　180
外国人集住地域／非集住地域　110
外国人集住都市会議　111
外国人特別枠　186
外国籍教員　200
学業達成　127
格差　149
　　経済――　3
　　進学――　40
学習言語　95
学習障害　95
各種学校　207
学力　38
学力保障　182

241

学齢超過　93, 108, 123
隠れたカリキュラム　95
家族
　移民の——　77
　トランスナショナルな——　129, 150
　渡り鳥——　151
学校文化　125
家庭
　国際結婚——　53
　駐在——　50
家庭内言語選択　83
家庭内性別役割分業　151
可動性の程度　157
加配　182
　——教員　94
寛容性　156

機会の平等　167
帰国児童生徒教育学級　49
帰国生特別入試　49
技能実習生　37, 133
技能実習制度　38
教育
　外国人児童生徒——　180
　国際理解——　51, 181
　市民性——　174
　多文化——　166, 172, 193
　多民族——　172
　地球市民——　68
　適応——　50
　同化——　195
　特性伸長——　51
　トランスナショナルな——　55
　トランスナショナルな生活と——
　　135
　ナショナルな——　55
　補償——　167, 195
教育移住　149
教育戦略　77, 125, 208
　トランスナショナルな——　53, 81,

149
教育内容の統合　172
教育を受ける権利　93
教員
　移民背景をもつ——　200
　外国籍——　200
　加配——　94
教員養成課程　112
境界　5

グローカル化　3
グローバル化　2
グローバル型能力　53
グローバル・コンピテンシー　152
グローバル市民　68, 69
グローバル人材　68, 69, 152
　——育成　52
グローバル・タレントの獲得競争　153
グローバル・ハイパーガミー　83

経済格差　3
経済資本　157
形式的平等　168
結果の平等　167
結婚移民　35
言語　38
　学習——　95
　生活——　95
研修　112

高校無償化制度　23
公正　168, 185, 195
　——な教育方法　172
構造的な問題　112
公民権運動　166
公民権法　167
国際移動　209, 213
国際化　2
　内なる——　63
　大学の——　62, 63

事項索引

国際教室　94, 194
国際結婚　4, 129
　　──家庭　53
国際交流協会　106
国際バカロレア　211
国際理解教育　51, 181
コスモポリタニズム　153
国境を越えた母親業　129
子どもの貧困　125
雇用の調整弁　37, 123
コンピテンシー　68
　　グローバル・──　152

さ行
差異
　　──の一元化　96
　　──の管理　96
　　──の固定化　96
在外教育施設　48
再生産労働　123, 151
サイドドア　121
在日朝鮮人　17, 18
在留資格　7
差別　6, 224
差別や偏見，ヘイトクライム（憎悪犯罪）
　　212

ジェンダー規範　152
ジェンダー役割　98
　　──期待　98
時間　109
時間と空間の圧縮　2
識字教室　109
実質的平等　168
資本　157
　　経済──　157
　　社会関係──　126, 157
　　文化──　157
市民　9, 174
　　グローバル──　68, 69

市民性教育（シティズンシップ教育）
　　174
社会関係資本　126, 157
社会的公正　195
社会的構築物　5
社会的排除　3
社会的不平等　3
社会統合　8, 165
　　──政策　8
周縁化　169
就学案内　93
就学年齢超過者　223
重要な他者　99
出入国管理及び難民認定法（入管法）
　　37
出入国管理政策　8
循環型移住　79
情報　109
植民地支配　17
植民地主義　21
進学格差　40
人種　4
新自由主義政策　3
新自由主義的な教育政策　174
人種主義（レイシズム）　5
真正性　156
新二世　53
進路　38
進路保障　182

スティグマ　125

生活言語　95
制度化　172
セミリンガル　123, 169
全戸訪問調査　93
全日制日本人学校　48

早期結婚　98
早期就労　99

送金要求　98
創氏改名　20
想像の共同体　8
想像力　226, 238
相対的貧困　124

た行
大学の国際化　62, 63
対抗的アイデンティティ　97
脱植民地化　23
奪文化化　95
多文化教育　166, 172, 193
多文化共生　8, 179, 195
　　──の地域づくりを推進する拠点
　　114
多文化主義　165, 166
多民族学習　171
多民族教育　172
多民族教育・多文化教育　200
単一民族
　　──学習　171
　　──国家　41
　　──神話　6
段階的な移動　155

地域的文脈　110
地域における多文化共生推進プラン
　　111
地域の学習支援教室　106
地球市民教育（グローバル・シティズンシ
　　ップ教育）　68
知識の構築　172
中国帰国者　36
駐在　4
　　──家庭　50
朝鮮学校　21

ディアスポラ　30
定住型　79
出稼ぎ　137

デカセギ　137
適応　38, 96
　　──教育　50
　　──モデル　168

同化　6, 165, 169
　　──圧力　97
　　──教育　195
同化主義　166
　　──的な日本の学校文化　95
統合　169
　　──政策　112
特性伸長教育　51
特別扱いしない　95
特別の教育課程　94, 184
トランスナショナリズム　2
トランスナショナル　212
　　──な家族　129, 150
　　──な教育　55
　　──な教育戦略　53, 81, 149
　　──な実践　3
　　──な社会空間　3
　　──な生活　55
　　──な生活と教育　135

な行
ナショナルな教育　55
南北問題　3
難民　3

二重労働市場論　123
日系移民　135
日系人　121
日系南米人　37
日系ブラジル人　135
日本語学級　194
日本語学校　64
日本語指導　194
日本人性（日本人の特権性）　199
日本人の多様化　52

事項索引

日本人の優位性　236
ニューカマー　6, 33, 209

年齢主義　93

農村花嫁　35
能動的国際移住者　150
ノンフォーマル　219

は行
ハーフ　33
排外主義　8, 167
排除　6
　　社会的——　3
バイリンガル　169, 208
　　——教育法　167
白人性　174
パラシュート・キッズ　151
反学校的行動　97
反共主義　21

人の移動　135
平等（equality）　168
　　機会の——　167
　　形式的——　168
　　結果の——　167
　　実質的——　168
貧困　99
　　子どもの——　125
　　相対的——　124

複数文化型　80
不就学　38, 93, 123
プッシュ-プル要因　62
プッシュ-プル理論　3
プッシュ要因　3, 62
プル要因　3, 62
フレキシブルな派遣労働者　123
文化混淆性（ハイブリディティ）　4
文化資本　157

文化多元主義　166
文化的権利の保護　224
文化剥奪論　168
分節的同化理論　40, 125, 169
分離　169

ペアレントクラシー　158
ヘイトスピーチ　8, 23
ヘッド・スタートプログラム　167
偏見　6, 92, 125, 224
　　——の軽減　172
編成的資源　109

ボートピープル　36
ホーム　227
母語　209
母語継承語　208
補習授業校　48
補償教育　167, 195
ポップカルチャー　227
本質主義　173

ま行
マイノリティ　5, 165, 198, 222
マジョリティ　5, 165, 199
マルチリンガル　209

民族学級　24, 196
民族講師　24

メディア　220
メリトクラシー　91

や行
夜間中学（校）　109, 219

抑圧交差論（インターセクショナリティ）
　　126

ら行

ライフスタイル　173
　──移住　151
ライフチャンス　173
ランドピープル　36

離散型　79
留学　4
留学生　121
留学生（受入れ）10万人計画　36,64
留学生（受入れ）30万人計画　64,127
旅行者　157

ルーツ（roots）　144
ルート（routes）　144

連携　109
連鎖移民　4

ロールモデル　99,108,197

わ行

渡り鳥家族　151

人名索引

A-Z

Bankston III, C. L.　170
Brown, C.　153
Hayden, M.　153
Huddleston, T.　177
Igarashi, H.　150, 151
Koo, H.　151
Ladson-Billings, G.　173
Lauder, H.　153
Lee, Y.-J.　151
Suárez-Orozco, C.　9, 10
Tannock, S.　153
Yasumoto, S.　150
Zhou, M.　151, 170

あ行

青柳まちこ　5
明石紀雄　166
アパデュライ, A.　226, 227
新谷周平　221
アンダーソン, B.　8

飯野正子　166
石原慎太郎　217
出井康博　65, 66
稲津秀樹　114
稲葉奈々子　92, 124, 125
伊豫谷登士翁　2, 3, 238
岩渕功一　8, 85, 236

ヴァカン, L. J. D.　77
ウォルマン, S.　109
馬越徹　65

榎井縁　107
江淵一公　50, 62, 63, 171

太田晴雄　95

太田浩　67
太田美幸　220
大西晶子　65
岡崎友典　106
岡村郁子　53
小ヶ谷千穂　151
小熊英二　6, 235
落合知子　86, 225
小内透　82, 113, 140
オルポート, G. W.　172
温又柔　147

か行

カースルズ, S.　1, 3, 4
梶田孝道　37, 123
柏崎千佳子　9
片岡裕子　54
加藤恵津子　68, 152, 161
加藤千香子　179
カミンズ, J.　170
嘉本伊都子　83
川端浩平　84
上林千恵子　122

岸田由美　25
木畑洋一　19
金兌恩　196

久木元真吾　152
グッドマン, R.　51
倉石一郎　25

ゴードン, M. M.　169
小国喜弘　235
児島明　40, 81, 96, 139, 140, 198
小島勝　59
小島祥美　93, 139, 219
小林哲也　51, 171

247

近藤敦　179, 180

さ行
賽漢卓娜　130
酒井恵真　113
佐久間孝正　39, 93, 195
佐藤郡衛　51, 54, 181
佐藤健二　106
佐藤由利子　65

塩原良和　236, 238, 239
芝野淳一　54, 55, 59, 208
渋谷真樹　51, 144, 154
志甫啓　128
志水宏吉　38, 78, 138, 139, 144, 186, 195, 206
清水睦美　40, 78, 108, 138, 139, 195, 198
下地（田口）ローレンス吉孝　85, 236
ショウォルター, M.　89
白石勝己　62, 63
白土悟　66

末藤美津子　210
スティーガー, M. B.　2
住野満稲子　223

関口知子　144

徐阿貴　126

た行
高木ララ　45, 85
高橋史子　200
高松美紀　195
多賀幹子　51
高谷幸　34, 239
竹沢泰子　5
田中宏　206
丹野清人　124
崔勝久　179

千年よしみ　99
チューブ, S.　40, 98
鄭義信　78
鄭栄鎮　232

恒吉僚子　195
坪田光平　40, 82, 95, 98, 99, 112

デ・ウィット（de Wit, H.）　62
寺倉憲一　64

外川正明　182
徳永智子　227
トムリンソン, J.　3, 11

な行
中澤高志　150
中島智子　181, 191, 200
中島葉子　225
中村一成　212

ニエト, S.　171
二階堂裕子　114
西倉めぐみ　45, 85

額賀美紗子　40, 53, 83, 127, 153, 174

野崎志帆　181
野田サトル　31

は行
ハーヴェイ, D.　2
バートベック, S.　2, 79, 136
拝野寿美子　140
ハウ, K. R.　168
バウマン, Z.　157
朴三石　206
林明子　99
ハヤシザキカズヒコ　81
バルト, F.　5

人名索引

パレーニャス（Parreñas, R. S.）　83, 129
バンクス, J. A.　171, 172, 174

樋口直人　92, 124, 125, 179, 180
平沢安政　173, 182

フィリプソン, R.　154
福田誠治　210
藤原孝章　181
ブラウン（Brown, P.）　153, 158
ブルデュー, P.　77, 157
ブロフェンブレナー, U.　9

ベリー（Berry, J. W.）　168, 169

ポルテス（Portes, A.）　40, 83, 97, 126,
　169, 170

ま行
前山隆　136
マキァーネル, D.　156
牧里毎治　107
町山智浩　90
松尾知明　171, 174, 199, 200
松下佳弘　24
丸山英樹　220

三浦綾希子　40, 97, 126, 226
三浦耕吉郎　13
水野直樹　19
南川文里　166
宮島喬　179, 186
ミラー, M. J.　1, 3, 4

村田晶子　68, 69

文京洙　19

モーリス＝スズキ, T.　111
望月由起　158
森田京子　139

や行
安場淳　186
矢野泉　221
山崎豊子　36
山田礼子　53
山野上麻衣　125, 183
山ノ内裕子　97
山村淳平　133
山本晃輔　140, 143
山本ベバリーアン　154
山脇啓造　8
梁陽日　196

横田雅弘　66, 69
好井裕明　13, 14

ら・わ行
ラヴィッチ, D.　168

リリアン・テルミ・ハタノ　17

ルンバウト（Rumbaut, R. G.）　40, 83,
　97, 169, 170

ロバートソン, R.　3

渡戸一郎　6, 110, 180

執筆者紹介 （編者は *）

額賀美紗子 *（ぬかが みさこ）
担当：序章，11 章，コラム⑯
東京大学大学院教育学研究科・教授。
カリフォルニア大学ロサンゼルス校社会学部博士課程修了。博士（社会学）。
主著に『越境する日本人家族と教育――「グローバル型能力」育成の葛藤』（勁草書房，2013 年），『新グローバル時代に挑む日本の教育――多文化社会を考える比較教育学の視座』（東京大学出版会，2021 年）。

呉永鎬（お よんほ）
担当：1 章，コラム⑮，⑰
鳥取大学地域学部・准教授
一橋大学大学院社会学研究科博士後期課程修了。博士（社会学）。
主著に『朝鮮学校の教育史――脱植民地化への闘争と創造』（明石書店，2019 年），木村元編『境界線の学校史』（東京大学出版会，2020 年）。

三浦綾希子 *（みうら あきこ）
担当：2 章，終章，コラム③，⑨，⑱
中京大学教養教育研究院・教授
一橋大学大学院社会学研究科博士後期課程修了。博士（社会学）。
主著に『ニューカマーの子どもと移民コミュニティ――第二世代のエスニックアイデンティティ』（勁草書房，2015 年），「ニューカマーの若者の現在――第二世代が直面する格差問題」（『現代思想』4 月号，2016 年）。

芝野淳一 *（しばの じゅんいち）
担当：3 章，終章，コラム⑤
中京大学現代社会学部・准教授
大阪大学大学院人間科学研究科博士後期課程単位取得退学。博士（人間科学）。
主著に『「グアム育ちの日本人」のエスノグラフィー――新二世のライフコースと日本をめぐる経験』（ナカニシヤ出版，2022 年），「在外教育施設派遣教員のキャリア選択――混合研究法を用いた志望動機と経緯の分析」（『教育社会学研究』*116*, 2025 年）。

新見有紀子（しんみ ゆきこ）
担当：4 章，コラム⑥
東北大学高度教養教育・学生支援機構グローバルラーニングセンター・講師
ボストンカレッジ大学院教育学研究科高等教育専攻博士課程修了。博士（教育学）。
主著に横田雅弘・太田浩・新見有紀子編『海外留学がキャリアと人生に与えるインパクト――大規模調査による留学の効果測定』（学文社，2018 年），「日本人大学院留学生の授業関連活動への参加と能力・意識の高まり――自己評価に基づく質問票調査の結果より」（『異文化間教育』*46*, 2017 年）。

敷田佳子（しきた けいこ）
担当：5 章，コラム⑦
大阪教育大学・龍谷大学ほか非常勤講師
大阪大学大学院人間科学研究科博士後期課程修了。博士（人間科学）。
主著に "Educational Strategies of Highly Educated Chinese Women Married to Japanese Men: A Preliminary Study on Child Raising in Japan." (*Educational Studies in Japan: International Yearbook*, *8*, 2014)，「国際結婚家庭の教育に関する現状と課題――結婚移住女性に焦点をあてて」（『移民政策研究』*5*, 2013 年）。

坪田光平（つぼた こうへい）
担当：6 章，コラム④
静岡県立大学国際関係学部・准教授
東北大学大学院教育学研究科博士後期課
程修了。博士（教育学）。
主著に『外国人非集住地域のエスニッ
ク・コミュニティと多文化教育実践──
フィリピン系ニューカマー親子のエスノ
グラフィー』（東北大学出版会，2018 年），
「中国系ニューカマー第二世代の親子関係
とキャリア意識──トランスナショナル
な社会空間に注目して」（『国際教育評論』
14，2018 年）。

金南咲季（きんなん さき）
担当：7 章，コラム①
椙山女学園大学情報社会学部・准教授
大阪大学大学院人間科学研究科博士後期
課程修了。博士（人間科学）。
主著に「「多文化共生」言説をめぐるポリ
ティクス──多文化混交地域におけるマ
イノリティアクター間の接触と変容に着
目して」（『日本都市社会学年報』35，2017
年），「地域社会における外国人学校と日
本の公立学校の相互変容過程──コンタ
クト・ゾーンにおける教育実践に着目し
て」（『教育社会学研究』98，2016 年）。

藤浪海（ふじなみ かい）
担当：8 章，コラム②，⑪
関東学院大学社会学部・講師
一橋大学大学院社会学研究科博士後期課
程修了。博士（社会学）。
主著に『沖縄ディアスポラ・ネットワー
ク──グローバル化のなかで邂逅を果た
すウチナーンチュ』（明石書店，2020 年），
「ブラジル系移民コミュニティと第二世
代男性の進路選択──横浜市鶴見区の学
習教室の事例から」（『移民政策研究』9，
2017 年）。

山本晃輔（やまもと こうすけ）
担当：9 章，コラム⑩
関西国際大学社会学部・准教授
大阪大学人間科学研究科博士後期課程修
了。博士（人間科学）。
主著に山本晃輔・中島葉子・児島明「移
動とともにある再チャレンジ──アマゾ
ン流域部の日系ブラジル人の事例から」
（『未来共生学』6，2019 年），「帰国した
日系ブラジル人の子どもたちの進路選
択──移動の物語に注目して」（『教育社
会学研究』94，2014 年）。

五十嵐洋己（いがらし ひろき）
担当：10 章，コラム⑬
千葉大学大学院国際学術研究院・准教授
ハワイ大学マノア校社会学部博士課程修
了。博士（社会学）。
主著に"Navigating Stepwise Lifestyle
Mobilities via the Global South: Japanese
Migrant Families' Negotiation of
Educational and Lifestyle Aspirations in
Malaysia."（*Global Networks*, 24（4），2024），
「日本人家庭のインターナショナルスクー
ルの選択──職業・学歴・経済階層に着目
して」（『教育学研究』91（1），2024 年）。

山野上麻衣（やまのうえ まい）
担当：12 章，コラム⑧
一橋大学大学院社会学研究科博士後期
課程在学・日本学術振興会特別研究員
（DC2）
一橋大学大学院社会学研究科修士課程修
了。修士（社会学）。
主著に「不就学からの再出発──ブラジ
ル人の子どもたちの経験から」（『〈教育と
社会〉研究』25，2015 年），「ニューカマ
ー外国人の子どもたちをめぐる環境の変
遷──経済危機後の変動期に焦点化して」
（『多言語多文化──実践と研究』7，2015
年）。

髙橋史子（たかはし ふみこ）
担当：13 章，コラム⑭
東京大学大学院総合文化研究科・准教授
オックスフォード大学大学院社会学博士
課程修了。博士（社会学）。
主 著 書 に Japaneseness in Immigrant
Education: Toward Culturally Responsive
Teaching in Japan.（*Educational Studies
in Japan, 14,* 2020），「人の国際的移動と
教育—移民の子どもをめぐる教育問題
と「日本人であること」の特権性」阪本
拓人・キハラハント愛編『人間の安全保
障　東大駒場 15 講』（東京大学出版会，
2024 年）。

薮田直子（やぶた なおこ）
担当：14 章，コラム⑲
大阪教育大学教育学部・特任准教授
大阪大学大学院人間科学研究科博士後期
課程修了。博士（人間科学）。
主著に「エスニックマイノリティの名前
と社会的アイデンティティ——ベトナム
にルーツをもつ青年のインタビューをも
とに」（『関西都市学研究』創刊号，2017
年），「在日外国人教育の課題と可能性——
本名を呼び名のる実践の応用をめぐって」
（『教育社会学研究』*92*，2013 年）。

徳永智子（とくなが ともこ）
担当：15 章，コラム⑫
筑波大学人間系教育学域・准教授
メリーランド大学教育学研究科博士課程
修了。博士（教育学）。
主著に *Learning to Belong in the World:
An Ethnography of Asian American Girls*
（Springer, 2018 年），「国境を越える想像
上の「ホーム」——アジア系アメリカ人の
女子生徒によるメディア／ポピュラーカ
ルチャーの消費に着目して」（『異文化間
教育』*40*，2014 年）。

住野満稲子（すみの まいこ）
担当：15 章，コラム⑫
一般社団法人グローバル多文化社会研究
所・研究員
東京大学大学院教育学研究科博士後期課
程満期退学。修士（教育学）。
主著に「教育における「不利」の変遷——
1960–1980 年代アメリカの教育研究を事
例に」（『東京大学教育学研究科 2017 年度
紀要』*57*，2018 年），"Schools Supporting
the Migrant Population in Japan: The
Night Junior High Schools"（*Center for
Excellence in School Education, The
University of Tokyo, Research Bulletin,*
2015）。

移民から教育を考える
子どもたちをとりまくグローバル時代の課題

2019 年 9 月 30 日	初版第 1 刷発行
2025 年 4 月 19 日	初版第 5 刷発行

編　者　額賀美紗子
　　　　芝野淳一
　　　　三浦綾希子
発行者　中西　良
発行所　株式会社ナカニシヤ出版
〒606-8161　京都市左京区一乗寺木ノ本町 15 番地
　　　　　　　　　Telephone　　075-723-0111
　　　　　　　　　Facsimile　　 075-723-0095
　　　　Website　http://www.nakanishiya.co.jp/
　　　　Email　　iihon-ippai@nakanishiya.co.jp
　　　　　　　　　郵便振替　01030-0-13128

印刷・製本＝ファインワークス／装幀＝白沢　正
Copyright © 2019 by M. Nukaga, J. Shibano, & A. Miura
Printed in Japan.
ISBN978-4-7795-1369-5

本書のコピー，スキャン，デジタル化等の無断複製は著作権法上の例外を除き禁じられています。本書を代行業者等の第三者に依頼してスキャンやデジタル化することはたとえ個人や家庭内での利用であっても著作権法上認められていません。

ナカニシヤ出版・書籍のご案内　表示の価格は本体価格です。

「グアム育ちの日本人」のエスノグラフィー

新二世のライフコースと日本をめぐる経験　芝野淳一［著］グアムに移住した親たちに育てられ、進学や就職を機に日本への帰還を試みる「新二世」たちが、グアムと日本を行き来する中で多様な居場所を創り出していく姿を生き生きと描き出す！　2700 円＋税

地図でみる日本の外国人 改訂版

石川義孝［編］カラー図版多数収録。詳細な分布、教育、労働、移民、ビジネスなど32のトピックの最新状況がこれ一冊でビジュアルにわかる。　　　　　　　2800 円＋税

サイレント・マジョリティとは誰か

フィールドから学ぶ地域社会学　川端浩平・安藤丈将［編］現地を歩き、出会い、話を聞き、現実へと一歩踏み込む。地域社会という言葉が覆い隠してしまう私たちの想像力を再び活性化するために。　　　　　　　　　　　　　　　　　　2300 円＋税

交錯する多文化社会

異文化コミュニケーションを捉え直す　河合優子［編］日常のなかにある複雑なコンテクストと多様なカテゴリーとの交錯（インターセクショナリティ）をインタビューやフィールドワーク、メディア分析を通じて読み解く。　　　　　　　　　2600 円＋税

若者たちの海外就職

「グローバル人材」の現在　神谷浩夫・丹羽孝仁［編著］彼・彼女たちは、なぜ海外に就職したのか、どのように働いているのか。自らの意思で海外に移住し、働く、日本人の実態を明らかにする。　　　　　　　　　　　　　　　　　2700 円＋税

大学における多文化体験学習への挑戦

国内と海外を結ぶ体験的学びの可視化を支援する　村田晶子［編著］海外、国内での異文化体験と多様な背景をもつ人々との交流を「多文化体験学習」と捉え多様な実践から教育デザインと学びの意義を分析。　　　　　　　　　　　　2900 円＋税

大学における海外体験学習への挑戦

子島 進・藤原孝章［編］様々なプログラムを記述・分析する「事例編」と学習を総合的に検討する「マネージメントと評価編」を通しよりよい実践をめざす。　2800 円＋税

チャレンジ！　多文化体験ワークブック

村田晶子・中山京子・藤原孝章・森茂岳雄［編］外国人や外国にルーツをもった多様な言語・文化的背景をもつ人びとと出会い、交流し、つながりを深め、学び合うためのワークブック。　　　　　　　　　　　　　　　　　　　　2200 円＋税